AF815760

Schriften zur Gleichstellung der Frau

herausgegeben von

Prof. Dr. Jutta Limbach
Prof. Dr. Heide Pfarr
Marion Eckertz-Höfer

Band 29

Prof. Dr. Julia Zinsmeister

Mehrdimensionale Diskriminierung

Das Recht behinderter Frauen auf Gleichberechtigung und seine Gewährleistung durch Art. 3 GG und das einfache Recht

Nomos

Die Deutsche Nationalbibliothek verzeichnet diese Publikation in der Deutschen Nationalbibliografie; detaillierte bibliografische Daten sind im Internet über http://www.d-nb.de abrufbar.

Zugl.: Frankfurt a.M., Univ., Diss., 2005

ISBN 978-3-8329-2009-8

D 30

1. Auflage 2007
© Nomos Verlagsgesellschaft, Baden-Baden 2007. Printed in Germany. Alle Rechte, auch die des Nachdrucks von Auszügen, der fotomechanischen Wiedergabe und der Übersetzung, vorbehalten. Gedruckt auf alterungsbeständigem Papier.

Dr. jur. habil. Emilie Kempin-Spiry

* 18.4.1853 Altstetten bei Zürich

† 12.4.1901 Kantonale Irrenanstalt Friedmatt, Basel

zum Gedenken

Danksagung

Die vorliegende Arbeit wurde 2005 an der Universität Frankfurt am Main, Fachbereich Rechtswissenschaften, als Dissertation vorgelegt. Literatur und Rechtsprechung sind bis Juni 2005 berücksichtigt.

Mein erster und ganz besonderer Dank gilt der Betreuerin meiner Dissertation, Frau Prof. Dr. Ute Sacksofsky. Sie hat mich sehr unterstützt und meine Arbeit mit großem Interesse, scharfsinniger, konstruktiver Kritik und ermutigendem Zuspruch begleitet. Eine bessere Förderung hätte ich mir nicht wünschen können.

Herrn Prof. Dr. Dr. h.c. Michael Stolleis danke ich sehr herzlich für seine profunden fachlichen Anregungen, für die schnelle Erstellung des Zweitgutachtens und das große Wohlwollen, das er mir entgegenbrachte.

Prof. Dr. Dagmar Oberlies und Prof. Dr. Theresia Degener verdanke ich nicht nur viele konstruktive Fachdiskussionen und Impulse. Von unschätzbarem Wert waren für mich vor allem ihre kollegiale und freundschaftliche Unterstützung, mit der sie mich seit vielen Jahren begleiten und mir nicht zuletzt den Weg zur Promotion geebnet haben.

Den Mitgliedern des Arbeitskreises Geschichte und Methodik des Öffentlichen Rechts, den Interessenvertreterinnen behinderter Frauen sowie meinen ebenfalls promovierenden Kolleginnen Susanne Dern und Sarah Elsuni danke ich für interessante und lehrreiche Diskussionen.

Frau Marion Eckertz-Höfer gilt stellvertretend für alle Herausgeberinnen mein Dank für die Aufnahme der Arbeit in diese Nomos-Reihe und für ihre hilfreichen Anregungen zur Veröffentlichung.

In der Zeit der Promotion habe ich von vielen Freundinnen, Freunden und Angehörigen vielfältige Unterstützung und Nachsicht erfahren. Friesa Fastie zerbrach sich mit mir am Küchentisch den Kopf über Kausalitätsprobleme, Dr. Sandra Mittag und Dr. Christina Reinhardt halfen mir mit klugen Gedanken aus manchem Motivationsloch heraus. Harald Kuhn las tage- und nächtelang Korrektur und weihte mich in erstaunliche Regeln der neuen Rechtschreibung ein, Eva Bräuning prüfte die Texte mit der ihr eigenen Gründlichkeit auf deren Lesbarkeit hin und Ulla Thiem verwendete eine Menge ihrer eigentlich nicht vorhandenen Freizeit auf das Abkürzungsverzeichnis.

Mein Vater Prof. Rainer Zinsmeister und seine Frau Beate Säuberlich verstanden es in besonderer Weise, mir in dieser Zeit immer wieder den Rücken zu stärken.

Mein letzter Dank gebührt meiner Freundin Jutta Leidel. Ohne ihre kurzentschlossene Fahrt nach Frankfurt und ihre vielfältige Unterstützung wäre diese Arbeit nicht geschrieben worden. Sie motivierte mich immer wieder aufs Neue, formatierte in mühevoller Kleinarbeit Verzeichnisse und Fußnoten und brachte mir ein großes Maß an Verständnis und Nachsicht entgegen. Danke.

Nürnberg/Köln, im Januar 2007
Prof. Dr. Julia Zinsmeister

Inhaltsverzeichnis

Abkürzungsverzeichnis

a.A.	anderer Ansicht
a.a.O.	am angegebenen Ort
a.F.	alte Fassung
ABlEG	Amtsblatt der Europäischen Gemeinschaft
Abs.	Absatz
abw.	abweichend
AFG	Arbeitsförderungsgesetz
AHP	Anhaltspunkte für die ärztliche Gutachtertätigkeit im sozialen Entschädigungsrecht und Schwerbehindertenrecht
AIDS	acquired immune deficiency syndrome
AK-GG	Siehe Literaturverzeichnis „Kommentar …"
Alt.	Alternative
ANBA	Amtliche Nachrichten der Bundesanstalt für Arbeit
ÄndG	Änderungsgesetz
Anl.	Anlage
Anm.	Anmerkung
AöR	Zeitschrift „Archiv des öffentlichen Rechts"
Art.	Artikel
Aufl.	Auflage
AV	Ausführungsvorschriften
AVG	Angestelltenversicherungsgesetz
Az.	Aktenzeichen
AZO	Arbeitszeitordnung
B.	Beschluss
BAG	Bundesarbeitsgericht
BAR	Bundesarbeitsgemeinschaft für Rehabilitation
BBiG	Berufsbildungsgesetz
BbW	Berufsbildungswerk
Bd.	Band
betr.	betreffend
BfW	Berufsförderungswerk
BGB	Bürgerliches Gesetzbuch
BGBl.	Bundesgesetzblatt
BGG	Bundesbehindertengleichstellungsgesetz
BGH	Bundesgerichtshof
BGHZ	Entscheidungssammlung „Bundesgerichtshof in Zivilsachen"
bifos	Bildungs- und Forschungsinstitut zum selbstbestimmten Leben Behinderter

BK-GG	Bonner Kommentar, siehe Literaturverzeichnis „Dolzer …“
BKA	Bundeskriminalamt
BMAS	(ehemaliges) Bundesministerium für Arbeit und Sozialordnung
BMFSFJ	Bundesministerium für Familie, Senioren, Frauen und Jugend
BMG	(ehemaliges) Bundesministerium für Gesundheit
BMGS	Bundesministerium für Gesundheit und Sozialordnung
BMJ	Bundesministerium der Justiz
br	Zeitschrift „Behindertenrecht“
BR	Bundesrat
BRD	Bundesrepublik Deutschland
BSG	Bundessozialgericht
BSGE	Sammlung „Entscheidungen des Bundessozialgerichts“
BSHG	Bundessozialhilfegesetz
BT	Bundestag
BVerfG	Bundesverfassungsgericht
BVerfGE	Sammlung „Entscheidungen des Bundesverfassungsgerichts“
BVersG	Bundesversorgungsgesetz
BVerwGE	Sammlung „Entscheidungen des Bundesverwaltungsgerichts“
bzw.	beziehungsweise
ca.	circa
CEDAW	(UN-) Convention on the Elimination of All Forms of Discrimination against Women
Circ.	Circuit
CDU	Christlich-Demokratische Union
d.h.	das heißt
ders.	derselbe
DE-ZAG	Diskussionsentwurf eines zivilrechtlichen Antidiskriminierungsgesetzes
dies.	dieselbe/dieselben
DIMDI	Deutsches Institut für medizinische Dokumentation
Diss. jur.	juristische Dissertation
DJB	Deutscher Juristinnenbund
DJI	Deutsches Jugendinstitut
DJZ	Deutsche Juristenzeitung
DÖV	Zeitschrift „Die öffentliche Verwaltung“
DRiZ	Deutsche Richterzeitung
Drs.	Drucksache
DVBl	Zeitschrift „Deutsches Verwaltungsblatt“
DAH	Deutsche Aidshilfe
e.V.	eingetragener Verein
ebda.	ebenda

ECHR	European Court of Human Rights
Ed.	Edition/Editor
EG	Europäische Gemeinschaft
EGMR	Europäischer Gerichtshof für Menschenrechte
EGV	Vertrag zur Gründung der Europäischen Gemeinschaft
EinglHilfe-VO	Eingliederungshilfeverordnung
EMRK	Europäische Menschenrechtskonvention
endg.	endgültig
erg.	ergänzt
erw.	erweitert
EStG	Einkommensteuergesetz
et al.	et alii
etc.	et cetera
EU	Europäische Union
EuGH	Gerichtshof der Europäischen Gemeinschaft
EWG	Europäische Witschaftsgemeinschaft
Fn.	Fußnote
FDP	Freie Demokratische Partei
FPR	Zeitschrift „Familie, Partnerschaft, Recht“
FRG	Fremdrentengesetz
FS	Festschrift
G	Gesetz
GdB	Grad der Behinderung
gem.	gemäß
GG	Grundgesetz für die Bundesrepublik Deutschland
gg.	gegen
ggf.	gegebenenfalls
GGO	Gemeinsame Geschäftsordnung der Bundesministerien
GVG	Gerichtsverfassungsgesetz
Gz.	Geschäftszeichen
GVK	Gemeinsame Verfassungskommission
HandwO	Handwerksordnung
h.M.	herrschende Meinung
HbdStR	Handbuch des Staatsrechts (s. Literaturverzeichnis „Isensee …“)
HbdVerfR	Handbuch des Verfassungsrechts (s. Literaturverzeichnis „Benda …“)
HeimG	Heimgesetz
HIV	human immunodeficiency virus
HK	Handkommentar
Hrsg.	Herausgeberin/Herausgeber
Hs.	Halbsatz

i.d.F.	in der Fassung
i.e.S.	im engeren Sinne
i.S.d.	im Sinne des/der/dieser
i.S.v.	im Sinne von
i.V.m.	in Verbindung mit
ICF	International Classification of Functions, Disabilities and Health
ICIDH	International Classification of Impairments, Disabilities and Handicaps
insb.	insbesondere
Jg.	Jahrgang
JR	Zeitschrift „Juristische Rundschau“
JW	Zeitschrift „Juristische Wochenschrift“
JZ	Zeitschrift „Juristische Zeitung“
Kfz-HilfeVO	Verordnung über Kraftfahrzeughilfe zur beruflichen Rehabilitation
KJ	Zeitschrift „Kritische Justiz“
krit.	kritisch
L.	Law (in amerikanischen Zeitschriften)
LPK	Lehr- und Praxiskommentar
m.w.N.	mit weiteren Nachweisen
M/D	siehe Literaturverzeichnis „Maunz …“
MdB	Mitglied des Bundestags
MdE	Minderung der Erwerbsfähigkeit
MuSchG	Mutterschutzgesetz
n.F.	neue Fassung
NDV	Nachrichtendienst des Deutschen Vereins für öffentliche und private Fürsorge
NDV-RD	NDV-Rechtsprechungsdienst
NJW	Neue Juristische Wochenzeitung
Nr.	Nummer
NVwZ	Neue Zeitschrift für Verwaltungsrecht
NZA	Neue Zeitschrift für Arbeits- und Sozialrecht
NZS	Neue Zeitschrift für Sozialrecht
o.J.	ohne Jahresangabe
o.O.	ohne Ortsangabe
OLG	Oberlandesgericht
PKS	Polizeiliche Kriminalstatistik
PStG	Personenstandsgesetz

RdJB	Zeitschrift „Recht der Jugend und des Bildungswesens“
RehaAnglG	Rehabilitations-Angleichungsgesetz
Rev.	Review (in Titeln amerikanischer Zeitschriften)
RGBl.	Reichsgesetzblatt
Rn.	Randnummer
RsDE	Zeitschrift „Recht der sozialen Dienste und Einrichtungen“
Rspr.	Rechtsprechung
RuP	Zeitschrift „Recht und Politik“
RVO	Reichsversicherungsordnung
Rz.	Randziffer
S.	Seite/Satz
s.	siehe
SchwbAV	Ausgleichsabgabenverordnung Schwerbehindertengesetz
SchwbG	Schwerbehindertengesetz
SDSRV	Schriftenreihe des Deutschen Sozialrechtsverbandes
SGB	Sozialgesetzbuch
SGB I	Sozialgesetzbuch – Allgemeiner Teil – (Erstes Buch)
SGB III	Sozialgesetzbuch – Arbeitsförderung - (Drittes Buch)
SGB IV	Sozialgesetzbuch – Gemeinsame Vorschriften für die Sozialversicherung – (Viertes Buch)
SGB V	Sozialgesetzbuch – Gesetzliche Krankenversicherung – (Fünftes Buch)
SGB VI	Sozialgesetzbuch - Gesetzliche Rentenversicherung - (Sechstes Buch)
SGB VII	Sozialgesetzbuch – Gesetzliche Unfallversicherung – (Siebtes Buch)
SGB VIII	Sozialgesetzbuch – Kinder und Jugendhilfe – (Achtes Buch)
SGB IX	Sozialgesetzbuch – Rehabilitation und Teilhabe behinderter Menschen – (Neuntes Buch)
SGB X	Sozialgesetzbuch – Verwaltungsverfahren, Schutz der Sozialdaten, Zusammenarbeit der Leistungsträger und ihre Beziehung zu Dritten – (Zehntes Buch)
SGB XI	Sozialgesetzbuch – Soziale Pflegeversicherung – (Elftes Buch)
SGB XII	Sozialgesetzbuch – Sozialhilfe – (Zwölftes Buch)
SGb.	Zeitschrift „Die Sozialgerichtsbarkeit“
sog.	sogenannt
SozR	Sozialrecht (Sammlung von Entscheidungen des BSG, bearbeitet von den Richtern des Bundessozialgerichts)
Sp.	Spalte
SPD	Sozialdemokratische Partei Deutschlands
st. Rspr.	ständige Rechtsprechung
StGB	Strafgesetzbuch
StPO	Strafprozessordnung
STREIT	Feministische Rechtszeitschrift STREIT
u.a.	unter anderem; und andere(s)

u.Ä.	und Ähnliche(s)
übers.	übersetzt
UN	United Nations
UNO	Die Organisation(en) der United Nations
US/U.S.	United States
USA	United States of America
USPD	Unabhängige Sozialdemokratische Partei Deutschlands
v.	vom/versus
v.H.	von Hundert
VBlBW	Verwaltungsblätter für Baden-Württemberg
VerfGH	Verfassungsgerichtshof
VerwArch	Zeitschrift „Verwaltungsarchiv"
VG	Verwaltungsgericht
VGH	Verwaltungsgerichtshof
vgl.	vergleiche
vM/K	siehe Literaturverzeichnis „Münch …"
vM/K/S	siehe Literaturverzeichnis "Mangoldt …"
Vol.	Volume
VSSR	Vierteljahresschrift für Sozialrecht
VVDStRL	Veröffentlichungen der Vereinigung der Deutschen Staatsrechtslehrer
VwGO	Verwaltungsgerichtsordnung
WfbM	Werkstatt für behinderte Menschen
WHO	World Health Organisation
WiSta	Wirtschaft und Statistik
WSI	Wirtschafts- und Sozialwissenschaftliches Institut des Deutschen Gewerkschaftsbundes
WSI-Mitt.	WSI-Mitteilung
z.B.	zum Beispiel
Ziff.	Ziffer
zit.	zitiert
z.Th.	zum Thema
ZfF	Zeitschrift für das Fürsorgewesen
ZfS	Zentralblatt für Sozialversicherung, Sozialhilfe und Versorgung
ZfSH	Zeitschrift für Sozialhilfe
ZfSH/SGB	Zeitschrift für Sozialhilfe/Sozialgesetzbuch
zit.	zitiert
ZPO	Zivilprozessordnung
ZRP	Zeitschrift für Rechtspolitik
ZSR	Zeitschrift für Sozialreform
zugl.	zugleich

§ 1 Einführung

Die Untersuchung befasst sich mit der Konzeption und den Wirkungsweisen verfassungsrechtlicher und sozialrechtlicher Gleichstellungskonzepte bei Vorliegen einer mehrdimensionalen Diskriminierung am Beispiel behinderter Frauen. Der Begriff der mehrdimensionalen Diskriminierung ist in der rechtwissenschaftlichen Diskussion noch nicht gebräuchlich. Das damit umschriebene Zusammentreffen von Benachteiligungen wegen nicht nur eines, sondern mehrerer Unterscheidungsmerkmale (Geschlecht, Behinderung, Rasse, Sprache etc.) ist hinsichtlich seiner spezifischen rechtlichen Wirkungsweise bislang nicht eingehender analysiert worden.

A Wahl des Untersuchungsgegenstandes

Mit dem Begriff der „doppelten Diskriminierung“ haben sowohl Vertreterinnen ethnischer Minderheiten als auch behinderte Frauen im rechtspolitischen Diskurs der letzten beiden Jahrzehnte auf die Möglichkeit und das Risiko einer mehrdimensionalen Diskriminierung hingewiesen.[1] So sind Mädchen und Frauen nichtdeutscher Nationalität am häufigsten von Armut betroffen.[2] Im Jahr 1999 bildeten junge Frauen mit ausländischem Pass das Schlusslicht auf dem Ausbildungsmarkt. Nur 33% von ihnen erhielten Zugang zu einer Ausbildung im dualen System. Von den männlichen Jugendlichen ausländischer Nationalität erhielten 44% einen Ausbildungsplatz, obgleich sie über die durchschnittlich schlechteren Schulabschlüsse als ihre weibliche Vergleichsgruppe verfügten. Von den jungen Frauen mit deutschem Pass erhielten 57% einen Ausbildungsplatz. Die besten Chancen mit einer Vermittlungsquote von 78% hatten junge Männer deutscher Nationalität.[3]

1 Vgl. nur *Kocze,* Double Discrimination Faced by Romani Women in Europe; *Krüppelfrauengruppe Berlin,* Weiblich – nicht nebenbei, S. 111 ff.; *Lux*, Frauen – Körper – Politik, S. 9 ff.; *Köbsell/Waldschmidt*:, Kinder oder keine? Wer entscheidet? S. 65 (66 f.); *Frauen-Union*, Behinderte Frauen – doppelt diskriminiert; *BMAS*, Vierter Bericht der Bundesregierung zur Lage der Behinderten, S. 105, Ziff. 9.24.; *MdB I. Schewe-Gerigk, A. Fischer, M. Beck et al., Fraktion BÜNDNIS 90/DIE GRÜNEN*, Entschließungsantrag v. 27.5.1998: „Lebenssituation behinderter Mädchen und Frauen verbessern“, BT-Drs. 13/10818.

2 *Statistisches Bundesamt*, Statistisches Jahrbuch 1999, Tabelle: Empfängerinnen von Hilfe zum Lebensunterhalt außerhalb von Einrichtungen, S. 463, sowie Berechnungen von *Klammer/Klenner/Ochs*, WSI – FrauenDatenReport, S. 329.

3 *Granato,* Junge Frauen zwischen Schule und Ausbildung; *dies.,* Junge späteingereiste Frauen: Chancen und Möglichkeiten für eine berufliche Qualifizierung.

Auch die Feststellung „Altersarmut trägt ein weibliches Gesicht“ hat nicht an Gültigkeit verloren.[4] Durch die Einführung der gesetzlichen Pflegeversicherung konnte der Anteil der über 65-jährigen Frauen an der Gesamtzahl aller Frauen im Sozialhilfebezug zwar von 32,8 % im Jahr 1970 (früheres Bundesgebiet) auf 7,7% im Jahr 1997 gesenkt werden (Anteil der über 65-Jährigen unter den männlichen Sozialhilfeberechtigten: 3,7%). Bei Berücksichtigung aller Renteneinkünfte (Versichertenrenten und bzw. oder Hinterbliebenenrenten) erzielen Frauen dennoch lediglich 2/3 der von Männern bezogenen Durchschnittsrente. Ihre aus eigener Erwerbstätigkeit erworbenen Renten erreichen gerade einmal 45% der Durchschnittsrente der Männer.[5]

Die soziologische Ungleichheitsforschung belegt, dass auch behinderte Mädchen und Frauen vermehrt von sozialen Nachteilen – insbesondere von Arbeits- und Erwerbslosigkeit, Armut und Gewalt – betroffen sind. Gleichzeitig zeigt sich, dass behinderte Frauen von den bisherigen frauen- und behindertenpolitischen Gleichstellungsbemühungen der Bundesrepublik wenig profitiert haben.

Die kritische und feministische Gesellschaftstheorie diskutiert seit einigen Jahren die Auswirkungen, die die Kumulation verschiedener sozialer Kategorien (Geschlecht, Rasse, Ethnizität, Klasse, Behinderung etc.) entfaltet. Hier wird auf die „Achsen der Differenz“[6], deren Überschneidungen und Durchkreuzungen hingewiesen, denen zufolge die Geschlechterdifferenz niemals „allein wirksam, sondern (...) in spezifischen Kontexten gleichzeitig mit und durch andere Differenzen konstruiert, artikuliert und sozial realisiert ...“ wird.[7]

In der Rechtsdiskussion finden sich zahlreiche Hinweise, wonach Frauen bestimmter sozialer Minderheiten auch spezifische rechtliche Benachteiligungen erfahren, die sich nicht mehr als rein geschlechts-, behinderungsspezifische bzw. rassistische Diskriminierung identifizieren lassen.[8] In der sozial- und strafrechtlichen Literatur wird z.B. darauf hingewiesen, dass behinderten Mädchen und Frauen in verschiedenen Lebensbereichen gleiche Schutz- und Teilhaberechte verwehrt bzw. deren Inanspruchnahme erschwert werden.[9]

In der Rechtsprechung und juristischen Literatur zu Art. 3 Abs. 2 und 3 GG hingegen werden Inhalt und Grenzen des Diskriminierungsschutzes wegen des Ge-

4 *Klammer/Klenner/Ochs*, WSI – FrauenDatenReport, S. 303 f.; vgl. hierzu auch die sozialrechtliche Analyse von *Kalisch,* Die Entwicklung des Verbots der mittelbaren Diskriminierung wegen des Geschlechts.

5 Zu den nachfolgenden Daten *Klammer/Klenner/Ochs,* WSI – FrauenDatenReport 2000, S. 303.

6 *Knapp,* Dezentriert und viel riskiert, S. 15 (41); *Stötzer,* InDifferenzen, S. 77.

7 *Schein /Strasser*, Intersexions, S. 10.

8 Hier seien beispielhaft geschlechtsspezifische Verfolgungsgründe von Frauen im Asyl- und Flüchtlingsrecht genannt, hierzu *Jensen,* Frauen im Asyl- und Flüchtlingsrecht; *Frings,* Frauen im Ausländerrecht; zur Rechtssituation behinderter Frauen im Sexualstrafrecht *Degener,* STREIT 1996, S. 99 ff.

9 Vgl. nur *Degener,* STREIT 1996, S. 99 ff.; *Zinsmeister,* STREIT 2002, S. 3 ff.; *Oberlies,* Selbstbestimmung und Behinderung, S. 157 ff.

schlechts, der „Rasse“, Sprache oder Behinderung etc. bislang stets getrennt nach einzelnen Merkmalen diskutiert.

Am Beispiel behinderter Frauen soll darum nachfolgend untersucht werden, ob die verschiedenen Interpretationen der Gleichheitsrechte des Art. 3 Abs. 2 und 3 GG und die gegenwärtigen Gleichstellungspolitiken auch mehrdimensionalen Diskriminierungen Rechnung tragen können.

Die Frage, ob es nicht nur in sozialer, sondern auch rechtlicher Hinsicht zu spezifischen Wechselwirkungen einer geschlechts-, behinderungs- oder sonstigen merkmalsspezifischen Diskriminierung kommen kann, erlangt angesichts der wachsenden Zahl unterschiedlicher Gleichstellungspolitiken auf europäischer und nationaler Ebene an besonderer Bedeutung. Die Europäische Union verpflichtet ihre Mitgliedstaaten in unterschiedlichen Lebensbereichen zur Verwirklichung der Gleichbehandlung der Geschlechter (Richtlinie 76/207/EWG i.d.F. 2002/73/EG), von Bürgerinnen und Bürgern ohne Unterschied der „Rasse“ oder ethnischen Herkunft (Richtlinie 2000/43/EG), der Religion, Weltanschauung, Behinderung, des Alters oder der sexuellen Ausrichtung (Richtlinie 2000/78/EG).

Das Verhältnis der verschiedenen Diskriminierungsverbote zueinander ist weitgehend ungeklärt. Dies betrifft nicht nur Fragen der Konkurrenz zwischen den geschützten oder zu fördernden Personen bzw. Gruppen, sondern auch den Charakter der Diskriminierung, der sich beim Zusammentreffen verschiedener sozialer Kategorien ergeben kann. Die europäischen Richtlinien und die besonderen Gleichheitssätze des Art. 3 Abs. 2 und 3 GG zielen nur scheinbar auf den Schutz unterschiedlicher Bevölkerungsgruppen, tatsächlich überschneiden sich diese in vielfacher Weise. Rein quantitativ bewegen sich vor allem Frauen an den Schnittstellen unterschiedlicher Diskriminierungsverbote: Sie sind nicht nur als Frauen benachteiligt, sondern häufig auch wegen ihrer Zugehörigkeit zu einer ethnischen, religiösen oder weltanschaulichen Minderheit, aufgrund ihres fortgeschrittenen Alters, einer Behinderung oder ihrer sexuellen Orientierung von Diskriminierung betroffen.

In der US-amerikanischen Rechtstheorie wird daher seit rund zwei Jahrzehnten diskutiert, inwieweit rechtlich an den Schnittstellen rassistischer und sexistischer Diskriminierungen Benachteiligungen von eigenem Charakter entstehen.[10]

Auch die deutsche Sozialgesetzgebung versucht seit einigen Jahren, der „besonderen“ oder „doppelten“ Benachteiligung von Frauen bestimmter marginalisierter Bevölkerungsgruppen Rechnung zu tragen. Die ersten Regelungen, die der Potenzierung von Diskriminierungsrisiken entgegenwirken sollten, auch wenn diese nicht auf dem Zusammentreffen zweier Merkmale des Art. 3 Abs. 2 und 3 GG beruhen, bildeten die Vorgaben zum Abbau geschlechtsspezifischer Nachteile arbeitsloser Frauen im Bereich der Arbeitsförderung sowie die Pflicht zur gleichberechtigten Förderung von Mädchen und Jungen im Bereich der Kinder- und Jugendhilfe (§ 2 Nr. 5 AFG i.d.F. des Gesetzes vom 27.6.1987, § 8 SGB III, § 9 SGB VIII).

10 *Weisberg,* Foundations – Feminist Legal Theory; *Minow,* Making All The Difference; *Hill /Jordan,* Race, Gender and Power in America.

Das zum 1.7.2001 in Kraft getretene Gesetz zur Rehabilitation und Teilhabe behinderter Menschen (SGB IX) benennt als erstes Bundesgesetz ausdrücklich behinderte Frauen als Zielgruppe und verpflichtet die Rehabilitationsträger, geschlechtstypischen Belastungssituationen beim Ausgleich behinderungsbedingter Nachteile zu berücksichtigen. Gemäß § 1 S. 2 SGB IX haben die Rehabilitationsträger bei der Ausführung des Gesetzes den „besonderen Bedürfnissen behinderter und von Behinderung bedrohter Frauen und Kinder" bei der Leistungsgewährung Rechnung zu tragen. Diese Pflicht wird in verschiedenen nachfolgenden Regelungen weiter konkretisiert.

Im Gesetz zur Gleichstellung behinderter Menschen (BGG), das zum 1.5.2002 in Kraft trat, wurde in Art. 2 die Pflicht zur Beseitigung der spezifischen Nachteile behinderter Frauen verankert und ihre gezielte Förderung für zulässig erklärt. [11]

Gegenwärtig wird die Verankerung eines Verbots der mehrdimensionalen Diskriminierung im Zivilrecht diskutiert.[12] In ihrem ersten Diskussionsentwurf eines Gesetzes zur Umsetzung der europäischen Antidiskriminierungsrichtlinien im Zivilrecht (DE-ZAG), Stand März 2002,[13] hatte die Bundesregierung vorgesehen, in § 319a Abs. 1 BGB Benachteiligungen aus Gründen des Geschlechts, der Rasse, der ethnischen Herkunft, einer Behinderung oder der sexuellen Identität *oder aus mehreren* dieser Gründe zu verbieten. Die nachfolgend im Bundestag beratenen Entwürfe vom 16.3.2005 (BT-Drs. 15/4538) und 19.12.2005 (BT-Drs.16/297) sehen in Art. 1 § 4 ebenfalls ein Verbot der mehrdimensionalen Diskriminierung vor. Eine unterschiedliche Behandlung wegen mehrerer der in § 1 genannten Gründe soll nur gerechtfertigt sein, wenn sich die Rechtfertigung auf alle diese Gründe erstreckt, derentwegen die unterschiedliche Behandlung erfolgt.[14]

Geht mithin auch der einfache Gesetzgeber davon aus, dass bestimmte Bevölkerungsgruppen wie z.B. behinderte Frauen „mehrfach" bzw. „besonders" benachteiligt werden, so stellt sich die Frage, auf welche Ursachen und Wirkungsweisen diese spezifischen Nachteile zurückzuführen sind.

11 BT-Drs. 14/7420. Art. 2 BGG lautet: *„Zur Durchsetzung der Gleichberechtigung von Frauen und Männern sind die besonderen Belange behinderter Frauen zu berücksichtigen und bestehende Benachteiligungen zu beseitigen. Dabei sind insbesondere Maßnahmen zur Förderung von behinderten Frauen und zur Beseitigung bestehender Benachteiligungen zulässig."*

12 Betreffend die Umsetzung der gemeinschaftsrechtlichen Gleichstellungsrichtlinie 2000/43/EG.

13 *BMJ*, Gz. I B 2 – 342/20-1, Entwurfsfassung vom 19.3.2002. § 319a Abs. 1 sollte danach lauten: *„Niemand darf aus Gründen des Geschlechts, der Rasse, der ethnischen Herkunft, einer Behinderung oder der sexuellen Identität oder aus mehreren dieser Gründe (...) unmittelbar oder mittelbar benachteiligt werden."*

14 BT-Drs. 15/4538.

B Aufbau der Untersuchung

Im ersten Teil der Untersuchung (§ 2) werden zunächst Unterschiede in den Lebenslagen behinderter Frauen im Vergleich zu anderen Frauen und behinderten Männern aufgezeigt. Der Überblick über die sozialwissenschaftliche Forschung liefert zahlreiche Anhaltspunkte für die Frage, welche „besonderen" Bedürfnisse behinderter Frauen die Bundesverwaltung und die Rehabilitationsträger gem. § 2 BGG und § 1 S. 2 SGB IX zu berücksichtigen haben. Die sozialwissenschaftliche Forschung liefert aber auch wertvolle Hinweise auf die Ursachen und Wirkungsweisen der mehrdimensionalen Diskriminierung.

In § 3 werden diese sozialwissenschaftlichen Erklärungsansätze in die Rechtsdiskussion transferiert. Untersucht wird, ob die festgestellten Formen der faktischen mehrdimensionalen Diskriminierung behinderter Frauen auch als besondere Form der rechtlichen Benachteiligung zu werten sind. Werden behinderte Frauen, bezogen auf den einzelnen Rechtsakt, entweder nur als Frau oder nur als Behinderte benachteiligt? Oder werden sie sowohl wegen ihres Geschlechts als auch wegen ihrer Behinderung diskriminiert? Gestalten sich rechtliche Diskriminierungen behinderter Frauen anders als die nichtbehinderter Frauen oder behinderter Männer?

Um diese Fragen beantworten zu können, müssen die besonderen Gleichheitsgarantien des Art. 3 Abs. 2 und Art. 3 Abs. 3 S. 1 und S. 2 GG auf mögliche Wechselwirkungen untersucht werden. Dies geschieht zunächst auf der Ebene der Definitionen von Geschlecht und Behinderung. Hier wird kritisch hinterfragt, ob es sich bei einem Geschlecht und bei einer Behinderung um voneinander unabhängige Phänomene handelt.

In einem weiteren Schritt werden die Spielräume und Grenzen der gegenwärtigen Gleichheitskonzeptionen und Grundrechtsdogmatik im Umgang mit der Mehrdimensionalität von Diskriminierungen aufgezeigt.

In § 4 sollen die bisherigen Ansätze des einfachen Gesetzgebers zur rechtlichen Überwindung mehrdimensionaler Diskriminierungen behinderter Frauen im SGB IX vorgestellt werden. Das SGB IX bietet sich in diesem Kontext aus verschiedenen Gründen zur Analyse an:

Zum einen kommt dem Recht der Rehabilitation und Teilhabe ein besonders hoher Stellenwert im (Rechts-)Alltag behinderter Frauen und Männer zu, da es ihren Partizipationseinschränkungen in allen Lebensbereichen entgegenwirken soll. Zum anderen hat der Gesetzgeber die gleichstellungsrechtliche Zielsetzung des SGB IX nicht nur im Hinblick auf die Gleichberechtigung behinderter Menschen, sondern auch im Hinblick auf das Geschlechterverhältnis betont und eine ganze Reihe von Instrumenten verankert, mit deren Hilfe spezifische Problemlagen behinderter Frauen überwunden werden sollen.

Im Rahmen dieser Arbeit interessiert, ob der Gesetzgeber mit diesen Instrumenten seinem verfassungsrechtlichen Auftrag zur Überwindung mehrdimensionaler Diskriminierung genügt hat und wie die einzelnen Bestimmungen verfassungsgemäß auszulegen sind. Dies mündet in die Frage, ob aus verfassungsrechtlicher oder rechtspolitischer Perspektive Nachbesserungsbedarf besteht.

Die Arbeit erhebt nicht den Anspruch, ein Modell der rechtlichen Gleichheit entwerfen zu können, das allen Menschen rechtliche wie tatsächliche Gleichheit bei gleichzeitiger Achtung aller ihrer sozialen und kulturellen Unterschiede garantiert. Sie will die Problematik eindimensionaler Gleichheitskonzeptionen und deren Auswirkungen auf Frauen mit Behinderungen aufzeigen und am Beispiel der Leistungen zur Rehabilitation und Teilhabe Lösungsansätze für den Umgang mit mehrdimensionalen Differenzen zur Diskussion stellen.

§ 2 Die mehrdimensionale Diskriminierung behinderter Frauen – Daten, Hintergründe, Erklärungsansätze

A Sozialdaten zur Situation behinderter Frauen in der Bundesrepublik

I. Bevölkerungsanteil behinderter Frauen

Laut Mikrozensus lebten in der Bundesrepublik Deutschland im Mai 2003 8,4 Millionen Menschen mit einer amtlich anerkannten Behinderung, d.h., rund 10% der Bevölkerung sind behindert. Die Aufgliederung nach Altersgruppen zeigt, dass der Bevölkerungsanteil der behinderten Bürgerinnen und Bürger mit steigendem Lebensalter zunimmt. Behinderungen treten ganz überwiegend erst im Erwachsenenalter auf. In medizinischer Hinsicht stehen sie meist im Zusammenhang mit Funktionseinschränkungen der inneren Organe oder des Bewegungs- und Stützapparates. 72% aller Menschen mit einer anerkannten Behinderung sind 55 Jahre oder älter – von der nichtbehinderten Bevölkerung sind es hingegen nur 28%. Aufgeteilt nach Geschlecht stellt der Mikrozensus bei 11% der männlichen Bevölkerung, aber nur bei 9% der weiblichen Bevölkerung eine amtlich anerkannte leichtere bis schwere Behinderung fest.[15]

Der Großteil der im Mikrozensus erfassten Behinderten ist schwerbehindert. Die amtliche Schwerbehindertenstatistik registriert im Jahr 2003 rund 6,6 Millionen schwerbehinderte Bürgerinnen und Bürger.[16] Dies entspricht einem Bevölkerungsanteil von über 8 %. 47,5% dieser 6,639 Mio. schwerbehinderten Menschen sind weiblich.[17]

Gemessen am Anteil aller Frauen an der bundesdeutschen Gesamtbevölkerung (51,3%) sind behinderte Frauen damit in den amtlichen Behindertenstatistiken unterrepräsentiert.[18]

15 Die Ergebnisse des Mikrozensus 2003 und deren Auswertung liefert *Pfaff,* WiSta 10/2004, S. 1181.

16 *Statistisches Bundesamt,* Schwerbehindertenstatistik 2003, Zeitreihe 3.1.
Rechtsgrundlage der Schwerbehindertenstatistik bildet seit 1.7.2001 § 131 SGB IX. Die vorliegenden Daten wurden nach altem Recht (§ 53 SchwbG) erhoben. Erfasst wurden Schwerbehinderte i.S.d §§ 1 i.V.m. 3 Abs. 1 SchwbG. § 1 SchwbG definierte Schwerbehinderte i.S.d Gesetzes als Personen mit einem Grad der Behinderung von wenigstens 50%, sofern sie ihren Wohnsitz, ihren gewöhnlichen Aufenthalt oder ihre Beschäftigung auf einem Arbeitsplatz i.S.d § 7 Abs. 1 rechtmäßig im Geltungsbereich dieses Gesetzes haben.

17 *Statistisches Bundesamt,* Schwerbehindertenstatistik 2003, Zeitreihe 3.1.

18 *Statistisches Bundesamt* (1999), zitiert in *Klammer/Klenner/Ochs* u.a., WSI – FrauenDatenReport, S. 16.

Die mit den Behindertenstatistiken erhobenen Daten dienen als Planungsgrundlage für die weitere sozial- und beschäftigungspolitische Förderung behinderter Menschen. Da die Daten geschlechtsspezifisch erhoben werden, sind sie theoretisch auch dazu geeignet und darauf angelegt, mögliche Unterschiede in den Teilhabemöglichkeiten behinderter Frauen und Männer aufzuzeigen, um diesen – z.B. durch Beschäftigungsförderung – Rechnung zu tragen. Nach Auffassung des Statistischen Bundesamtes und der Literatur ist die Schwerbehindertenstatistik jedoch geschlechtsspezifisch verzerrt. Sie berücksichtigt Frauen nicht entsprechend ihrem tatsächlichen Anteil an der Bevölkerung.[19] Sozialepidemiologische Studien und Repräsentativbefragungen zur gesundheitlichen Situation der Geschlechter zeigen, dass Frauen keineswegs seltener oder geringer von gesundheitlichen Beeinträchtigungen und Behinderungen betroffen sind als Männer.[20] Der geringere Anteil von Frauen an der Gesamtzahl der statistisch erfassten Schwerbehinderten resultiert nicht aus der unterschiedlichen gesundheitlichen Situation derselben, sondern wird von verschiedenen Analysen auf die verwaltungsrechtlichen Vorgaben zur Anerkennung als Schwerbehinderte und auf die an diese Anerkennung geknüpften Rechtsfolgen zurückgeführt.

Mit der amtlichen Schwerbehindertenstatistik wird gem. § 131 SGB IX im zweijährigen Turnus die Zahl der schwerbehinderten Menschen, deren persönliche Merkmale sowie die Art, Ursache und der Grad ihrer Behinderung erhoben. Erfasst werden lediglich Personen, deren Schwerbehinderung gem. § 69 SGB IX amtlich festgestellt wurde. Als schwerbehindert definiert § 2 Abs. 2 SGB IX Menschen, „wenn bei ihnen ein Grad der Behinderung von wenigstens 50 vorliegt und sie ihren Wohnsitz, ihren gewöhnlichen Aufenthalt oder ihre Beschäftigung auf einem Arbeitsplatz im Sinne des § 73 rechtmäßig im Geltungsbereich dieses Gesetzes haben." Die Feststellung erfolgt entweder gem. § 69 Abs. 1 durch die Versorgungsämter oder gem. Abs. 2 im Zuge der Entscheidung über eine Rente wegen Erwerbsminderung. In diesem Falle gilt der festgestellte Prozentsatz der Erwerbsminderung gleichzeitig als Grad der Behinderung. Sowohl der Grad der Behinderung (GdB) als auch das Ausmaß der Erwerbsminderung (MdE) sollen, abgestuft in 10er-Graden von 0 bis 100, die konkreten Auswirkungen der Behinderung auf die Teilhabe der betroffenen Person am Leben in der Gesellschaft bewerten.

Schildmann hat anhand der historischen Entwicklung der gesetzlichen Behinderungsdefinitionen und der deutschen Behindertenstatistik, beginnend ab der ersten Krüppelzählung von 1906, aufgezeigt, dass bereits die jeweils zugrunde gelegte Definition von Behinderung signifikanten Einfluss auf den Frauenanteil der verschiedenen Behindertenstatistiken hatte.[21] Sie stellte fest, dass der Frauenanteil dabei konstant unter dem Männeranteil lag und führt dies darauf zurück, dass die ver-

19 *Statistisches Bundesamt*, Schwerbehinderte 1993, in: WiSta 1995. S. 377; *Niehaus,* Aus Statistiken lernen, S. 159; *Schildmann*, in: Aus Politik und Zeitgeschichte, B/8 2003, S. 29 (32 f).

20 *Niehaus,* Behinderte Frauen als Zielgruppe, S. 123–137; *Häußler, Wacker et al.,* Lebenssituation von Menschen mit Behinderungen in privaten Haushalten, S. 142.

21 *Schildmann,* in: Aus Politik und Zeitgeschichte, B/8 2003, S. 29 (30 f.).

schiedenen Definitionen von Behinderung stets an männlichen Lebensmustern und -risiken orientiert waren. Erfasst wurden zunächst Kriegsbeschädigungen, später auch die Berufs- und Erwerbsunfähigkeit, nicht aber die Auswirkungen vergleichbarer Beeinträchtigungen im sogenannten privaten Raum, insbesondere in der Familienarbeit.[22] Schildmann zufolge kommt es bereits bei der gesetzlichen Definition von Behinderung zu einer spezifischen Wechselwirkung mit der Kategorie Geschlecht. Das Geschlecht einer Person kann mittelbaren Einfluss darauf haben, ob sie aufgrund bestimmter Einschränkungen gesetzlich als behindert gilt oder nicht.

Nach Angaben des Statistischen Bundesamtes machen Männer von der Möglichkeit, ihre Schwerbehinderung feststellen zu lassen, häufiger Gebrauch. Dies gilt bisher insbesondere für die Gruppe der über 55-Jährigen, die die Vorteile der Frühverrentung nutzen wollten. Das Statistische Bundesamt erklärt die männliche Überrepräsentanz in der Statistik mit deren höheren Erwerbsquote. Erwerbspersonen hätten ein deutlich höheres Interesse an der amtlichen Anerkennung ihrer Behinderung, da sie Nachteilsausgleiche in Form von Sozialversicherungsleistungen, einem besonderen arbeitsrechtlichen Kündigungs- und Diskriminierungsschutz, Zusatzurlaub und begleitende Hilfen im Arbeitsleben erhalten können.[23]

Dem Statistischen Bundesamt zufolge kommt es zur Wechselwirkung der Kategorien Geschlecht und Behinderung im Hinblick auf die Rechtsfolgen (gesetzlichen Vorteile), die das Gesetz an das Vorliegen und die Feststellung der (Schwer-)Behinderung knüpft.

Niehaus geht davon aus, dass unterschiedliche Rollenerwartungen es Männern erleichtern, Frauen hingegen erschweren, staatliche Nachteilsausgleiche zu beantragen. Der Verzicht von Frauen auf die Anerkennung ihrer Schwerbehinderung beruhe auch auf dem Rollenstereotyp der Frau als der Sorgenden, nicht aber als der für sich

22 *Ebda.*, S. 29 (30 f.); *dies.*, in: Zeitschrift für Heilpädagogik 9/2000, S. 254 f.

23 *Statistisches Bundesamt*, Schwerbehinderte 1993, in: WiSta 1995, S. 377, ebenso *Statistisches Bundesamt*, Schwerbehindertenstatistik 2001, Überblick Zeitreihe 1987–2001, S. 7. Erwerbsabhängige Nachteilsausgleiche bilden u.a. der besondere Kündigungsschutz §§ 85 f. SGB IX; der Anspruch auf Zusatzurlaub § 125 SGB IX, die Kfz-Hilfe nach Kfz-HilfeVO. Aus der Ausgleichsabgabe werden als begleitende Hilfen im Arbeitsleben (§ 102 Abs. 1 Nr. 3 SGB IX) u.a. technische Arbeitshilfen, die behindertengerechte Gestaltung des Arbeitsplatzes, Arbeitsassistenz, Fortbildungen, Hilfen zur Beschaffung oder dem Ausbau behindertengerechten Wohnraums und eine Reihe weiterer Leistungen finanziert. Wichtige erwerbsabhängige Leistungen bilden darüber hinaus die Erwerbsminderungsrente § 43 SGB VI und die vorgezogene Altersrente nach § 236a SGB VI. Als erwerbsunabhängige Nachteilsausgleiche gewährt das Gesetz bei Vorliegen bestimmter Einschränkungen, z.B. „Hilflosigkeit" oder einer „außergewöhnlichen Gehbehinderung" die vergünstigte bzw. unentgeltliche Beförderung im öffentlichen Personenverkehr (§§ 145, 146 SGB IX), Parkerleichterungen oder die Befreiung von Rundfunkgebühren durch die Landesverordnungen. Behinderte mit steuerpflichtigem Einkommen können pauschalierte außergewöhnliche Belastungen (§ 33b EStG) und die Kosten einer Haushaltshilfe (§ 33a Abs. 3 Nr. 1 b) und Nr. 2 EStG) einkommensmindernd geltend machen.

selbst Fürsorge Fordernden.[24] Die Wechselwirkung zwischen Geschlecht und Behinderung vollzieht sich dieser These zufolge in einer geschlechterdifferenten Eigenwahrnehmung und -definition von Behinderung. Sie mündet in einer im Vergleich mit Männern geringeren Motivation von Frauen, staatliche Leistungen zum Ausgleich ihrer behinderungsbedingten Nachteile in Anspruch zu nehmen.

Die Sozialanalysen zum Geschlechterverhältnis in der Schwerbehindertenstatistik kommen somit zum Ergebnis, dass das Geschlecht auf verschiedenen Ebenen mittelbaren Einfluss auf die behördliche Anerkennung und staatliche Förderung als schwerbehinderte Person hat.

II. Beschäftigung und Arbeitslosigkeit

Für behinderte Menschen ist der allgemeine Arbeitsmarkt in dreifacher Hinsicht zweigeteilt: zwischen behinderten und nichtbehinderten Menschen, zwischen Ost und West sowie zwischen Frauen und Männern.[25]

Im Zuge einer beschäftigungspolitischen Initiative der Bundesregierung 2001/2002 wurde der Anteil der als arbeitslos registrierten Schwerbehinderten kurzfristig auf einen historischen Tiefstand von 14,5% abgesenkt (Arbeitslosenquote insgesamt 10,8%), stieg bis April 2003 aber wieder auf 16,8% an.[26] Die amtlichen Arbeitslosenstatistiken geben bislang grundsätzlich keinen Aufschluss über die prozentuale Verteilung des Arbeitslosenrisikos aufgegliedert nach Geschlecht *und* Behinderung. Der Anteil schwerbehinderter Frauen an den insgesamt arbeitslos gemeldeten Erwerbspersonen lag 2002 mit 3,2% jedoch unter dem Anteil der schwerbehinderten Männer (4,3%).[27]

Der niedrigere Anteil der Frauen an der Zahl der registrierten Arbeitslosen ist allerdings nicht auf ihre höhere Beschäftigungsquote zurückzuführen. Dies zeigt der Vergleich der Arbeitslosen- mit der Erwerbsquote. Aufgeteilt nach Geschlecht und Behinderung betragen die Erwerbsquoten nichtbehinderter Männer 71%, nichtbehinderter Frauen 53%, behinderter Männer 30% und die Erwerbsquote behinderter Frauen 21%.[28]

24 *Niehaus,* Aus Statistiken lernen, S. 161; die These deckt sich mit den Feststellungen von *Häußler, Wacker et al.*, wonach behinderte Frauen eine Abhängigkeit von Hilfe weitaus stärker seelisch belastet als behinderte Männer (*dies.*, Lebenssituation von Menschen mit Behinderungen in privaten Haushalten, S. 289)

25 *Winkler/SWZ e.V.,* Menschen mit Behinderungen – Report 2003, S. 151.

26 *Bundesregierung,* Bericht zu § 160 SGB IX, S. 59 ff.

27 *Bundesanstalt für Arbeit,* Strukturanalyse 2002 ANBA-Sondernummer, Nürnberg 2003.

28 Mikrozensus 2003 in *Pfaff,* WiStA 10/2004, S. 1181 (1184). Während in den vergangenen Jahren die Erwerbsquote in der Gesamtbevölkerung gestiegen ist, hat sie bei behinderten Menschen abgenommen. Analysen führen diese Entwicklung auf die Verdrängung schwerbehinderter Menschen aus dem Erwerbsleben zurück, vgl. *Eiermann/Häußler/ Helfferich,* LIVE, S. 42; *Rauch/Brehm,* IAB Werkstattbericht Nr. 7, S. 25.

Behinderte Frauen im erwerbsfähigen Alter sind also besonders häufig erwerbslos, ohne arbeitslos gemeldet zu sein.[29] Die Arbeitsmarktstatistiken bilden die realen Dimensionen der Arbeitslosigkeit nur unzulänglich ab. Nicht erfasst wird die „Stille Reserve", in die laut des Reports „Menschen mit Behinderungen" vor allem Frauen, insbesondere auch behinderte Frauen, gedrängt werden bzw. sich selbst einordnen.[30] Als stille Reserve werden in der Arbeitsmarktpolitik Personen bezeichnet, die erwerbsinteressiert oder suchend sind, aber nicht in den Arbeitslosenstatistiken in Erscheinung treten. Hierzu zählten bis zum 1.1.2005 Personen, die nicht (mehr) arbeitslos gemeldet sind, weil sie keine Leistungsansprüche (mehr) haben, aber dennoch aus eigener Initiative arbeitssuchend sind.[31] Weiterhin diejenigen, die aufgrund der schlechten Arbeitsmarktlage oder ihrer persönlichen und familiären Verpflichtungen die Arbeitssuche aufgegeben haben, obwohl der Wunsch nach einer Erwerbstätigkeit besteht. Frauen bilden traditionell einen Großteil der stillen Reserve.[32]

Auf der Suche nach Ursachen für die niedrige Erwerbsbeteiligung behinderter Frauen lässt sich feststellen, dass diese sich nicht mehr auf die unterschiedliche Ausbildung und Qualifikation zurückführen lässt. In den vergangenen Jahren konnte eine deutliche Anpassung des Bildungsniveaus zwischen den Geschlechtern, aber auch zwischen nichtbehinderten und behinderten Menschen erzielt werden. Während in den höheren Altersklassen Männer häufiger als Frauen über eine abgeschlossene Berufsausbildung und über deutlich höhere Bildungsabschlüsse verfügen, haben Frauen jüngerer Jahrgänge (zwischen 25 und 55 Jahren) insgesamt einen höheren formalen Schulabschluss als Männer und vergleichsweise häufiger eine abgeschlossene Lehre. 1996 verfügten jeweils rund 20% aller Frauen und Männer über einen Hochschulabschluss.[33] Der Vergleich des Ausbildungsniveaus behinderter und nichtbehinderter Menschen lässt zunächst darauf schließen, dass behinderte Menschen schlechter ausgebildet sind. So hatten im Jahr 2003 beispielsweise 15% aller behinderten, aber nur 2% aller nichtbehinderten Menschen keinen Schulabschluss.[34] Das niedrigere Ausbildungsniveau behinderter Menschen ist jedoch in erster Linie auf ihr im Vergleich mit Nichtbehinderten deutlich höheres Lebensalter zurückzuführen. Mit wachsendem Lebensalter sinkt das Ausbildungsniveau der Bevölkerung. Der altersbereinigte Vergleich zeigt, dass behinderte Erwerbspersonen durchschnitt-

29 *Bundesregierung*, Bericht zu § 160 SGB IX, S. 61.

30 *Winkler/SWZ e.V.*, Menschen mit Behinderungen – Report 2003, S. 153.

31 Seit 1.1.2005 werden aber jedenfalls Teile der bisherigen stillen Reserve (Familienarbeiterinnen, Langzeitarbeitslose) wieder als Bezieherinnen und Bezieher von Arbeitslosengeld II in der Arbeitslosenstatistik berücksichtigt. Nicht erfasst bleiben aber diejenigen, die zwar erwerbsfähig, erwerbslos und ggf. interessiert sind, aber keine Ansprüche auf Arbeitslosengeld II haben, weil sie über Einkommen (z.B. Ehegattenunterhalt) bzw. Vermögen verfügen.

32 Gegenwärtig fast zwei Drittel (64%), vgl. *Statistisches Bundesamt*, Mikrozensus 2003, in: WiStA 6/2004, S. 670.

33 *Statistisches Bundesamt*, Bildung im Zahlenspiegel 1998, in: Klammer/Klenner/Ochs, WSI – FrauenDatenReport, S. 198 ff. – die Zahlen erfassen behinderte und nichtbehinderte Personen.

34 Mikrozensus 2003, in: *Pfaff*, WiStA 2004, S. 1181 (1186).

lich über etwa gleichwertige berufliche Qualifikationen wie nichtbehinderte Erwerbspersonen verfügen und Behinderte lediglich in der Gruppe der Hochschulabsolventinnen und -absolventen signifikant niedriger vertreten sind.[35]

Trotz gleicher oder höherwertiger Ausbildung sind Frauen auf dem Arbeitsmarkt in fast allen Altersgruppen benachteiligt. Dies betrifft sowohl ihre Chancen auf Zugang zu einer Erwerbstätigkeit, ihre Aufstiegsmöglichkeiten, den Verdienst als auch die soziale Absicherung.[36] Auch die Erwerbsquote schwerbehinderter Menschen im erwerbsfähigen Alter lag im April 1999 mit bundesweit 24,9% bei weniger als der Hälfte der Erwerbsquote der nichtbehinderten Erwerbspersonen (61,8%).[37] Die Erwerbsmöglichkeiten behinderter Frauen sind aufgrund der Kumulation der Vermittlungsrisiken „Behinderung", „weibliches Geschlecht" und gegebenenfalls aufgrund ihres fortgeschrittenen Lebensalters deutlich geringer als die nichtbehinderter Frauen und behinderter Männer.

Die Erwerbsquote erfasst alle Formen der Erwerbstätigkeit, sagt aber nichts über deren Umfang aus. Gerade hier sind jedoch deutliche geschlechtsspezifische Unterschiede zu verzeichnen. Im Bereich der abhängigen Beschäftigung arbeiteten bundesweit 40% der Frauen, hingegen nur 4,5% der Männer in Teilzeit. Rund neun von zehn Teilzeitbeschäftigten sind Frauen. In den sogenannten atypischen Arbeitsverhältnissen handelt es sich mithin ganz überwiegend um Frauenarbeit.[38]

Im Jahr 2002 betrug die allgemeine Dauer der Arbeitslosigkeit 7,9 Monate, bei schwerbehinderten Arbeitslosen 12,8 Monate.[39] Das Risiko der längeren Arbeitslosigkeit traf schwerbehinderte Frauen und Männer im ostdeutschen Bundesgebiet gleichermaßen, in den westlichen Bundesländern war die Arbeitslosigkeit schwerbehinderter Frauen etwas kürzer als die der Männer. Dies könnte auf die stärkere Abwanderung von Frauen in die „Stille Reserve" zurückzuführen sein. Anfang der 1990er Jahre waren schwerbehinderte Frauen allerdings noch durchschnittlich länger arbeitslos. Auch bei Arbeitslosen ohne Schwerbehinderung sind Frauen länger von Arbeitslosigkeit betroffen.[40]

Als Zwischenergebnis kann festgestellt werden, dass behinderte Frauen im erwerbsfähigen Alter häufiger erwerbslos sind als nichtbehinderte Frauen und Männer einerseits, behinderte Männer andererseits. Hier kommt es erkennbar zur Kumulation geschlechts- und behinderungsbedingter Risiken. Der Gesamtanteil behinderter Frauen an den arbeitslos gemeldeten Personen ist niedriger als der Anteil behinderter Männer. Dies wird von Sozialanalysen in erster Linie auf ihre Abwanderung in die „Stille Reserve" zurückgeführt. Schwerbehinderte Menschen sind im Vergleich

35 *Rauch/Brehm,* IAB Werkstattbericht Nr. 7, S. 7.

36 Eingehend *Appel/Fisahn/Hess-Grundwald et al.*, Handbuch zur Gleichstellung der Geschlechter, S. 12 ff.; *Eckertz-Höfer,* AK-GG Rz. 61 zu Art. 3 Abs. 2, 3.

37 *Statistisches Bundesamt*, Tabelle 4, in: WiSta 10/2000, S. 872.

38 *Statistisches Bundesamt*, Mikrozensus Fachserie 1, Reihe 4.1.1., in: Klammer/Klenner/Ochs, WSI – FrauenDatenReport S. 50 ff. (58).

39 *Rauch/Brehm,* IAB Werkstattbericht Nr. 7, S. 13 m.w.N.

40 *Ebda.*

mit nicht oder leichter behinderten Menschen in besonderem Maße vom Risiko der Langzeitarbeitslosigkeit bedroht. Dieses Risiko wächst, je älter die Betreffenden werden. Anders als bei nichtbehinderten Arbeitslosen erhöht jedoch bei schwerbehinderten Menschen gegenwärtig die Zugehörigkeit zum weiblichen Geschlecht nicht (zusätzlich) das Risiko der Langzeitarbeitslosigkeit. Behinderte Frauen sind also nicht von allen Risiken des Arbeitsmarktes unweigerlich „doppelt" betroffen.

III. Die gesetzlichen Leistungen der Arbeitsförderung und beruflichen Rehabilitation

Die Überwindung geschlechts- und behinderungsspezifischer Benachteiligungen auf dem Arbeitsmarkt ist gesetzliche Aufgabe der staatlichen Arbeitsförderung (§ 1 Abs. 1 S. 3, § 8 und §§ 97 ff. SGB III, §§ 33 ff., 102 Abs. 1 Nr. 3, 104, 109 SGB IX). Im Erhebungszeitraum der oben dargestellten Daten wurden auf Bundes- und Landesebene eine Reihe von Instrumenten der aktiven Arbeitsmarktförderung eingesetzt, um die sogenannten Problemgruppen der Langzeitarbeitslosen, Berufsrückkehrerinnen, behinderten Erwerbspersonen u.a. stärker auf dem Arbeitsmarkt (wieder-)einzugliedern.

Zu diesen Maßnahmen zählen neben der Berufsberatung und Arbeitsvermittlung insbesondere auch Eingliederungszuschüsse, Mobilitätshilfen, Maßnahmen der beruflichen Aus- und Weiterbildung sowie Rehabilitationsleistungen an behinderte oder von Behinderung bedrohte Menschen. Letztere fallen bei Vorliegen der gesetzlichen Voraussetzungen in die vorrangige Zuständigkeit der Träger der gesetzlichen Renten- und Unfallversicherungen, werden jedoch zum überwiegenden Teil von der nachrangig leistungspflichtigen Bundesagentur (ehemals Bundesanstalt) für Arbeit erbracht.

Viele behinderte Menschen können bislang die vorhandenen allgemeinen Aus- und Weiterbildungsmöglichkeiten nicht gleichberechtigt nutzen, da regionale betriebliche und überbetriebliche Ausbildungsstätten oft weder barrierefrei zugänglich sind, noch über behindertengerechte Ausbildungsplätze verfügen. Der Anteil schwerbehinderter Menschen an allgemeinen Maßnahmen zur Förderung der beruflichen Weiterbildung fiel jahrelang gering aus. Im Oktober 2002 entsprach er mit 3,7% erstmals ihrem Anteil an der Gesamtzahl der Arbeitslosen. Der Frauenanteil unter den geförderten Schwerbehinderten betrug durchschnittlich 42%.[41]

Über den Anteil behinderter Frauen an Förderungsprogrammen zur Erhöhung der Beschäftigung von Frauen generell und von Berufsrückkehrerinnen im Besonderen liegen keine Daten vor. Festgestellt werden kann lediglich, dass behinderte Frauen bislang nicht explizit als Zielgruppen allgemeiner Frauenfördermaßnahmen ausgewiesen wurden. Es ist davon auszugehen, dass spezifische behinderungsbedingte

41 *Bundesregierung,* Bericht nach § 160 SGB IX, S. 33.

Bedürfnisse bei der Ausgestaltung der Maßnahmen nicht von vornherein Berücksichtigung fanden.

In den Maßnahmen zur beruflichen Rehabilitation behinderter Menschen sind Frauen besonders deutlich unterrepräsentiert. 2003 stellten sie bei den abgeschlossenen Fördermaßnahmen der gesetzlichen Rentenversicherung lediglich 28,2%, bei den abgeschlossenen beruflichen Bildungsmaßnahmen der Bundesanstalt für Arbeit 33,9% der Leistungsempfänger und Leistungsempfängerinnen.[42]

Aus- und Weiterbildungen im Rahmen der beruflichen Rehabilitation wurden insbesondere in den bundesweit existierenden 48 Berufsbildungswerken absolviert, in denen behinderte junge Menschen eine Erstausbildung erhalten, sowie in 28 Berufsförderungswerken, die Leistungen zur beruflichen Neuorientierung und Umschulung erbringen. In den Berufsbildungswerken lag der Anteil der Teilnehmerinnen laut Bericht der Bundesregierung von 1998 bei durchschnittlich 30%, in den Berufsförderungswerken 1998 bei gerade noch 20,2%[43], im Jahr 2002 bei 23%.[44] Die Bundesregierung kommentierte in ihrem Vierten Bericht zur Lage der Behinderten den geringen Frauenanteil wie folgt:

> „Rehabilitationsleistungen können aber für Rehabilitanden mit Familienpflichten – nach Sachlage vor allem Frauen – den Grundkonflikt nicht beseitigen, in dem die Betroffenen zwischen Familienaufgaben und eigener beruflicher Förderung ihren Weg finden müssen. Dieser Konflikt wird – anders als bei nichtbehinderten Frauen – noch dadurch verstärkt, dass sie in vielen Fällen wegen Art und Schwere ihrer Behinderung allgemeine, regionale Bildungsangebote nicht nutzen können und deshalb auf die Angebote in zentralisierten Rehabilitationseinrichtungen zurückgreifen müssen.“[45]

In der rechts- und sozialwissenschaftlichen Forschung wird hingegen die Auffassung vertreten, dass der von der Bundesregierung beschriebene Grundkonflikt der Vereinbarkeit von Familienaufgaben und beruflicher Förderung durch die gesetzlichen Voraussetzungen und Rahmenbedingungen der Rehabilitationsleistungen deutlich verschärft wurde.[46] Aufgrund ihrer kürzeren oder unterbrochenen Erwerbsbiografie erhalten die Frauen während der Dauer der Maßnahme durchschnittlich weniger Übergangsgeld als behinderte Männer.[47] Sie verzichten deshalb häufiger auf berufliche Qualifizierungsmaßnahmen, um stattdessen mit ungelernten Tätigkeiten den (Familien-)Unterhalt zu finanzieren bzw. mitzufinanzieren.[48] Die Rehabilitation

42 *BMGS,* Bericht der Bundesregierung über die Lage behinderter Menschen 2004, S. 124.

43 *Ebda.*, S. 63.

44 *BMGS,* Bericht der Bundesregierung über die Lage behinderter Menschen 2004, S. 129.

45 *BMAS,* Vierter Bericht der Bundesregierung zur Lage der Behinderten, S. 63. In ihrem 2005 folgenden Bericht wird die Bundesregierung einräumen, dass Rehabilitationsleistungen den beschriebenen Grundkonflikt der Frauen zumindest ansatzweise lösen können, vgl. *BMGS*, Bericht der Bundesregierung über die Lage behinderter Menschen 2004, S. 129

46 *Institut Frau und Gesellschaft Hannover und Arbeitsgruppe Rehabilitation Berlin (West),* Frauen in der beruflichen Rehabilitation; *Eiermann/Häußler/Helfferich,* LIVE, S. 45; *Degener,* Behinderte Frauen in der beruflichen Rehabilitation, S. 62.

47 *Wunn,* Frauen in der beruflichen Rehabilitation, S. 70 ff.

48 *Schildmann,* Lebensbedingungen behinderter Frauen, S. 100.

in den zentralisierten Rehabilitationseinrichtungen erfordert es darüber hinaus, für die Dauer der Maßnahme – d.h. in der Regel zwei Jahre – täglich zu der oft wohnortfern gelegenen Einrichtung zu pendeln. Die Mehrzahl der Teilnehmenden muss daher eine Internatsunterbringung in Kauf nehmen. Vor allem diejenigen Frauen, die die Verantwortung für minderjährige Kinder oder andere versorgungsbedürftige Familienangehörige tragen, sehen sich hierzu selten in der Lage. Im Gegensatz zu den meisten Familienvätern können sie in der Regel keine geregelte Kinderbetreuung für die Zeit ihrer Abwesenheit sicherstellen und nachweisen. Dies hat zur Folge, dass überwiegend alleinstehende und kinderlose Frauen an den Maßnahmen teilnehmen.[49] Bis vor wenigen Jahren konzentrierten sich die Ausbildungsangebote der Rehabilitationseinrichtungen auf typisch männliche Berufsbilder, sodass behinderten Frauen vergleichsweise weniger Ausbildungsberufe zur Verfügung standen, die zudem weniger Aufstiegs- und Transfermöglichkeiten zu anderen Berufen boten.[50] Zwischenzeitlich werden auch viele Ausbildungen im kaufmännischen und verwaltenden Bereich angeboten. Nach ihren Berufswünschen befragt, hätten allerdings viele der weiblichen Auszubildenden lieber eine Ausbildung im Sozial- und Gesundheitsbereich gewählt, die eher selten (6% der Angebote) angeboten wird.[51] Je niedriger das Ausbildungsniveau ist, desto höher wird der Frauenanteil in den Einrichtungen.[52] Am häufigsten sind behinderte Frauen als berufliche Rehabilitandinnen in den bundesweit rund 700 Werkstätten für behinderte Menschen (WfbM) vertreten. Hier stellen sie 42,2% der rund 215.000 behinderten Beschäftigten.[53] In den WfbM handelt es sich allerdings um die Rehabilitationseinrichtungen, die den geringsten Erfolg bei der Eingliederung in den ersten Arbeitsmarkt zu verzeichnen haben. Dem Bericht der Bundesregierung nach § 160 SGB IX zufolge gelang es im Jahr 2000 lediglich 0,24 % der Werkstättenbeschäftigten, einen Arbeitsplatz auf dem ersten Arbeitsmarkt zu finden.[54]

In der Gesamtschau ist festzustellen, dass sich in der staatlichen Arbeitsförderung für behinderte Frauen offensichtlich eine Schere öffnet: Behindertengerechte Maßnahmen der beruflichen Rehabilitation boten bislang für Frauen nur eine begrenzte Zahl von Ausbildungsangeboten an. Sie berücksichtigten nur unzureichend die örtlichen Bindungen, sozialen Beziehungen und Verpflichtungen behinderter Menschen. Männer sind eher bereit und aufgrund der Delegation ihrer Familienpflichten auf andere, insbesondere ihre Partnerinnen, auch eher in der Lage, dies in Kauf und die

49 *Wunn,* a.a.O., S. 79; *Sozialforschungsstelle Dortmund*, Berufliche Teilhabe von Frauen mit (unterschiedlichen) Behinderungen.

50 *Degener,* Behinderte Frauen in der beruflichen Rehabilitation, S. 9.

51 *Sozialforschungsstelle Dortmund*, Berufliche Teilhabe von Frauen, S. 338. Das geringe Ausbildungsangebot verwundert, denn die Gesundheits- und Erziehungsberufe sind nach Angaben des Statistischen Bundesamts von 2003 eines der bedeutsamsten Beschäftigungsfelder schwerbehinderter Menschen: 23% aller erwerbstätigen Schwerbehinderten arbeiten in diesem Bereich.

52 *Schön,* Frauen mit Behinderungen auf dem Arbeitsmarkt, S. 41 (42).

53 *BMAS*, Vierter Bericht der Bundesregierung zur Lage der Behinderten, a.a.O., S. 77.

54 *Bundesregierung*, Bericht nach § 160 SGB IX, S. 55.

Leistungen in Anspruch zu nehmen. Frauen hingegen räumen ihrer partnerschaftlichen und familiären Verantwortung den höheren Stellenwert ein und haben seltener Partner, die für die Dauer der Maßnahme die Hauptverantwortung für die Familienarbeit übernehmen. Wohnortferne Vollzeitmaßnahmen sind für diese Frauen dann aber erkennbar bedarfsunangemessen. Je wohnortnaher gelegen die Angebote sind, umso höher ist der Anteil der weiblichen Rehabilitandinnen. Dies gilt insbesondere für die WfbM. Gleichzeitig handelt es sich hierbei jedoch um die Einrichtungen, in denen das niedrigste Ausbildungsniveau herrscht und in denen sich die Chancen auf eine Eingliederung in ein reguläres und angemessen bezahltes Arbeitsverhältnis auf dem ersten Arbeitsmarkt gegen Null bewegen.[55]

Frauenfördermaßnahmen zielen auf die Überwindung geschlechtsspezifischer Nachteile ab, z.B. durch die Ausbildung in zukunftsträchtigen Berufen und durch Maßnahmen, die den Familienpflichten der Teilnehmerinnen Rechnung tragen. Ob und in welchem Umfang behinderten Frauen von den Arbeitsagenturen die Teilnahme an allgemeinen Frauenförderprogrammen angeboten wurde, ist nicht bekannt. Die Maßnahmen sind jedoch nicht darauf ausgerichtet, einen möglicherweise zusätzlich gegebenen Rehabilitationsbedarf behinderter Frauen abzudecken.[56]

IV. Einkommenssituation

Behinderte Frauen verfügen durchschnittlich über ein deutlich niedrigeres Einkommen als nichtbehinderte Frauen einerseits und Männer mit und ohne Behinderung andererseits.

Dies belegen die Vergleiche der jeweiligen Haushaltsnettoeinkommen und der individuellen Nettoeinkommen.[57] Behinderte Frauen sind in der Gruppe der Personen mit dem niedrigsten Einkommen am häufigsten vertreten: Fast jede dritte behinderte Frau (28,3%), aber nur jeder elfte nichtbehinderte Mann (10,9%) verfügt über ein monatliches Haushaltsnettoeinkommen von weniger als 1.125 Euro (nichtbehinderte Frauen: 16,5%, behinderte Männer: 15,5%). Jedem vierten nichtbehinderten Mann, aber nur noch jeder 7,5ten Frau mit Behinderung stehen im Monat mehr als 2.556 Euro zur Verfügung.[58]

55 2002 erzielten behinderte Beschäftigte im Arbeitsbereich einer WfbM bei vollzeitiger Tätigkeit einen durchschnittlichen Monatslohn von rund EUR 160,– (*BMGS*, Bericht der Bundesregierung über die Lage behinderter Menschen 2004, S. 166).

56 *SFS Dortmund/Schön*, Berufliche Teilhabe von Frauen mit (unterschiedlichen) Behinderungen, S. 56 (57).

57 Als Nettoeinkommen werden dabei alle Einkünfte, z.B. aus Erwerbsarbeit, Kapital, staatlichen Leistungen und Unterhaltszahlungen abzüglich der Steuern und Sozialabgaben erfasst.

58 Mehr als 2.556 Euro beziehen von 100 behinderten Männer 16,7%; von nichtbehinderten Frauen 22,3%. *Statistisches Bundesamt*, Mikrozensus 1999, Tabelle 4: Behinderte und Nichtbehinderte in privaten Haushalten – insgesamt Nettoeinkommen und Alter.

Im Vergleich der individuellen Nettoeinkommen steht behinderten Frauen mit durchschnittlich 960,88 Euro ein Drittel weniger zur Verfügung als behinderten Männern (1.442,84 Euro). Besonders niedrig sind die Einkünfte behinderter Menschen in den neuen Bundesländern. Die Männer erzielen hier rund 7%, die Frauen über 23% weniger Einkünfte als ihre jeweilige Vergleichsgruppe aus den alten Bundesländern.[59]

Für behinderte Menschen bilden laut Mikrozensus Renten und Pensionen mit 66% die wichtigste Einkommensquelle. Dies ist angesichts des hohen Durchschnittalters dieser Bevölkerungsgruppe nicht überraschend. Ihren überwiegenden Lebensunterhalt bezogen 20,9% der behinderten Männer, aber nur 13,7% der behinderten Frauen aus einer Erwerbstätigkeit. Im Vergleich hierzu gaben 52,7% der nichtbehinderten Männer und 33,8% der nichtbehinderten Frauen die Erwerbstätigkeit als ihre Haupteinkommensquelle an.[60] Die signifikant niedrigen Erwerbseinkünfte behinderter Frauen könnten zum einen darauf zurückzuführen sein, dass sie durchschnittlich älter sind als behinderte Männer und daher häufiger das Rentenalter erreicht haben, zum anderen aber auch aus ihrer geringeren Erwerbsbeteiligung resultieren.[61] Einen weiteren Grund wird die höhere Teilzeitquote und die festzustellende niedrigere Entlohnung von Frauen im Vergleich zu Männern bilden, die wiederum Auswirkungen auf die Höhe der späteren Rentenbezüge hat.

Der Unterhalt durch Ehegatten, Eltern oder andere Personen bildete die Haupteinnahmequelle für 38,9% der nichtbehinderten Frauen, hingegen nur für 15,2% der behinderten Frauen. Auch bei Männern gibt es deutliche Unterschiede: Hier leben 24,4% der nichtbehinderten Männer hauptsächlich von Unterhaltsleistungen, aber nur 3,5% der behinderten Männer.[62] Für diese Differenzen liefern die Analysen bisher keine Interpretation.

Im Ergebnis ist festzustellen, dass sich die hohe Erwerbslosigkeit behinderter Frauen erkennbar in ihrer wirtschaftlichen Situation niederschlägt. Das traditionelle Familienkonzept der „Hausfrau- und -Versorger-Ehe“ scheint in ihrem Fall besonders deutlich zu versagen. Obwohl behinderte Frauen die niedrigsten Einkünfte aus eigener Erwerbstätigkeit erzielen, spielt der Unterhalt durch Ehegatten und andere Personen für ihre Existenzsicherung eine geringere Rolle als für nichtbehinderte Männer, die im Schnitt über das höchste Einkommen aus einer Erwerbstätigkeit verfügen.

59 *Statistisches Bundesamt,* Löhne und Gehälter in Deutschland – Gehalts- und Lohnstrukturenerhebung 2001, S. 39 ff.; *Winkler/SWZ e.V.,* Menschen mit Behinderungen – Report 2003, S. 87.

60 *Statistisches Bundesamt,* Mikrozensus 1999, Tabelle 9: Behinderte und Nichtbehinderte nach dem überwiegenden Lebensunterhalt.

61 *Pfaff,* WiSta 10/2002, S. 875.

62 *Statistisches Bundesamt,* Mikrozensus 1999, Tabelle 9: Behinderte und Nichtbehinderte nach dem überwiegenden Lebensunterhalt.

V. Partnerschaft, Kinder und Familienarbeit

Die dargelegten niedrigen Unterhaltsbezüge behinderter Frauen können nicht etwa damit erklärt werden, dass sie signifikant häufiger alleinstehend wären.

Laut Mikrozensus sind behinderte Frauen und Männer insgesamt häufiger verheiratet oder verwitwet. Dies ist allerdings wiederum auf die unterschiedliche Altersstruktur zurückzuführen, da behinderte Menschen durchschnittlich älter sind als nichtbehinderte. Doch auch bei Bereinigung des Alterseffektes zeigt sich, dass behinderte Frauen und Männer bis zum 60. Lebensjahr nur geringfügig häufiger ledig sind.[63]

Der Familienstand allein gibt allerdings weder Aufschluss über die wirtschaftliche Absicherung der Familienmitglieder noch über die tatsächlichen sozialen Bindungen der jeweiligen Bevölkerungsgruppe. Ebenso wie nichtbehinderte Frauen und Männer lebt die Mehrheit behinderter Menschen bis zu ihrem 75. Lebensjahr in Zwei- oder Mehrpersonenhaushalten.[64] Mit der LIVE-Studie ist davon auszugehen, dass für behinderte Frauen bei der Wahl der persönlichen Lebensform nicht die Art und Schwere der Behinderung vorrangig ausschlaggebend ist. Hier werden zahlreiche Faktoren gleichzeitig und zum Teil kumulativ wirksam. Die Veränderungen der weiblichen Lebensverläufe insgesamt – z.B. höhere Bildung und steigendes Heiratsalter – spiegeln sich auch in den unterschiedlichen Generationen behinderter Frauen wider.[65]

Die LIVE-Studie zur Situation körper- und sinnesbehinderter Frauen von 2000 ermittelte, dass durchschnittlich 75,3% der befragten Frauen einen Lebenspartner oder eine -partnerin hatten. 68,7% lebten mit dem Partner oder der Partnerin in einem gemeinsamen Haushalt.[66]

Die in der vorbenannten LIVE-Studie beforschten Frauen lebten überwiegend nicht im Heim, sondern in der eigenen Wohnung. Trotz der in vielen Fällen erforderlichen Pflege- und Unterstützungsleistungen konnten sie ihr Leben weitgehend selbstbestimmt gestalten und daher auch ein Leben in Partnerschaft realisieren. Viele der Frauen hatten eine Spätbehinderung, d.h., dass sie häufig bereits vor Eintritt der Behinderung Familien gegründet und Kinder bekommen hatten.

Ein völlig anderes Bild zeichnet die Forschung zur Lebenssituation behinderter Frauen in den Wohneinrichtungen der Behindertenhilfe: Hier sind 88% der überwiegend seelisch, geistig oder mehrfachbehinderten Heimbewohnerinnen ledig.[67] Partnerschaft und Kinderwunsch sind für die dort lebenden Frauen und Männer ein e-

63 *Pfaff,* WiSta 10/2002, S. 870.

64 *Pfaff,* WiSta 10/2002, S. 870; *Häußler, Wacker et al.,* Lebenssituation von Menschen mit Behinderungen in privaten Haushalten, S. 142.

65 *Eiermann/Häußler/Helfferich,* LIVE, S. 85 f.

66 *Eiermann/Häußler/Helfferich,* LIVE, S. 86 ff.

67 *Bundesministerium für Familie, Senioren, Frauen und Jugend,* Möglichkeiten und Grenzen selbständiger Lebensführung in Einrichtungen: Infratest-Heimerhebung 1994 (Tabelle 2).

benso wichtiges Thema wie für die restliche Bevölkerung auch.[68] Die Heimbewohnerinnen und -bewohner sind jedoch aufgrund ihrer Lebensumstände offensichtlich selten in der Lage, ihre Wünsche gleichermaßen zu realisieren. Eine Befragung in hessischen Wohneinrichtungen der Behindertenhilfe ergab, dass nur in der Hälfte der Einrichtungen einzelne Frauen mit ihrem Partner oder ihrer Partnerin zusammenleben (konnten). Bezogen auf die Gesamtzahl der befragten Einrichtung waren pro Einrichtung 1,3 Paarbeziehungen bekannt.[69]

Von den in der LIVE-Studie befragten körper- und sinnesbehinderten Frauen hatten 70% eigene Kinder, davon knapp zwei Drittel zwei oder mehr Kinder. Bezogen auf die gesamte weibliche Bevölkerung der Bundesrepublik ergeben sich damit nach Auffassung der Verfasserinnen keine nennenswerten Unterschiede zur Gruppe der nichtbehinderten Frauen.[70] Dies gilt auch hinsichtlich des Umstandes, dass die Versorgung und Betreuung der Kinder und des gemeinsamen Haushalts als „Frauensache" hauptsächlich in der Verantwortung der behinderten Mütter und nicht in der der (nichtbehinderten oder behinderten) Väter liegt.[71]

Behinderte Mütter gelten als Exotinnen. Sie berichten von der Schwierigkeit, ihr soziales Umfeld, die behandelnden Ärzte oder die Behörden, z.B. die Jugendämter, davon zu überzeugen, dass sie in der Lage sind, eine Schwangerschaft auszutragen und ihren Kindern die nötige Betreuung und Unterstützung zu bieten.[72]

Mädchen und Frauen mit Behinderungen wird auffallend häufig zur Abtreibung oder gar zur Sterilisation geraten.[73] 1996 ermittelten Zemp/Pircher in einer Befragung von Heimbewohnerinnen mit der Diagnose einer geistigen oder mehrfachen Behinderung, dass 2/3 der Befragten, die verhüteten, sterilisiert waren. Bei einem Drittel der sterilisierten Frauen wurde der Eingriff in ihrer Jugend ohne ihr Wissen bzw. ihre Einwilligung vorgenommen.[74] Die Zahlen dürften allerdings rückläufig sein. Mit der Einführung des Betreuungsrechts 1992 wurde in Deutschland die Sterilisation Minderjähriger in § 1631c BGB verboten, die Sterilisation von einwilligungsunfähigen Erwachsenen ist gem. § 1905 BGB nur noch in Ausnahmefällen

68 In den Einrichtungen wurde dies aber ebenso wie die Sexualität von behinderten Menschen lange Zeit tabuisiert, vgl. hierzu nur *Walter,* Am vollen Leben Anteil haben, S. 11 ff.

69 *Schopmans/Hessisches Koordinationsbüro für behinderte Frauen,* Situation von Frauen in hessischen Wohneinrichtungen der Behindertenhilfe, S. 74.

70 *Eiermann/Häußler/Helfferich,* LIVE, S. 86 ff.

71 *Lux/bifos e.V.,* Behinderte Eltern, S. 1.

72 Eingehend hierzu *Lux/bifos e.V.,* a.a.O.; *Hermes,* Krücken, Babys und Barrieren.

73 *Eiermann/Häußler/Helfferich,* LIVE, S. 52.

74 *Zemp/Pircher*, Sexuelle Ausbeutung, S. 69 f. Laut LIVE-Studie ist die Sterilisation als Verhütungsmethode bei behinderten Frauen außerhalb von Einrichtungen mit 35,9% zwar deutlich geringer verbreitet, aber immer noch 10fach so häufig anzutreffen wie bei nichtbehinderten Frauen (*Eiermann/Häußler/Helfferich*, LIVE, S. 108 f).

zulässig.[75] In der Praxis dominiert aber noch immer die Überzeugung, die Selbstbestimmung geistig behinderter Frauen ende bei der Entscheidung für und nicht – wie bei nichtbehinderten Frauen – gegen ein Kind. Anstelle der Sterilisation ist die Dreimonatsspritze getreten. Diese Form der hormonellen Kontrazeption wird von nichtbehinderten Frauen aufgrund der Nebenwirkungen kaum angewandt. In den Heimen der Behindertenhilfe ist sie weit verbreitet und wird den Bewohnerinnen von Ärztinnen und Ärzten häufig prophylaktisch (ungeachtet eines konkreten Schwangerschaftsrisikos) verordnet.

Der Umfrage in hessischen Wohneinrichtungen zufolge lebten in 3% der erfassten 113 Einrichtungen Frauen mit einem oder mehreren Kindern.[76] Daraus kann allerdings nicht der Rückschluss gezogen werden, dass die Einrichtungsbewohnerinnen tatsächlich entsprechend selten Kinder bekämen. Eine vom ehemaligen Bundesministerium für Gesundheit geförderte Studie zur Lebenssituation geistig behinderter Eltern und ihrer Kinder befragte von 1993–1995 Behinderteneinrichtungen im gesamten Bundesgebiet nach der Anzahl der ihnen bekannten Elternschaften von Menschen mit geistiger Behinderung. Alleine die 450 antwortenden Einrichtungen wussten von rund 1.000 Elternschaften mit ca. 1.350 Kindern.[77] Der geringe Prozentsatz der behinderten Eltern innerhalb der hessischen Wohneinrichtungen wird also auch darauf beruhen, dass die Mütter bzw. Väter die Kinder abgeben (z.B. in Pflegefamilien) oder sie die Einrichtung zusammen mit ihrem Kind verlassen müssen, weil diese nicht auf die Versorgung von Eltern mit Kindern eingestellt ist. In Deutschland gibt es gegenwärtig nur 20 Dienste und Einrichtungen, die spezielle Wohn- und Betreuungsangebote für geistig behinderte Mütter und Väter anbieten.[78] Die Zahl derjenigen geistig behinderten Eltern, die von vornherein ohne Kontakt zu entsprechenden Einrichtungen ihre Kinder versorgen, ist nicht bekannt.

Zusammenfassend ist festzustellen, dass Partnerschaft und Familie für behinderte Frauen den gleichen Stellenwert haben wie für nichtbehinderte Frauen auch. Dies zeigt sich insbesondere daran, dass sich die partnerschaftliche und familiäre Situation behinderter Frauen, die im eigenen Haushalt leben, von der nichtbehinderter Frauen kaum unterscheidet.

Während bei nichtbehinderten Frauen Schwangerschaft und Familiengründung in der Regel nicht nur gerne gesehen, sondern auch erwartet wird, müssen behinderte Frauen oft erhebliche Durchsetzungskraft beweisen, um ihren Kinderwunsch gegen die Bedenken und Widerstände ihres sozialen Umfelds durchzusetzen. Die man-

75 Im Jahr 2003 wurden 80 Anträge auf Sterilisation einwilligungsunfähiger Personen nach § 1905 BGB vormundschaftsgerichtlich genehmigt (*BMGS*, Bericht der Bundesregierung über die Lage behinderter Menschen 2004, S. 218). Damit ist aber noch nichts über die Zahl der Sterilisationen von einwilligungsfähigen behinderten Frauen gesagt. Im Falle einwilligungsunfähiger Frauen dürfte es zudem eine Dunkelziffer von genehmigungspflichtigen, aber ungenehmigt durchgeführten Eingriffen geben.

76 *Schopmans/Hessisches Koordinationsbüro für behinderte Frauen,* Situation von Frauen in hessischen Wohneinrichtungen der Behindertenhilfe, S. 74.

77 *Pixa-Kettner/Bargfrede/Blanken,* Lebenssituation geistig behinderter Menschen mit Kindern.

78 Übersicht bei *Pixa-Kettner,* Eine ganz normale Familie?, S. 18.

gelnde gesellschaftliche Akzeptanz für behinderte Elternschaften spiegelt sich in den Angebotsstrukturen der Behindertenhilfe besonders deutlich wider. In den Wohneinrichtungen der Behindertenhilfe ist ein Leben der Bewohnerinnen und Bewohner in Partnerschaft und bzw. oder mit Kindern nicht vorgesehen. Für behinderte Eltern (-teile) existieren kaum bedarfsgerechte Unterstützungsangebote.

Der Vergleich zwischen Frauen innerhalb und außerhalb von Einrichtungen zeigt, dass behinderte Frauen keine homogene Bevölkerungsgruppe bilden. Ihre Lebenslagen können sich, insbesondere aufgrund von institutionellen Faktoren, deutlich voneinander unterscheiden.

VI. Situation assistenz- und pflegebedürftiger Frauen

In seinem Report „Menschen mit Behinderungen" berichtet das Sozialwissenschaftliche Forschungszentrum Berlin-Brandenburg, dass 45% der behinderten Menschen im häuslichen Bereich Assistenzleistungen durch Dritte in Anspruch nehmen. Dies gelte für Frauen und Männer gleichermaßen.[79] Der Mikrozensus ermittelte im Mai 2003 einen weitaus niedrigeren Assistenzbedarf. Hier gaben drei Viertel (76%) aller befragten behinderten Menschen an, dass sie keinen dauerhaften Hilfebedarf im täglichen Leben haben. Behinderte Frauen gaben häufiger einen Hilfebedarf (28%) an als behinderte Männer (17%).[80]

Repräsentative Daten zur Situation von Menschen mit besonderem Hilfebedarf liefert im Übrigen nur die Pflegestatistik des Bundes, die sich allerdings ausschließlich auf den gesetzlich anerkannten Pflegebedarf beschränkt.

Als Pflegebedarf gilt im Recht der sozialen Pflegeversicherung die behinderungsbedingte Angewiesenheit auf Hilfe bei den in § 14 Abs. 4 SGB XI abschließend aufgeführten alltäglich wiederkehrenden Verrichtungen. Diese umfassen die notwendigsten Hilfen im Bereich der Grundpflege, Ernährung, Mobilität und hauswirtschaftlichen Versorgung. Die Pflegeversicherung ist als Teilabsicherung konzipiert, sie beansprucht nicht, den gesamten Hilfebedarf einer pflegebedürftigen Person abzudecken.[81] Der tatsächliche Unterstützungsbedarf der Pflegebedürftigen ist meist höher. Das Gesetz setzt voraus, dass dieser Bedarf von Familienangehörigen oder nahestehenden Personen abgedeckt wird.[82]

Der tatsächliche Unterstützungsbedarf soll hier in Abgrenzung vom gesetzlich definierten Pflegebedarf als Assistenzbedarf bezeichnet werden. Dem Assistenzbedarf gelten alle Hilfen, die darauf gerichtet sind, behinderten oder alten Menschen eine gleichberechtigte Teilhabe am Leben in der Gesellschaft zu ermöglichen. Dies können Pflegeverrichtungen i.S.d. § 14 Abs. 4 SGB XI sein. Ebenso werden aber auch

79 *Winkler/SWZ e.V.,* Menschen mit Behinderungen – Report 2003, S. 171.
80 Mikrozensus 2003, ausgewertet von *Pfaff,* WiStA 2003, S. 1181 (1190).
81 *BSG* v. 19.2.1998 in SGb 1999, S. 138.
82 *Jürgens,* Mein Recht bei Pflegebedürftigkeit, S. 15.

weitergehende Unterstützungshandlungen im Bereich der Ernährung, Körperpflege, Kommunikation, Mobilität und Hauswirtschaft sowie Hilfen bei der Ausübung einer Erwerbstätigkeit (Arbeitsassistenz § 102 Abs. IV SGB IX) erfasst.

Der Pflegestatistik zufolge erhalten rund 70% aller Pflegebedürftigen die Pflege zu Hause durch Angehörige oder ambulante Dienste. Nur knapp 4% der über 65-jährigen Bevölkerung wechselt in eine Einrichtung der Altenhilfe. Dort überwiegt – in erster Linie aus demographischen Gründen – mit 79% der Anteil weiblicher Bewohnerinnen.[83] In den Einrichtungen der Behindertenhilfe liegt er bei 47%.[84]

Das soziale Netzwerk und die Unterstützungsressourcen von selbständig lebenden Frauen mit Behinderung wurden 1993 von Niehaus untersucht.[85] Frauen mit einem behinderungsbedingten Bedarf an Assistenz im Alltag nahmen danach nur selten institutionelle und professionelle Leistungen in Anspruch. Dies deckt sich mit den Daten zur allgemeinen häuslichen Pflegesituation, wonach Pflege im Haushalt in erster Linie „Familienpflege“ ist.[86] Diese Familienpflege wird überwiegend von Frauen geleistet: Drei von vier Hauptpflegepersonen sind weiblich.[87] Unterschiede zwischen behinderten Frauen und anderen Pflegebedürftigen zeigen sich dahingehend, dass behinderte Frauen mit der Assistenz vergleichsweise weniger Verwandter rechnen können. Am dünnsten erweist sich das Hilfenetz alleinstehender und nicht erwerbstätiger Frauen sowie behinderter Frauen mit schlechtem Gesundheitszustand.[88] Das bedeutet, dass diejenigen Frauen, die die meiste Hilfe benötigen, am wenigsten Hilfe erhalten.

Aufgrund ihrer unterschiedlichen Lebenslagen können assistenzbedürftige Frauen und Männer unterschiedliche Interessen im Hinblick auf den Umfang und die Ausgestaltung der erforderlichen Assistenz haben.

Da überwiegend Frauen die Familienarbeit und Versorgung der Kinder leisten, ist ihr Bedarf an Hilfen im Alltag oft nicht nur auf die pflegerechtlich relevante Befriedigung eigener Grundbedürfnisse, sondern auch auf die der Kinder gerichtet.

Eine Umfrage unter 102 körper- und sinnesbehinderten Müttern ergab, dass sich bei rund der Hälfte der Frauen der Assistenzbedarf bereits während der letzten Schwangerschaftsmonate erhöhte oder durch das Zusammenspiel von Schwangerschaftsbauch und Behinderung erstmals entstand. Mit Beginn der Mutterschaft bejahten 90% ihre Angewiesenheit auf Unterstützung bei der Kinderversorgung (sei es bei der Betreuung oder Versorgung des Kindes und/oder des Haushalts sowie bei der

83 *Statistisches Bundesamt*, Pflegestatistik 2001, S. 4.

84 *Jansen/Klie,* Häuslichkeit, S. 297.

85 *Niehaus,* Behinderung und sozialer Rückhalt, S. 120.

86 *Häußler/Wacker/Wetzler,* Haushaltserhebung zur Lebenssituation von Menschen mit Behinderung, S. 305. In seiner Pflegestatistik 2001 (S. 9, Tabelle 1.1.) ermittelte das *Statistische Bundesamt* 1.000.736 ausschließlich durch Angehörige versorgte Pflegebedürftige, 434.679 erhielten auch oder ausschließlich Leistungen ambulanter Pflegedienste.

87 *Infratest Sozialforschung*, Hilfebedürftige Behinderte in privaten Haushalten. Unveröffentlichte Sekundäranalyse 1992, zitiert in *Eiermann/Häußler/Helfferich,* LIVE, S. 47; *Niehaus,* Behinderung und sozialer Rückhalt, a.a.O., S. 121.

88 *Niehaus,* Behinderung und sozialer Rückhalt, *S.* 122.

Mobilität mit Kind außerhalb der Wohnung), 62% hatten einen Bedarf an besonderen Hilfsmitteln (z.B. Babyphon mit Lichtsignal für gehörlose Mütter, unterfahrbarer Wickeltisch, Rollstuhlaufsatz zum Transport des Kindes für Rollstuhlfahrerinnen). Ihren Bedarf an Assistenz und Hilfsmitteln deckten die befragten Frauen überwiegend mit selbstorganisierten und -finanzierten Assistenzkräften und Hilfsmitteln. Anträge auf entsprechende staatliche Leistungen wurde jeweils von weniger als 50% der Frauen gestellt. Etwas mehr als die Hälfte dieser Anträge wurde positiv beschieden.[89]

Bei Müttern und Vätern mit der Diagnose einer geistigen oder seelischen Behinderung kann der Assistenzbedarf auf andere Lebensbereiche gerichtet und von längerer Dauer sein. Hierzu zählen z.B. Informationen in einfacher Sprache, die Beratung im Umgang mit Ämtern und Finanzen und gegebenenfalls eine kontinuierliche Unterstützung der Eltern bei der Haushaltsplanung und der Kinder bei den Hausaufgaben.

Geschlechtstypische Unterschiede zeigen sich auch bei der Frage, durch wen die Hilfen nach Auffassung der Leistungsempfängerinnen und -empfänger erbracht werden sollen. Umfragen unter pflegebedürftigen Frauen haben ergeben, dass diese die Abhängigkeit von männlicher Assistenz im Bereich der Grund- und Intimpflege als überwiegend konfliktbehaftet und unzumutbar empfinden. Als Gründe werden in erster Linie der Schutz der Intimsphäre und dabei auch die Angst vor bzw. die Erfahrung mit sexualisierten Übergriffen durch männliches Pflege- und Betreuungspersonal genannt.[90]

Im Hinblick auf die Pflege- und Assistenzsituation lässt sich im Ergebnis feststellen, dass es innerhalb der Gesamtgruppe aller Pflegebedürftigen aus demographischen Gründen weitaus mehr Frauen als Männer gibt. Die Situation behinderter Frauen in der Pflege unterscheidet sich von der behinderter Männer darüber hinaus in folgenden Punkten:

Zum einen können behinderte Frauen vergleichsweise seltener auf die Unterstützung von Angehörigen zurückgreifen. Zum anderen zeigen sich Unterschiede in ihren Bedarfslagen. Hierzu zählt der behinderungsbedingte Bedarf an Unterstützung während der Schwangerschaft und die Assistenz bei der Versorgung und Betreuung von Kindern. Unterschiedliche Interessen ergeben sich auch im Hinblick auf den Schutz der Intim- und Privatsphäre. Viele Frauen empfinden die Pflege durch männliche Personen vor allem im Intimbereich als unzumutbar und fordern daher ein Wahlrecht bezüglich des Geschlechts ihrer Pflegeperson. Diese Forderung erlangt in Anbetracht der hohen Viktimisierung behinderter Frauen im Bereich der Sexualstraftaten besondere Bedeutung.

89 *Hermes,* Informationsblatt der Bundesorganisationsstelle behinderter Frauen, Nr. 8/2001, S. 1 ff.

90 *Eiermann/Häußler/Helfferich*, a.a.O., S. 48; *Hermes/bundesorganisationsstelle behinderte frauen,* Umfrage zur geschlechtsspezifischen Pflege.

VII. Gewaltbetroffenheit

Ausweislich der polizeilichen Kriminalstatistik ist der Faktor der Geschlechtszugehörigkeit von erheblicher Bedeutung für das Kriminalitätsaufkommen.[91]

Frauen treten danach weitaus seltener als Tatverdächtige in Erscheinung als Männer.[92] Die deutlichste geschlechtsbezogene Diskrepanz im Täter-Opfer-Verhältnis ist im Bereich der Sexualstraftaten festzustellen. Diese werden zu einem ganz überwiegenden Anteil von Männern verübt und sind mehrheitlich gegen Mädchen und Frauen gerichtet.[93]

Die Kriminalstatistiken geben keinen Aufschluss über eine Behinderung des Täters oder des Tatopfers. Verschiedene Dunkelfeldstudien belegen jedoch, dass bei Vorliegen einer Behinderung das Risiko, Opfer einer Gewalt- bzw. Sexualstraftat zu werden, signifikant erhöht sein kann: Mehreren US-amerikanischen und einer kanadischen Untersuchung zufolge werden Kinder mit seelischen und geistigen Beeinträchtigungen signifikant häufiger Opfer von Kindesmisshandlung und sexuellem Missbrauch als ihre nichtbehinderte Vergleichsgruppe.[94]

Die vom Österreichischen Frauenministerium in Auftrag gegebene Studie von Zemp/Pircher aus dem Jahr 1996 kommt zum Ergebnis, dass das Risiko, im Laufe ihres Lebens Opfer einer Sexualstraftat zu werden, für Frauen, die aufgrund der Diagnose einer geistigen Behinderung in einer Wohneinrichtung leben, mit 64% annähernd doppelt so hoch ist wie für Frauen ohne Behinderung (34%).[95] Zwei Befragungen in deutschen Behindertenwohneinrichtungen bestätigen die hohe Vulnerabilität dieser Personengruppe.[96] Als Gründe werden in der Literatur insbesondere der abgewertete gesellschaftliche Status behinderter Mädchen und Frauen, ihre ökonomische wie soziale Abhängigkeit, ihre geschlechts- und behinderungsspezifische Sozialisation zur Anpassung, mangelnde Informiertheit, Kommunikationsbeeinträchtigungen, ein erschwerter Zugang zu sozialen Hilfen und Rechtsschutzmöglichkeiten sowie die institutionellen Rahmenbedingungen der Behindertenhilfe genannt.[97]

Zur Vulnerabilität von behinderten Mädchen und Frauen außerhalb von Einrichtungen liegen keine vergleichbaren Studien vor. Bei denjenigen Frauen, die auf

91 *Bundeskriminalamt*, PKS 2002, Ziff. 4.3., Tabelle 32 und Ziff. 2.6.

92 Frauen stellten 2002 23,5 % aller Tatverdächtigen, vgl. PKS 2002, a.a.O., Ziff. 4.3.

93 Das *Bundeskriminalamt* (PKS 2002, Ziff. 4.3., Tabelle 34) weist den Anteil weiblicher Tatverdächtiger im Bereich der Vergewaltigung und sexuellen Nötigung mit 1,1% aus. Von insgesamt 8.705 registrierten Taten waren 8.370 gegen Frauen gerichtet (vgl. PKS 2002, Ziff. 2.7., Tabellen 07c und 07d).

94 Vgl. hierzu den Überblick über die englischsprachige Forschung bei *Becker,* Sexuelle Gewalt gegen Mädchen mit geistiger Behinderung, S. 51 ff., sowie *Senn,* Gegen jedes Recht, S. 28 ff.

95 *Zemp/Pircher,* Sexuelle Ausbeutung, S. 76.

96 *Noack/Schmid,* Sexuelle Gewalt gegen Menschen mit geistiger Behinderung, S. 44 ff.; *Klein/Wawrok,* Sexuelle Gewalt in der Lebenswirklichkeit, S. 100.

97 *Crossmaker,* Sexuality and Disability 9/1991; *Senn*, Gegen jedes Recht, S. 30 ff.; *Noack/ Schmid,* Sexuelle Gewalt gegen Menschen mit geistiger Behinderung, S. 68 ff.

Unterstützung im Alltag angewiesen sind und sich damit oft in besonderer Abhängigkeit von familiären und professionellen Bezugspersonen befinden, gehen Expertinnen und Experten jedoch davon aus, dass sie ebenfalls in höherem Maße von sexueller Gewalt betroffen sind. Bei den Tätern handelt es sich nach Kenntnis des LKA Berlin oft um männliche Personen, die mit der Betreuung und Pflege der Frau betraut sind.[98]

Die vorgestellten Daten zu den Lebenslagen behinderter Frauen bestätigen damit die Feststellungen des Berichts der Bundesregierung über die Lage behinderter Menschen von 2004, wonach behinderte Frauen in zahlreichen Lebensbereichen „doppelt benachteiligt", d.h. sowohl gegenüber nichtbehinderten Frauen als auch behinderten Männern schlechter gestellt sind.[99]

B Erscheinungsformen und Wirkungsweisen der mehrdimensionalen Diskriminierung – bisherige Erklärungsansätze

Im Recht dominieren gegenwärtig eindimensionale Konzepte, die spezifische Formen der Diskriminierung stets auf eine einzige Kategorie zurückführen: Verboten ist die Benachteiligung wegen des Geschlechts, wegen der „Rasse", wegen der Behinderung. Auf kommunaler, Länder- und Bundesebene bilden die Frauen-, Behinderten- und Ausländerpolitik innerhalb der Verwaltung getrennte Arbeitsbereiche. Auch die Frauen-, Rassismus- und Behinderungsforschung stellten lange Zeit die von ihnen jeweils fokussierte Kategorie in das Zentrum ihrer Analyse sozialer Ungleichheit. Gleichzeitig wirkende andere Unterdrückungsmechanismen wurden damit ausgeblendet oder als Nebenwiderspruch angesehen.

In den 1970er und 1980er Jahren wurden in der Bundesrepublik erste Berichte und Analysen zur Situation eingewanderter und behinderter Frauen veröffentlicht, die sich mit der besonderen Benachteiligung dieser Bevölkerungsgruppen durch die gleichzeitige Wirksamkeit verschiedener Kategorien befassten.[100] Damit rückt erstmals die Frage nach den Zusammenhängen verschiedener Formen sozialer Unterdrückung ins Blickfeld der Analyse, d.h. die Frage nach dem

98 Vgl. die Diskussionsbeiträge von *Sprung* in: Zinsmeister, ExpertInnendiskussion Teil II – Anforderungen an die Strafverfolgung, S. 68.

99 *BMGS*, Bericht der Bundesregierung über die Lage behinderter Menschen 2004, S. 220, Ziff. 10.12.

100 Einen Überblick über die erste Forschung zu weiblichen Migrantinnen liefert *Stötzer*, InDifferenzen, S. 62 m.w.N., behinderte Frauen positionierten sich erstmals öffentlich zwischen Frauen- und Behindertenbewegung in *Ewinkel/Hermes et al.*, Geschlecht: Behindert, besonderes Merkmal: Frau.

„… Verhältnis von Kategorien wie Geschlecht, Klasse und Ethnie. Welche dieser Kategorien ist die zentrale? Läßt sich überhaupt von einer Zentralität sprechen? Wirken sie immer alle zusammen, oder verschieben sich die Verhältnisse je nach Handlungs- und Analysekontext? Wie sind Unterdrückungserfahrungen und Dominanzverhalten in der gesellschaftlichen Realität von Frauen miteinander verwoben (…)?“[101]

I. Additives Modell: „doppelte Diskriminierung“

Die frühen Analysen zur Diskriminierung von Frauen ethnischer Minderheiten führten deren festgestellte „besondere Nachteile“ darauf zurück, dass die Frauen rassistische oder migrationsspezifische Nachteile treffen (wie Männer der gleichen Minderheit auch) und diese Problemlagen zusätzlich dadurch verschärft werden, dass sie frauenspezifischen Nachteilen ausgesetzt sind.[102] Soziale Unterschiede wegen des Geschlechts, der ethnischen Herkunft oder Behinderung wurden als gleichzeitig wirksame, aber jeweils unabhängig, d.h. eindimensional wirkende Phänomene angesehen. Ein solch additives Verständnis von mehrfacher Diskriminierung liegt den Begriffen der „doppelten“ oder „dreifachen“ Diskriminierung zugrunde. Danach können Frauen wegen ihres Geschlechts und *zusätzlich* wegen ihrer Zugehörigkeit zu einer gesellschaftlichen Minderheit diskriminiert werden.

Aus den Sozialdaten zu den Lebenslagen behinderter Frauen kann, jedenfalls im Hinblick auf statistisch messbare soziale Unterschiede, tatsächlich auf einen quantitativen Verdoppelungseffekt bestimmter Benachteiligungen geschlossen werden. Sowohl die Zugehörigkeit zum weiblichen Geschlecht als auch die Behinderung erweisen sich als Vermittlungshemmnis auf dem Arbeitsmarkt. Beide Kategorien haben einen statistisch nachweisbar negativen Einfluss auf die Erwerbschancen und Einkommensverhältnisse der Betreffenden, die sich in der Gruppe behinderter Frauen entsprechend potenzieren.[103] Ein entsprechender Kumulationseffekt kann auch im Hinblick auf ihr erhöhtes Risiko, Opfer einer Sexualstraftat zu werden, beobachtet werden.[104]

II. Grenzen eindimensionaler Konzeptionen

Bei genauerer Betrachtung zeigt sich jedoch, dass sich zentrale Aussagen über typische Nachteile und Problemlagen von „den Frauen“ oder „den Behinderten“ nicht 1:1 auf die Gruppe der behinderten Frauen übertragen lassen. Behinderte Frauen erfahren Benachteiligungen häufig in anderer Form. Gerade aus der Perspektive

101 *Brück/Kahlen/Krüll et al.*, Feministische Soziologie, S. 33.

102 Übersicht bei *Stötzer*, InDifferenzen, S. 62; *Schultz,* Beiträge zur feministischen Theorie und Praxis, 1990, Bd. 27, S. 45 (52).

103 Vgl. oben § 2 A II.

104 Vgl. oben § 2 A VII.

behinderter Frauen bzw. Frauen ethnischer Minderheiten wird deutlich, dass gesellschaftliche Dominanzverhältnisse nicht nur nebeneinander, sondern miteinander wirksam sind und sich wechselseitig konstituieren, potenzieren oder relativieren können.[105]

In ihrem 1985 unter dem Titel „Geschlecht: behindert. Besonderes Merkmal: Frau" erschienenen Band schildern behinderte Frauen, wie sie sich im Spannungsfeld verschiedener gesellschaftlicher Zuschreibungen bewegen.[106] Das gesellschaftlich transportierte Bild vom behinderten Menschen als einem leistungsunfähigen, mit (äußerlichen) Makeln behafteten, hilfebedürftigen Individuum lässt sich nur schwer mit den gleichermaßen transportierten Geschlechteridealen von der männlichen Leistungskraft oder der weiblichen Schönheit und Fürsorge vereinbaren. Folge sei, so die Autorinnen, dass behinderte Frauen in den verschiedensten Lebensbereichen zwar mit den Geschlechteridealen konfrontiert, selbst aber eher als geschlechtliche Neutren wahrgenommen und behandelt werden: „Wir Krüppelfrauen sind Frauen, die behindert sind, wir werden aber als Behinderte behandelt, die *nebenbei* weiblich sind."[107]

Die unterschiedliche Behandlung betrifft insbesondere die für den Geschlechterdiskurs zentralen Bereiche von Schwangerschaft, Mutterschaft und sexueller Gewalt.

1. Reproduktionsfreiheit und Mutterschaft

Der Blick auf behinderte Menschen als geschlechtliche Neutren trägt dazu bei, dass ihre sozialen Beziehungen fast nur im Hinblick auf ihre Eltern und Geschwister thematisiert, sie jedoch selten als (Ehe-)Partner und (potenzielle) Eltern wahrgenommen werden.[108] Für behinderte Frauen hat dies vor allem im Bereich der Schwangerschaft und Mutterschaft erhebliche Auswirkungen.

Die tradierte und einst auch vom BVerfG vertretene Ansicht, wonach die Mutterschaft der Bereich der Frau sei, „in dem ihr Wesen am tiefsten wurzelt und sich entfaltet",[109] bezog sich offenbar nur auf das Wesen nichtbehinderter Frauen. Während diese in den 1970er Jahren mit spektakulären Selbstbezichtigungskampagnen

105 *Combahee River Collective*, A Black Feminist Statement, S. 210–218; *Davis,* Women, Culture & Politics 1989; *Hooks,* Schwesterlichkeit, S. 77 f.; für die Situation behinderter Frauen: *Ewinkel/Hermes/Boll et al.,* Geschlecht: behindert. Besonderes Merkmal: Frau, S. 6 f.

106 *Ewinkel/Hermes/Boll et al.,* Geschlecht: behindert. Besonderes Merkmal: Frau, S. 6 f.

107 Ebda., S. 7 f.

108 Beispielhaft sei nur das rund 400 Seiten umfassende Standardwerk von *Cloerkes*, „Soziologie der Behinderten" genannt. Dort erschöpft sich die Auseinandersetzung mit Partnerschaften, Elternschaften und der Familienarbeit behinderter Menschen in der Feststellung *„Das Recht (geistig) behinderter Menschen auf Partnerschaft und eigene Elternschaft wird zunehmend thematisiert und anerkannt."* (ebda., S. 62).

109 *BVerfGE* 10, 59 (78) „Stichentscheid".

„Ich habe abgetrieben“ für ihr Recht auf eine selbstbestimmte Entscheidung *gegen* ein Kind kämpften, wurden viele behinderte Mädchen und Frauen sterilisiert oder zur Abtreibung gedrängt.[110]

Behinderte und nichtbehinderte Frauen erfahren im Hinblick auf ihre Eignung als Mutter konträre Zuschreibungen: Nichtbehinderten Frauen wird die Fähigkeit, ein Kind zu versorgen, in aller Regel unterstellt. Eine Behinderung hingegen wird gemeinhin mit Fürsorgebedürftigkeit gleichgesetzt und angenommen, dass Menschen, die selbst Hilfe benötigen, anderen nicht helfen können. Vor allem Alleinerziehende (und das sind in der Regel Frauen) berichten, dass ihnen mit entsprechenden Begründungen vom Jugendamt die Unterbringung des Kindes in einer Pflegefamilie oder im Heim angekündigt wurde.[111] Besonderen Vorbehalten begegnen Frauen mit seelischen und geistigen Behinderungen. Ein Drittel der jährlich rund 6.000 Sorgerechtsentzüge betreffen Eltern mit einer psychiatrischen Diagnose.[112] Studien betreffend das Wohl von Kindern psychisch erkrankter Eltern kommen allerdings zum Ergebnis, dass alleine aus der Tatsache der Erkrankung nicht auf ein Gefährdungs- und Belastungsrisiko der Kinder geschlossen werden kann.[113] Die Erkrankung der Eltern kann die Kinder belasten und einen Bedarf an Erziehungshilfe begründen, sie kann sich aber auch positiv oder neutral auf die Entwicklung der Kinder auswirken.[114] Auch Menschen mit der Diagnose einer geistigen Behinderung sind nicht per se die „schlechteren“ Eltern. Pixa-Kettner stellte anhand ihrer Befragungen von Kindern dieser Eltern fest, dass es sich in den familiären Problemen, die eine Elternschaft erschweren, nicht um eine Besonderheit geistig behinderter Eltern handelt. Von familiären Belastungen wie Analphabetismus, Armut, Unzuverlässigkeit, Partnerkonflikten und unangemessenem Erziehungsverhalten seien Kinder nichtbehinderter Eltern ebenso betroffen wie Kinder behinderter Eltern. „Eine Besonderheit scheinen Mütter und Väter mit geistiger Behinderung aber doch aufzuweisen: (...) Anders als andere Eltern scheinen sie sich keine Fehler erlauben zu können.“[115] Pixa-Kettner zählt Mütter und Väter mit der Diagnose einer geistigen Behinderung zu einer der am strengsten kontrollierten und überwachten Elterngruppen in der Gesellschaft, an die bisweilen höhere Maßstäbe angelegt werden als an andere Eltern.[116]

Behinderte Frauen und Männer sind also weitaus häufiger als nichtbehinderte Frauen und Männer von staatlichen Eingriffen in ihre Elternrechte bedroht und betroffen. Das BVerfG hat bereits 1982 festgestellt, dass die eingeschränkte Fähigkeit,

110 Vgl. oben § 2 A V.; *Ewinkel/Hermes*, Geschlecht: behindert. Besonderes Merkmal: Frau, S. 71 ff.

111 *Seipelt-Holtmann*, in: Hermes: Krücken, Babys und Barrieren, S. 195 (199). Dieselben Ängste bewegen schwarze Mütter in den USA, hierzu *Kline*, Race, Racism, and Feminist Legal Theory, p. 371 (377).

112 *Lazarus*, Soziale Psychiatrie 3/2003, S. 22 (24).

113 *Lazarus,* a.a.O., S. 22 (23) m.w.N.

114 *Ebda.*, S. 22 (23).

115 *Pixa-Kettner,* Eine ganz normale Familie?, S. 13.

116 *Ebda.*, S. 13.

ihren Haushalt selbständig zu versorgen, andere familiäre Obliegenheiten ohne fremde Hilfe wahrzunehmen und vorausschauend zu planen, es alleine nicht rechtfertigen kann, einer behinderten Mutter ihr Kind zu entziehen. Vielmehr habe auch hier der Staat den Eltern zunächst alle anderen Hilfen zu erbringen, die geeignet sein können, um das Kind selber zu erziehen und zu versorgen.[117] Im Jahr 2002 hat der Europäische Gerichtshof für Menschenrechte (EGMR) die Wegnahme der Kinder eines lernbehinderten Ehepaars als schwere Missachtung des Familienlebens gewertet und die Bundesrepublik wegen Verstoß gegen Art. 8 EMRK verurteilt. Der EGMR hat in seiner Entscheidung die positive Pflicht des Staates zur Förderung der Erziehung der Kinder in der Familie betont und klargestellt, dass auch bei den Kindern geistig behinderter Eltern zunächst alle staatlichen Hilfen ausgereizt sein müssen, um eine Inobhutnahme und die Trennung der Kinder von den Eltern zu rechtfertigen.[118]

Die sozialstaatliche Unterstützung behinderter Eltern wurde bislang jedoch kaum diskutiert, ein entsprechender Bedarf vom Sozialgesetzgeber lange Zeit auch nicht gesehen. Im Kontext von Behinderung wird unter Familienförderung fast ausnahmslos die Förderung von nichtbehinderten Eltern mit behinderten Kindern verstanden.

Wie oben unter § 2 A V. ausgeführt, benötigen behinderte Eltern meist nur bei einzelnen Verrichtungen der Kinderbetreuung und -versorgung Unterstützung, diese dafür aber über einen längeren Zeitraum. Die gesetzlich vorgesehenen Hilfen zur Kinderbetreuung und Hauswirtschaft sind jedoch überwiegend auf vorübergehende Notsituationen zugeschnitten, in denen die betreuenden Elternteile vollständig an der Versorgung der Kinder und der Hausarbeit gehindert sind, z.B. weil sie sich im Krankenhaus oder in einer Rehabilitationseinrichtung befinden (§ 38 SGB V, § 199 RVO, § 20 SGB gesetzlich geregelte Sozialleistungen der Kinderbetreuung und VIII „Notsituationen“, § 44 Abs. 1 Nr. 6 i.V.m. § 54 SGB IX).[119] Stehen bei körper- und sinnesbehinderten Eltern die Hilfen bei tatsächlichen Verrichtungen im Vordergrund, so können psychische Belastungen der Eltern oder intellektuelle Einschränkungen auch einen Bedarf an Hilfen zur Erziehung nach §§ 27 ff. SGB VIII begründen.

Durch ihre einseitige Orientierung an männlichen Lebenslagen haben die Behindertenforschung und -politik den Nachteilen behinderter Menschen in den klassischen „weiblichen“ Aufgabenfeldern der Hausarbeit und Kindererziehung kaum Aufmerksamkeit geschenkt.

Festzustellen ist also, dass behinderte Frauen sich im Hinblick auf Schwangerschaft und Mutterschaft mit anderen Problemen konfrontiert sehen als nichtbehinderte Frauen. Ihre spezifischen Belastungen fanden aber auch in der Behindertenpo-

117 *BVerfG* v. 17.2.1982 in NJW 1982, S. 1379 (1380 f.).

118 *EGMR*, Urteil v. 26.2.2002 (Az. 46544/99 – Kutzner gg. Bundesrepublik Deutschland), in: ECHR, Reports of Judgements and Decisions 2002.

119 Lediglich die gesetzlich Unfallversicherung sieht seit 2001 Haushaltshilfen und Kinderbetreuung als ergänzende Leistungen der sozialen Rehabilitation vor, § 42 SGB VII.

litik keine Berücksichtigung, da diese sich nicht für die Probleme der Schwangerschaft, Kindererziehung und Hausarbeit verantwortlich fühlte.

Die Perspektiven und Probleme behinderter Frauen blieben sowohl aus der Frauen- als auch aus der Behindertenpolitik ausgeblendet.

Von ähnlichen Dynamiken berichtet die Geschlechterforschung aus den USA. Verschiedene Autorinnen weisen darauf hin, dass die Idealisierung und gleichzeitige Reduzierung der amerikanischen Frau auf die Rolle der (Nur-)Hausfrau und Mutter stets der bürgerlichen weißen Frau gegolten hat.[120] Die Klischees der „typischen" schwarzen Frau präsentieren diese nicht als Hausfrau und Mutter, sondern als versklavte Feldarbeiterin, als (bindungsloses und damit voll verfügbares) Dienstmädchen im Hause einer weißen bürgerlichen Familie oder als Fabrikarbeiterin. So waren es auch in der US-amerikanischen Frauenbewegung vorrangig bürgerliche weiße Frauen, die sich auf ihre Bestimmung (und Eignung) zur Mutterschaft und Hausfrau reduziert sahen und aus dieser Rolle heraus zu befreien versuchten. Afroamerikanische Frauen hingegen hatten in den letzten Jahrzehnten in tatsächlicher wie rechtlicher Hinsicht darum zu kämpfen, gleichwertige Anerkennung sowohl für ihre erwerbsbezogenen als auch ihre familienbezogenen Leistungen zu erhalten.[121]

2. Sexuelle Gewalt im Kontext von Geschlecht und Behinderung

Als prominentestes Beispiel einer Diskriminierung, die sich nicht als bloße Addition unabhängig wirkender gesellschaftlicher Benachteiligungen beschreiben lässt, gilt die gezielt gegen Frauen bestimmter gesellschaftlicher Minderheiten gerichtete Gewalt, sei es z.B. in Form der Zwangssterilisation oder der sexuellen Gewalt. Internationale Aufmerksamkeit haben hier insbesondere die Massenvergewaltigungen in Bosnien, im Kosovo, in Burundi und Ruanda erzeugt, die von der UNO als „rassistische Übergriffe mit explizit geschlechtsspezifischer Ausrichtung" charakterisiert wurden.[122]

Wechselwirkungen zwischen den Kategorien von Geschlecht und Behinderung können im Zusammenhang mit sexueller Gewalt auf verschiedenen Ebenen verortet werden:[123]

Behinderte Frauen sind nachweislich gerade in Behindertenhilfeeinrichtungen einem erhöhten Risiko von sexueller Gewalt ausgesetzt.[124] Diese Einrichtungen galten

120 *Kline,* Race, Racism, and Feminist Legal Theory, S. 371 (374); *Alexander*, „She's No Lady, She's A Nigger", S. 3 (7).

121 *Kline*, Race, Racism, and Feminist Legal Theory, S. 371 (374).

122 *United Nations*, Geschlechtsspezifische Diskriminierung und Rassendiskriminierung 2001. Auf Bundesebene bildeten die Massenvergewaltigungen den Anstoß, im Jahr 2004 die geschlechtsspezifischen Verfolgungsgründe von Frauen in das Zuwanderungsgesetz aufzunehmen.

123 Vgl. hierzu die aktuelle Diskussion im Bundestag BT-Drs. 15/3009 (Kleine Anfrage) und BT-Drs. 15/3154 (Antwort der Bundesregierung).

lange Zeit als beschützte Orte, doch Untersuchungen belegen, dass die Einrichtungsstrukturen Gewalt und Grenzverletzungen gegen die Nutzerinnen und Nutzer in vielfacher Hinsicht begünstigen.[125] Als spezifische Risikofaktoren werden insbesondere die fremdbestimmten Strukturen genannt, durch die die Bewohnerinnen in verstärkte Abhängigkeit vom Betreuungspersonal geraten. Hierdurch wird die Gefahr des Machtmissbrauchs erhöht. Weitere Risikofaktoren bilden das Fehlen einer geschützten Privat- und Intimsphäre, die soziale Isolation, der erschwerte Zugang zu externen Beratungs- und Rechtsschutzmöglichkeiten sowie die mangelnde Sexualaufklärung und Uninformiertheit der Betroffenen.[126] Sexualität und Gewalt gelten in der Behindertenhilfe noch immer als Tabu. Behinderte Frauen werden von ihrem sozialen Umfeld und den Einrichtungen bislang selten ermutigt, Strafanzeige zu erstatten. Nur in wenigen Fällen werden von den Einrichtungen geeignete Maßnahmen ergriffen, um die Frauen vor weiteren Übergriffen zu schützen. Diese Faktoren schützen die Täter vor Aufdeckung und machen behinderte Frauen damit zu vergleichsweise „sicheren" Opfern.[127]

Die in den letzten Jahrzehnten deutlich ausgebauten Informations- und Hilfsangebote für gewaltbetroffene Frauen (kommunale Frauenbeauftragte, Notrufe, Frauenhäuser, beschützte Mädchenwohngemeinschaften etc.) sind für behinderte Frauen nicht gleichermaßen nutzbar. Zum Teil erschweren ihnen kommunikative und bauliche Barrieren die Nutzung dieser Angebote, teilweise lehnen die Dienste und Einrichtungen es aber auch unter Berufung auf ihre geringen personellen Kapazitäten oder mangelnde Kompetenz ab, Mädchen und Frauen mit bestimmten Behinderungen (insbesondere einer geistigen Behinderung) zu unterstützen.[128]

Ob es der sexuelle Missbrauch durch den Pfleger ist oder die behinderungsbedingt eingeschränkte Fähigkeit einer Frau, sich verbal oder körperlich gegen den Täter zur Wehr zu setzen – bestimmte Risiken im Leben behinderter Frauen fanden im materiellen Strafrecht der alten Bundesrepublik bis Mitte der 1990er Jahre keine Berücksichtigung. Im Zuge der Strafrechtsreformen von 1997, 1998 und 2003 hat

124 Vgl. oben § 2 A VI.

125 Einen aktuellen Überblick über die Forschung liefert u.a. *Zemp,* Praxis der Kinderpsychologie und Kinderpsychiatrie 8/02, S. 610 ff.; sowie *Thomas/Wawrok /Klein et al.,* Praxis der Kinderpsychologie und Kinderpsychiatrie 8/02, S. 636 ff.

126 *Zemp,* Praxis der Kinderpsychologie und Kinderpsychiatrie 8/02, S. 610 ff.; *Thomas/Wawrok/Klein et al.,* Praxis der Kinderpsychologie und Kinderpsychiatrie 8/02, S. 636 ff.

127 *Degener,* STREIT 1996, S. 99 ff.; *Zinsmeister,* Sexuelle Gewalt gegen behinderte Menschen und das Recht, S. 1 ff.

128 *Klein/Wawrok,* Sexuelle Gewalt in der Lebenswirklichkeit von Mädchen und Frauen mit geistiger Behinderung, S. 123; ebenso die Einschätzung der gegenwärtigen *Bundesregierung,* BT-Drs. 15/3154 (Antwort auf die kleine Anfrage zum Thema sexuelle Gewalt gegen Menschen mit Behinderung) S. 6.

der Gesetzgeber versucht, diese Lücken zu schließen.[129] Auch im Bereich der Strafverfolgung wird auf spezifische Hemmnisse hingewiesen. Für Zeuginnen und Zeugen mit stark eingeschränktem Wortschatz kann es (vor allem bei fortgesetztem sexuellem Missbrauch) besonders schwierig oder unmöglich sein, den hohen Anforderungen zu genügen, die die StPO an die detaillierte Schilderung jeder einzelnen Tathandlung stellt.[130] Die Zeuginnen sehen sich besonderen Zweifeln in Bezug auf ihre Glaubhaftigkeit ausgesetzt.[131] Oberlies stellt fest, dass Tatgerichte den Widerstandshandlungen geistig behinderter Menschen gegen den Täter offenbar keine rechtliche Bedeutung beimessen, sondern eine geistige Behinderung schlicht mit der Widerstandsunfähigkeit gleichsetzen und tatbestandliche Vergewaltigungen daher rechtsirrig nach § 179 StGB (a.F.) aburteilen.[132] Andere Entscheidungen berücksichtigen die geistige Behinderung des Vergewaltigungsopfers als strafmildernd, in der (unhaltbaren) Annahme, dass die Betroffene aufgrund ihrer „Verwirrung“ von den Folgen nicht so stark betroffen sei.[133]

129 Mit dem 33. Strafrechtsänderungsgesetz v. 1.7.1997 (BGBl. I 1997, S. 1607) wurde der Straftatbestand des § 177 Abs. 1 StGB um die Handlungsalternative der „Ausnutzung einer Lage, in dem das Opfer dem Täter schutzlos ausgeliefert ist“ erweitert. Im Zuge des 6. StRG vom 26.1.1998 (BGBl. I 1998, S. 164) wurden der § 174a StGB erweitert und § 174c StGB eingefügt. Mit dem Gesetz zur Änderung der Vorschriften über die Straftaten gegen die sexuelle Selbstbestimmung und zur Änderung anderer Vorschriften vom 27.12.2003 (BGBl. I 2003, S. 3007) wurden u.a. § 174c StGB auf körperbehinderte Tatopfer erstreckt und der Strafrahmen des § 179 Abs. 2 StGB angehoben. Zum Ziel des verbesserten Schutzes behinderter Menschen eingehender BT-Drs. 13/7663 S. 4; *Degener,* STREIT 3/1996, S. 99 ff.; *Mildenberger,* Schutzlos – Hilflos – Widerstandsunfähig, S. 1 ff.; *Oberlies,* Selbstbestimmung und Behinderung, S. 157 ff.

130 *Zinsmeister,* ExpertInnendiskussion Teil II, S. 67 (77 f).

131 *Senn,* Gegen jedes Recht, S. 95; *Fegert,* Nachwort, S. 146; *Zinsmeister,* ExpertInnendiskussion Teil II, S. 67.

132 *Oberlies,* Selbstbestimmung und Behinderung, S. 172.

133 *Degener,* STREIT 3/1996, S. 99 ff. In der US-amerikanischen Rechtsdiskussion wird auf spezifische Wechselwirkungen von sexistischer und rassistischer Diskriminierung bei der gerichtlichen Bewertung von Vergewaltigungen hingewiesen. US-amerikanische Kriminalstatistiken belegen, dass bis heute die Hautfarbe von Täter oder Opfer zur unterschiedlichen Bewertung sexueller Gewalt durch die Rechtsprechung führt: Für die Vergewaltigung einer Afroamerikanerin wurden 1990 in Dallas durchschnittlich zwei, für die Vergewaltigung einer Angloamerikanin hingegen zehn Jahre Freiheitsstrafe verhängt (*Crenshaw,* Mapping the Margins, S. 119 Fn. 87). Schwarze Männer wurden im Vergleich mit weißen Delinquenten zu höheren Haftstrafen und häufiger zur Todesstrafe verurteilt. In *Furman v. Georgia*, 408 U.S. 238, 364 (1972) wird der Anteil der Schwarzen an allen Verurteilten mit 89% beziffert (vgl. *Crenshaw,* Mapping the Margins, S. 122). Historisch dominierte in den USA das Verständnis von Vergewaltigung als einer Bedrohung der Ehre weißer Frauen durch schwarze Männer. Schwarze Frauen konnten in Zeiten der Sklaverei de lege lata nicht vergewaltigt werden. Rechtlich stellten die Übergriffe allenfalls eine Verletzung der Besitzrechte des weißen „Masters“ an seiner Sklavin dar. Der Vorwurf der (versuchten) Vergewaltigung einer weißen Frau hingegen bildete die Grundlage einer rassistischen Lynchjustiz, im Zuge derer noch Jahrzehnte nach dem amerikanischen Bürgerkrieg (1860–1865) zahlreiche schwarze Männer ermordet wurden. Vgl. *Wriggins,* Harvard Women's Law Journal Vol. 6 1983, S. 103 (118); *Harris,* Race and Essentialism in Feminist Legal Theory; *Alexander,* „She's No Lady, She's A Nig-

III. Mehrdimensionales Modell: Die „Achsen der Differenz"

In der neueren Ungleichheitsforschung besteht weitgehend Einigkeit, dass sich aufgrund der mannigfaltigen Wechselwirkungen verschiedene Diskriminierungen nicht getrennt voneinander, d.h. eindimensional analysieren lassen.[134]

Ein additives Verständnis im Sinne einer „doppelten Diskriminierung" reduziert die denkbaren Kumulationen auf die bloße Addition von Nachteilen. Dies erweist sich als unzureichend. Daher ist dem Begriff der mehrdimensionalen Diskriminierung der Vorzug gegeben.[135] Er lässt offen, in welcher Art Diskriminierungen kumulieren oder einander relativieren können. Die Forschung zu den Wechselwirkungen hat erst begonnen. Aus den bisherigen Diskussionen lassen sich aber folgende Konturen herausfiltern:

1. Analyse sozialer Ungleichheit aus der Perspektive der „Minderheitenfrauen"

Um die Wirkungsweisen von Geschlecht, Behinderung und Ethnie erfassen zu können, müssen mögliche Wechselwirkungen mit anderen Kategorien stets (mit-) berücksichtigt werden. Dies erfordert die Analyse sozialer Ungleichheit immer auch aus der Perspektive derjenigen, die sich an den Schnittstellen bewegen.

Crenshaw zeigt auf, dass anderenfalls in eindimensionalen Gleichstellungspolitiken andere als die als zentral angesehenen gesellschaftlichen Dominanzverhältnisse ausgeblendet werden.[136] In den USA konnten sich ihrer Auffassung nach hinter der kollektiven „Wir"-Identität der Frauenbewegung die Interessen weißer Frauen, in der schwarzen Bürgerrechtsbewegung hingegen die Interessen schwarzer Männer durchsetzen:

> „(...) single-axis framework erases Black women in the conceptualization, identification and remediation of race and sex discrimination by limiting inquiry to the experiences of otherwise-privileged members of the group. In other words, in race discrimination cases, discrimination tends to be viewed in terms of sex- and class privileged Blacks; in sex discrimination cases, the focus is on race- and class privileged women."[137]

Auch die bundesdeutsche Frauen- und Behindertenpolitik hat jeweils das Geschlecht oder die Behinderung ins Zentrum ihrer Analyse sozialer Ungleichheit

ger", S. 3 (7); *Levin,* U.S. Feminismus: Schwarz auf Weiß, S. 59 (62); *Crenshaw,* Mapping the Margins, S. 91 (116).

134 Für die neuere sozialwissenschaftliche Forschung: *Schultz,* Unterschiede zwischen Frauen, S. 45; *Rommelspacher,* Dominanzkultur 1995; *Knapp,* Dezentriert und viel riskiert, S. 15. Für die Rechtsdiskussion: *Crenshaw,* Demarginalizing the Intersection of Race and Sex, S. 383 ff.; *Minow,* Making All the Difference 1990.

135 *Crenshaw,* a.a.O., und andere englischsprachige Autorinnen bezeichnen sie als Intersectional Discrimination.

136 *Crenshaw,* Demarginalizing the Intersection of Race and Sex, S. 383.

137 *Ebda.*, S. 383.

gestellt. Für die Frauenpolitik bildete dabei erkennbar die nichtbehinderte Frau, für die Behindertenpolitik der behinderte Mann den Maßstab, anhand dessen beurteilt wurde, welchen typischen Problemlagen der jeweiligen Gruppe entgegengesteuert werden soll.[138]

Unterschiede zwischen nichtbehinderten und behinderten Frauen wurden in der Frauenpolitik folglich als behinderungsbedingte Problematik angesehen. Die Behindertenpolitik wiederum betrachtete die Familienplanung und Elternschaft behinderter Menschen und die gegen sie gerichtete sexuelle Gewalt nicht als behindertenspezifische Angelegenheit, sondern als „Frauenthemen" und damit als Aufgabe der Frauen- und Familienpolitik.

Erst aus der Perspektive behinderter Frauen erschließen sich hier die Wechselwirkungen zwischen Geschlecht und Behinderung.

2. Gleichwertige Berücksichtigung von Geschlecht und Behinderung

Um die gleichzeitige Wirkung von Geschlecht und Behinderung analysieren zu können, muss stets von der grundsätzlichen Gleichwertigkeit beider Kategorien ausgegangen werden. Die Behinderung bildet im Verhältnis zum Geschlecht ebenso wenig einen „Nebenwiderspruch" wie das Geschlecht im Verhältnis zur Behinderung.

Die Erkenntnis, dass Wirkungen von Ungleichheit sich kumulieren bzw. relativieren können, hat vor allem die Geschlechterforschung veranlasst, den prioritären Charakter der Kategorie Geschlecht in Frage zu stellen. So schreibt Knapp:

> „Das Geschlechterverhältnis erschließt sich – wie der Name schon sagt – durch den Blick auf Relationen. Um Relationen geht es aber auch bei den anderen „Achsen der Differenz": Wen sie trennen und verbinden in welchen Verhältnissen, kann an der Genus-Gruppe „Frauen" nicht erkannt werden."[139]

Deshalb gelte es, auch in der Analyse des Geschlechterverhältnisses Unterschiede und Ungleichheiten zwischen Frauen in den Blick zu nehmen, um die Kumulation und wechselseitigen Machteffekte von Ethnie, Geschlecht und anderen Differenzen sichtbar zu machen.[140]

138 Markantes Beispiel bildet die 1970 im Auftrag des Instituts für Arbeitsmarkt- und Berufsforschung durchgeführte großangelegte Untersuchung zur Berufssituation Behinderter (*Brinkmann, Christian*, Minderung der Erwerbsfähigkeit (Behinderung) und Berufsverlauf, in: Mitteilungen aus der Arbeitsmarkt- und Berufsforschung 1973, S. 67–90). Hierzu wurden 70.000 Interviews mit Betroffenen durchgeführt und dabei – ohne dass dies reflektiert oder problematisiert wurde – ausschließlich Männer befragt. Eingehender zur Forschung: *Schön,* Frauen mit Behinderung auf dem Arbeitsmarkt, S. 41 ff.; *Schildmann,* Wissenschaftliche Arbeiten zur Lebenssituation behinderter Frauen, S. 47 ff.

139 *Knapp,* Dezentriert und viel riskiert, S. 46 f.

140 *Ebda.,* S. 46.

3. Implementierung in der Praxis

Die Erkenntnis, dass eindimensionale Konzeptionen von Geschlecht, „Rasse" und Behinderung die Wirksamkeit politischer Gegenstrategien beeinträchtigen, hat auch in der internationalen Politik zu einem Paradigmenwechsel geführt:

> „Bis vor kurzem wurde die Kombination von geschlechtsspezifischer Diskriminierung und Rassendiskriminierung besonders [sic] betrachtet. Die Probleme wurden einzeln analysiert, nicht aber im Zusammenhang. Durch diese Sichtweise konnte das volle Spektrum des Problems letztlich nicht erkannt werden, was zu unwirksamen oder unangemessenen Maßnahmen führte."[141]

Auf gemeinschaftsrechtlicher Ebene wird der mehrdimensionalen Diskriminierung in der Richtlinie zur Anwendung des Gleichbehandlungsgrundsatzes ohne Unterschied der Rasse oder der ethnischen Herkunft (2000/43/EG) Rechnung getragen. In Ziff. 14 der Begründung heißt es:

> „Bei der Anwendung des Grundsatzes der Gleichbehandlung ohne Ansehen der Rasse oder der ethnischen Herkunft sollte die Gemeinschaft im Einklang mit Art. 3 Abs. 2 EG-Vertrag bemüht sein, Ungleichheiten zu beseitigen und die Gleichstellung von Männern und Frauen zu fördern, zumal Frauen häufig Opfer mehrfacher Diskriminierungen sind."[142]

Aus Art. 17 der Richtlinie geht hervor, dass die Mitgliedstaaten hierzu nach dem Prinzip des Gender Mainstreaming alle Maßnahmen im Hinblick auf ihre jeweiligen Auswirkungen auf die Geschlechter zu überprüfen haben.

Die Richtlinie wurde auf Bundesebene bislang nicht umgesetzt. Der erste Regierungsentwurf eines Gesetzes zur Verhinderung von Diskriminierungen im Zivilrecht (DE-ZAG)[143] von 2002 sah jedoch vor, die Benachteiligung wegen eines oder mehrerer der darin genannten Merkmale (u.a. Geschlecht, Rasse, ethnische Herkunft und Behinderung) zu verbieten.[144]

Die konkretesten und umfangreichsten gesetzlichen Vorgaben an die gleichberechtigte Berücksichtigung der Interessenlagen behinderter Frauen finden sich gegenwärtig im SGB IX. Um feststellen zu können, welche konkreten Anforderungen das SGB IX damit an die Rehabilitation behinderter Frauen stellt, ist zunächst aus verfassungsrechtlicher Perspektive zu fragen, ob und in welcher Form mehrdimensionale Diskriminierungen tatsächlich justiziabel sind.

141 *United Nations,* Geschlechtsspezifische Diskriminierung und Rassendiskriminierung, Pressemeldung (Mit „besonders" betrachtet ist hier wohl „gesondert" betrachtet gemeint.)

142 *ABlEG* v. 19.7.2000 L 180/22.

143 *BMJ,* Gz. I B 2 – 342/20-1, interne Entwurfsfassung vom 19.3.2002.

144 Vgl. oben § 1 Einleitung.

§ 3 Das Grundrecht behinderter Frauen auf Gleichberechtigung

In § 3 der Untersuchung soll der Frage nachgegangen werden, ob es sich in der mehrdimensionalen Diskriminierung auch um eine spezifische Form der rechtlichen Benachteiligung handelt und ob das Grundrecht behinderter Frauen auf Gleichberechtigung den Schutz vor mehrdimensionaler Diskriminierung gewährleistet.

In der verfassungsrechtlichen Diskussion werden Benachteiligungen wegen der in Art. 3 Abs. 3 GG aufgeführten Kategorien bislang stets getrennt voneinander geprüft. Dies wirft die Frage auf, ob es sich im „Geschlecht" und der Geschlechterdiskriminierung einerseits, der „Behinderung" und der behinderungsspezifischen Diskriminierung andererseits tatsächlich um Phänomene handelt, die sich unabhängig voneinander definieren und analysieren lassen.

Nach einer Diskussion der Kategorien von Geschlecht und Behinderung sollen Inhalt und Umfang des verfassungsrechtlichen Schutzes behinderter Frauen vor Diskriminierung näher untersucht werden. Da es sich in den dargestellten Benachteiligungen behinderter Frauen vor allem um sogenannte „faktische Nachteile" handelt, erscheint es sinnvoll, hierzu auch das Verhältnis zwischen rechtlicher und faktischer Gleichheit einerseits, das Verhältnis der faktischen Gleichheit zum Verbot der unmittelbaren und mittelbaren Diskriminierung andererseits zu reflektieren.

A Das Begriffsverständnis von Geschlecht und Behinderung

Für den Grundrechtsschutz nach Art. 3 Abs. 2 und 3 GG sind die Bestimmungen der Begriffe von „Geschlecht" und „Behinderung" in zweifacher Hinsicht relevant. Aus der Formulierung in Abs. 3, wonach niemand wegen *seines* Geschlechts oder *seiner* Behinderung benachteiligt werden darf, wird auf die Eingrenzungsfunktion der Begriffe geschlossen. Die Definitionen dienen der Bestimmung des Kreises der Grundrechtsträgerinnen und -träger.

Darüber hinaus haben sie eine Erklärungsfunktion.[145] Um festzustellen, ob eine Person *wegen* ihres Geschlechts oder *wegen* ihrer Behinderung unterschiedlich behandelt wird und ob diese Unterscheidung sachlich gerechtfertigt ist, ist nach Charakter, Ursache und Wirkung der Geschlechterdifferenz oder der Behinderung zu fragen.

In der verfassungsrechtlichen Diskussion wird überwiegend davon ausgegangen, in den in Art. 3 Abs. 3 GG aufgeführten Kategorien „Geschlecht", „Rasse" und

145 *Buch,* Das Grundrecht der Behinderten, S. 52 ff.

„Behinderung“ handele es sich um voneinander unabhängige persönliche Merkmale bzw. Eigenschaften.[146]

Oben wurde unter § 2 A I. jedoch aufgezeigt, dass das Geschlecht einer Person Einfluss darauf haben kann, ob sie vor dem Gesetz als (schwer-)behindert gilt. Schildmann hat herausgearbeitet, dass sich die gesetzlichen Behinderungsdefinitionen stets an männlichen Lebensrisiken orientierten, zunächst am Kriegsdienst, später an der Erwerbsminderung.[147] Die Geschlechtszugehörigkeit kann mittelbar konstitutiv für eine Behinderung sein. Angesichts der Tatsache, dass es statistisch gesehen stets weniger behinderte Frauen als behinderte Männer gab, soll nachfolgend untersucht werden, ob sich Behinderung überhaupt geschlechtsneutral definieren lässt. Handelt es sich in dem Geschlecht und der Behinderung tatsächlich um voneinander unabhängige Phänomene?

I. Geschlecht

Es gibt keine Legaldefinition von Geschlecht. Auch in der Rechtsprechung und Literatur finden sich kaum Ansätze, den Begriff „Geschlecht“ positiv zu definieren.[148] Art. 3 Abs. 2 GG und das Personenstandsrecht setzen als gegeben voraus, dass es zwei Geschlechter gibt. Allgemein dominiert im Recht die Überzeugung, dass Menschen sich stets dem einen oder anderen Geschlecht zuordnen lassen und es sich in der Geschlechtszugehörigkeit um einen vorgegebenen und unveränderbaren menschlichen Zustand handelt.

1. Geschlecht als biologisch-funktionaler Unterschied

a) Geschlechtskörper

Die Hypothese von der strikten Zweigeschlechtlichkeit des Menschen ist naturwissenschaftlich widerlegt.[149] Nicht alle Menschen lassen sich mit der Geburt anatomisch oder gonodal eindeutig als Mädchen oder Jungen bestimmen, manche verfügen z.B. über Organe beider Geschlechter (Hemaphrodismus/Intersexualität). Menschen, die organisch Frauen sind, können hormonell „männlich“ sein, d.h. über mehr männliche als weibliche Sexualhormone verfügen. Auch der Chromosomensatz ermöglicht keine eindeutige Bestimmung zweier Geschlechter, nicht alle Jungen und Männer verfügen über ein y-Chromosom. Da nicht alle Frauen gebärfähig und nicht

146 Vgl. nur *Sachs,* HbdStR § 126 Rz. 8; *Osterloh,* in: Sachs-GG, Rz. 238 zu Art. 3.

147 *Schildmann,* Aus Politik und Zeitgeschichte 8/2003, S. 29 f.

148 *Holzleithner,* Recht, Macht, Geschlecht, S. 21.

149 Hierzu (und zu den nachfolgenden Feststellungen) *Fausto-Sterling*, Gefangene des Geschlechts; *Hyde,* SIGNS 1990, S. 55 ff.

alle Männer zeugungsfähig sind, erlauben auch die Körperfunktionen keinen gesicherten Rückschluss auf ein bestimmtes Geschlecht. Es gibt Menschen, die in einem weiblichen Körper geboren werden, sich aber von klein auf als Männer fühlen. Andere identifizieren sich weder mit dem einen noch mit dem anderen Geschlecht („Transgender"). Die Ethnologin Schröter resümiert:

> „Geschlecht ist eine merkwürdige Kategorie. Es gibt keine Kultur, die sich ihrer nicht bedient, und auch keine, die sie nicht dual konzipiert (...). Andererseits gibt es in den meisten Gesellschaften Möglichkeiten für Individuen, die Grenzen der beiden Subkategorien zu überschreiten (...), oder sogar ganz hinüberzuwechseln und zum anderen zu werden."[150]

In Deutschland ermöglicht das Transsexuellengesetz (TSG) einer Person, die sich dem anderen Geschlecht als zugehörig empfindet und seit mindestens drei Jahren „unter dem Zwang steht, ihren Vorstellungen entsprechend zu leben", einen standesrechtlichen Geschlechterwechsel. Hierzu muss sie allerdings u.a. nachweisen, dass sie sich operativ an das andere Geschlecht hat anpassen lassen (sog. große Lösung, § 8 TSG). Die Deutsche Gesellschaft für Urologie empfiehlt, auch intersexuelle Neugeborene operativ in ein Mädchen oder einen Jungen umzuwandeln, da gegenwärtig nicht zu erwarten sei, dass sich ein drittes Geschlecht als gesellschaftsfähig erweist.[151] Sowohl die Transsexualität als auch die Intersexualität wird gegenwärtig als pathologische Störung der Geschlechtsdifferenzierung klassifiziert.[152]

Die zwingende Zweigeschlechtlichkeit des Menschen ist also keine biologische Gesetzesmäßigkeit. Die Natur kennt Geschlechtsidentitäten jenseits der Pole von weiblich und männlich. Die Idee, es gäbe nur zwei Geschlechter, entspringt unserer historisch gewachsenen, kulturellen Überzeugung und wird durch das Personenstandsrecht konstituiert.[153] Um eine bipolare Geschlechterordnung dennoch als „natürlich" ansehen zu können, bedarf es der Einordnung anderer Geschlechtsidentitäten als widernatürlich. Bipolare Konzeptionen von Geschlecht bedienen sich der Krankheit und Behinderung als Korrektiv ihrer eigenen Sichtweise.[154]

150 *Schröter*, FeMale, S. 215.

151 *Deutsche Gesellschaft für Urologie*, Leitlinien zur Korrektur von Störungen der Geschlechtsdifferenzierung.

152 *OLG Köln*, Urt. v. 11.4.1994, Gz.U 80/93; *Deutsche Gesellschaft für Urologie*, Leitlinien, a.a.O. (Stand 2001).

153 *Holzleithner*, Recht, Macht, Geschlecht, S. 19 f.; Zum Eintrag einer Person als intersexuell oder Zwitter in das Personenstandsregister *LG München I*, Urt. v. 30.6.2003, in: Das Standesamt 10/2003, 303.

154 Vgl. nur die Antwort der *Bundesregierung* auf die kleine Anfrage „Intersexualität im Spannungsfeld zwischen tatsächlicher Existenz und rechtlicher Unmöglichkeit", BT-Drs. 14/5627.

b) Geschlechtscharaktere

Bis in die zweite Hälfte des 18. Jahrhunderts hinein dominierte die Annahme, dass Frauen und Männer sich als menschliche Wesen im Wesentlichen ähnlich sind. Die gesellschaftliche Vormachtstellung des Mannes wurde nicht mit seiner natürlichen, sondern mit seiner von Gott gewollten Überlegenheit gerechtfertigt oder der Ausschluss von Frauen aus Politik und Beruf damit begründet, dass ihnen ihre zusätzlichen häuslichen Pflichten keine Zeit für weitere Aufgaben ließen.[155]

In der Aufklärung wurde von festgestellten oder auch nur vermuteten anatomischen Unterschieden erstmals auf unterschiedliche und einander entgegengesetzte Geschlechtscharaktere von Frauen und Männern geschlossen.[156] So versuchte die Medizin die These, wonach es der Frau im Vergleich mit dem Mann am „tiefen Verstande" fehle,[157] mit der unterschiedlichen Größe und Schwere der Gehirne zu begründen. Aus der biologischen Befähigung von Frauen zur Schwangerschaft und Geburt wurde der Rückschluss gezogen, die Mutterschaft sei die zentrale natürliche Wesensart der Frau. Doch hatte diese weibliche Sonderanthropologie niemals das weibliche Geschlecht als Ganzes im Blick. Sie galt stets den Frauen der bürgerlichen Klassen.[158] Die bürgerliche Frau sollte sich entsprechend ihrem Wesen auf Hausarbeit und Kindererziehung konzentrieren.[159] Welcher Status behinderten Frauen – quer durch die Schichten und Kulturen – zukam, wurde bislang nicht historisch untersucht.

Die biologistische Konzeption der Geschlechtscharaktere führte klassenübergreifend zur dichotomen Aufspaltung menschlicher Eigenschaften, Neigungen und Fähigkeiten, die durch ihre Zuschreibung an die beiden Geschlechter als Gegensätze dargestellt wurden: Körper versus Geist, Gefühl versus Verstand, Natur versus Kultur.[160] Den wahren Vertreter des Menschenbildes der Aufklärung bildete mithin der europäische Mann: Er verkörperte Rationalität, Leistung, Autonomie und Fortschritt – Eigenschaften und Errungenschaften, die nach damaligem Verständnis den Menschen über die restliche Natur erhoben. Sie dienten sowohl zur Begründung der

155 Hierzu und zu den nachfolgenden Ausführungen *Honegger*, Die Ordnung der Geschlechter, sowie die Beiträge von *Alder, Honnegger, Prokop, Scheich und Steinbrügge*, in: Gerhard/ Jansen/Maihofer et al. (Hrsg.), Differenz und Gleichheit.

156 Als Standardwerke, die eine „weibliche Sonderanthropologie" etablierten, gelten Jaques *Rosseaus* ‚Emile où: l'éducation' von 1762 sowie das 1775 von Pierre *Roussel* veröffentlichte Werk ‚Système physique et moral de la femme ou Tableau philosophique de la constitution, de l'état organique, du tempérament, des moeurs et des fonctions propres aux sexe'.

157 *Kant,* Beobachtungen über das Gefühl des Schönen und Erhabenen (1764), S. 852 f.

158 *Schröter,* FeMale, S. 88 m.w.N. Die Erwerbsarbeit von Arbeiterinnen war allerdings auch Teilen der Arbeiterbewegung ein Dorn im Auge. Sie forderten das Verbot der Fabrikarbeit für Frauen in der Hoffnung, durch den Arbeitskräfterückgang die eigenen Löhne aufbessern zu können und gleichzeitig in den Genuss einer bürgerlichen Familienform zu kommen (*Nave-Herz,* Die Geschichte der Frauenbewegung, S. 29).

159 Zur ethnischen Differenz *Schröter,* FeMale, S. 85 f.

160 *Gerhard,* Gleichheit ohne Angleichung, S. 23.

Überlegenheit der Europäerinnen und Europäer gegenüber den kolonialisierten Völkern[161] als auch zur Begründung der Überlegenheit des Mannes gegenüber der Frau in allen Bereichen der Gesellschaft, einschließlich der Ehe und Familie.[162]

Zahlreiche Forschungsprogramme haben versucht, behauptete oder festgestellte Geschlechtsunterschiede im menschlichen Verhalten auf biologische Determinanten zurückzuführen. Die Studien brachten eine unübersehbare Fülle von widersprüchlichen Befunden. Mit Ausnahme der Sexualhormonproduktion lassen sich bei Frauen und Männern gegenwärtig nur Unterschiede in der Ausbildung ihrer Sprachfähigkeit beobachten. Diese könnten jedoch auch auf soziale Einflüsse zurückzuführen sein.[163] In der Humanbiologie hat sich die Auffassung durchgesetzt, dass

> „jede biologische Theorie über das menschliche Verhalten, die den gesamten Komplex an Einflüssen, die sich auf das Verhalten auswirken, ebenso ignoriert wie das tiefgreifende Wechselspiel zwischen Leib und Seele, (…) wissenschaftlich hoffnungslos ist.“[164]

2. Zweistufiges Modell von Geschlecht

Seit den 1970er Jahren beschäftigt sich die Forschung verstärkt mit den gesellschaftlichen Determinanten menschlichen Verhaltens und damit auch mit der Frage, inwieweit die Wahrnehmungs- und Denkweisen von Frauen und Männern durch deren Sozialisation und gesellschaftliche Funktionalisierung unterschiedlich geprägt werden. Die biologische Zweigeschlechtlichkeit wurde zunächst nicht in Frage gestellt. Die meisten Autorinnen und Autoren maßen körperlichen Merkmalen jedoch keinen Einfluss auf den Charakter mehr zu.[165] Dem Körper werde erst durch die gesellschaftlichen Vorstellungen davon, was für eine Frau oder einen Mann angemessen ist, eine erweiterte Bedeutung zugewiesen. Aus dieser Konzeption ergibt sich ein zweigliedriger Geschlechtsbegriff. Danach haben Frauen und Männer ein vorgegebenes biologisches (sex) und ein erworbenes soziokulturelles (gender) Geschlecht.[166]

161 *Geiss,* Geschichte des Rassismus, S. 40 und S. 150.

162 *Fichte,* Grundlage des Naturrechts, S. 298 ff. (317); *Maihofer,* Geschlecht als Existenzweise, S. 26.

163 Danach gelang es nach dem kompletten Ausfall ihres Sprachzentrums (z.B. nach Schlaganfall) nur weiblichen Personen, andere Gehirnbereiche für das Verständnis und die Bildung von Sprache einzusetzen, hierzu *Singer*, Ein neues Menschenbild?, S. 49; *Fausto-Sterling*, Gefangene des Geschlechts, S. 309.

164 *Fausto-Sterling*, Gefangene des Geschlechts, S. 309; *Singer,* Ein neues Menschenbild?, S. 16.

165 *Maihofer*, Geschlecht als Existenzweise, S. 71.

166 Übersicht über die Diskussion bei *Maihofer*, Geschlecht als Existenzweise, S. 19.

a) Geschlechterrolle

Im allgemeinen und im juristischen Verständnis hat Gender seinen Ausdruck vor allem in dem Begriff der „Geschlechterrolle" gefunden. Er bezeichnet die für das jeweilige Geschlecht als angemessen betrachteten und mithin erwarteten oder vorgeschriebenen Einstellungen, Fähigkeiten, Motive und ähnliche Verhaltensmerkmale. Sie werden der bzw. dem Einzelnen durch die Sozialisation, durch die geschlechtsspezifische Aufteilung der Arbeit und ähnliche Faktoren vermittelt und von den Menschen (zumeist unbewusst) befolgt.[167]

Geschlechterrollen sind kein Ausdruck der menschlichen Natur, sondern kulturelle Normierungen menschlichen Verhaltens. Menschen, die sich nicht geschlechtsrollenkonform kleiden und verhalten, laufen Gefahr, wegen ihres „unweiblichen" oder „unmännlichen" Verhaltens sozial sanktioniert zu werden. Unmännliche Männer sind nicht nur keine richtigen Männer, sondern gelten häufig als schwul. Auch bei Frauen wird aus einem nicht geschlechtsrollenkonformen Auftreten und Verhalten häufig auf ihre Homosexualität geschlossen. Die Geschlechterrollen folgen erkennbar einer heterosexuellen Matrix.[168] Die disziplinierende Funktion der Geschlechterrolle wurde bislang überwiegend im Zusammenhang mit weiblichen Rollenmustern problematisiert, das Diktat der Männlichkeit hingegen selten hinterfragt.

Die Geschlechterrolle hat sich in der Forschung als wertvolles Instrument erwiesen, um die Wirkungsweisen einer geschlechtsspezifischen Sozialisation offenzulegen. Die Rollenanalysen lassen jedoch meist unberücksichtigt, dass die Geschlechterrollen von Frauen und Männern nicht universal sind, sondern kulturell, ethnisch und schichtspezifisch variieren können. Frauen und Männer, die homosexuell leben, blieben aus der Rollenanalyse bislang ebenso ausgeblendet wie behinderte Frauen und Männer.[169] Die Rolle der Mutter und Hausfrau, so wurde oben dargelegt, ist für eine behinderte Frau gerade nicht vorgesehen – von ihr wird vielmehr erwartet, dass sie auf eigene Kinder verzichtet.

Der Erklärungsgehalt der Geschlechterrolle ist begrenzt. Sie bleibt einer dichotomen Aufspaltung menschlicher Eigenschaften in typisch weibliche und männliche Persönlichkeitsmerkmale und Verhaltensweisen verhaftet. Alleine anhand der Geschlechterrolle lässt sich auch nicht erklären, warum es in erster Linie Frauen waren und bis heute sind, die sich nicht in die für sie vorgesehenen Rollen einfügen wollen, während Männer vergleichsweise zahlreich, konstant und unhinterfragt dem Männ-

167 *Brück/Kahlert/Krüll et al.*, Feministische Soziologie, S. 63.

168 *Butler* bezeichnet als heterosexuelle Matrix „*das Raster der kulturellen Intelligibilität, durch das die Körper, Geschlechtsidentitäten und Begehren naturalisiert werden*". Anhand dieses Raster werde versucht, Körper als sinnvolle Einheit zu darzustellen, in dem ein festes Geschlecht behauptet und „*durch eine feste Geschlechtsidentität zum Ausdruck gebracht wird, die durch die zwanghafte Praxis der Heterosexualität gegensätzlich und hierarchisch definiert sind.*" (*Butler*, Das Unbehagen der Geschlechter, S. 37 ff. und Anmerkung 6)

169 Eingehend *Baer*, Würde oder Gleichheit, S. 227.

lichkeitsideal zu entsprechen versuchen und an der traditionellen Rollenaufteilung festhalten wollen.[170]

b) Geschlechtshierarchische Strukturen

Das Beharrungsvermögen von Männern und der Veränderungsdrang von Frauen wird erst im Kontext der hierarchischen Gesellschaftsstruktur verständlich, in die das Geschlechterverhältnis eingebettet ist.

Den biologistisch begründeten Geschlechtscharakteren kam zu Beginn des industriellen Zeitalters eine zentrale Bedeutung in der Neuordnung der bürgerlich-kapitalistischen Gesellschaft zu. Im Zuge der Auslagerung eines Teils der bisher familiär geleisteten Produktionsarbeit in (industrielle) Produktionsbetriebe ermöglichten die Geschlechterrollen die Aufteilung der gesellschaftlich notwendigen Arbeit in eine männliche Erwerbs- und eine weibliche Familienarbeit, d.h. die Dissoziation von Erwerbs- und Familienleben[171] und die damit verbundene Trennung der Gesellschaft in eine öffentliche und eine private Sphäre.[172] Diese Dissoziationen bildeten ein zentrales Strukturprinzip in der Entwicklung des deutschen Wohlfahrtsstaates, das bis in die Gegenwart hinein die Herstellung der tatsächlichen Gleichberechtigung der Geschlechter in vielfältiger Form behindert.

Die Abkehr von der Geschlechterrolle erfordert notwendig eine Abkehr von der funktionalen Arbeitsteilung. Die traditionellen Arbeitsbereiche von Männern und Frauen genießen aber keine gleichwertige gesellschaftliche und ökonomische Anerkennung. Für Männer ist die Arbeit in „Frauendomänen" (Hausarbeit, Kindererziehung, Angehörigenpflege oder die Erwerbsarbeit in sozialen oder pflegenden Berufen) folglich mit dem Verzicht auf bzw. dem Verlust von Privilegien verbunden, die an typisch männliche Tätigkeitsbereiche geknüpft sind: gesellschaftliches Ansehen, berufliche Aufstiegsmöglichkeiten, wirtschaftliche Unabhängigkeit und soziale Sicherung.[173] Erwerbstätige Frauen erzielen gegenwärtig 70–78% des Einkommens ihrer männlichen Vergleichsgruppe.[174] Ist im Zuge der Familienplanung zu entscheiden, wer die Hauptverantwortung für das Kind übernehmen soll, so wird es also

170 So die Ergebnisse des DJI-Jugendsurvey von 1994, dargestellt in *BMFSFJ*, Frauengesundheitsbericht 1999, S. 309.

171 *V. Sybel* begründet 1870 die natürlichen Geschlechtsunterschiede und „damit im Wesentlichen auch ihre rechtliche Stellung" mit dem „großen Gesetz der Arbeitsteilung", vgl. *v. Sybel*, Über die Emancipation der Frauen, S. 11; *Hausen*, Die Polarisierung der »Geschlechtscharaktere«, S. 363 (369 f.).

172 *Meillassoux*, »Die wilden Früchte der Frau«; *Gerhard*, Gleichheit ohne Angleichung.

173 *Klammer/Klenner/Ochs*, WSI-FrauenDatenreport, S. 233 f., stellen fest, dass das Einkommen von Männern in typischen Frauenbranchen vergleichsweise nahe am niedrigen Verdienst der Frauen liegt, Frauen hingegen in „Männerbranchen" nicht den eher hohen Verdienst ihrer männlichen Kollegen erzielen.

174 *Klammer/Klenner/Ochs*, WSI-FrauenDatenreport, S. 233 f., eingehend zur Problematik *Pfarr/Bertelsmann,* Diskriminierung im Erwerbsleben, 1989.

unter wirtschaftlichen Gesichtspunkten meist die Mutter sein, auf deren (geringeres) Einkommen die Familie leichter verzichten kann.

Während die skandinavischen Länder in den vergangenen Jahrzehnten gezielt ihren sozialstaatlichen Dienstleistungssektor (z.B. Kinderbetreuungsmöglichkeiten) ausgebaut, auf die partnerschaftliche Teilung der Familienpflichten hingewirkt und die Frauenerwerbstätigkeit erfolgreich gefördert haben,[175] sind die Erwerbschancen von Frauen in den westeuropäischen Kontinentalstaaten deutlich niedriger. Anders als in Skandinavien bildet in Deutschland und anderen Kontinentalstaaten das Leitbild des vollzeittätigen Familienernährers in Hausfrauenehe noch immer ein zentrales Strukturprinzip des Arbeitsmarktes und Sozialstaats.[176] Es liegt der rechtlichen Konstruktion des „Normalarbeitsverhältnisses" und der „Regelarbeitszeit" zugrunde und findet seinen Ausdruck in der steuerrechtlichen Behandlung von Ehegatten.[177] Die Produktion sozialer Dienstleistungen bleibt in der überwiegenden Verantwortung der Familien. Eine staatliche Verantwortung tritt in der Regel erst ein, wenn die Familien die Leistungen nicht mehr erbringen können. Den Hauptanteil der Familienarbeit leisten in Deutschland nach wie vor Frauen. Sie bergen deshalb als Arbeitnehmerinnen in den Vorstellungen der Arbeitgeber (auch unabhängig von real existierenden Familienpflichten und deren Organisation) das potenzielle Risiko in sich, wegen einer möglichen Schwangerschaft oder der Betreuung kleiner bzw. kranker Kinder auszufallen. Das Festhalten an dem Modell der (Hausfrauen-)Familie als primärer Versorgungseinheit führt zu Versorgungslücken, da mit der stetig wachsenden Zahl der pflegebedürftigen oder älteren Menschen die Zahl derjenigen, die auf die tatsächliche und finanzielle Unterstützung ihrer Angehörigen und Lebenspartner verwiesen werden, wächst, die Familien diese Hilfen jedoch nicht mehr leisten (können). Die soziale Pflegeversicherung ist lediglich als Teilsicherung konzipiert, da der Gesetzgeber die ehrenamtliche Hilfe von Angehörigen und Nachbarn als gegeben voraussetzt. Die Zahl der Pflegebedürftigen wird aus demographischen Gründen weiter steigen. Die Zahl der Frauen, die diese Pflege bisher als (Schwieger-) Töchter, Partnerinnen, Ehrenamtliche leisten, wird mit der steigenden Frauenerwerbsquote vermutlich weiter sinken, ohne dass gewährleistet wäre, dass die Zahl der pflegenden (Schwieger-)Söhne und Partner zunimmt. Auch in finanzieller Hinsicht erweisen sich Familien nicht mehr als ausreichend leistungsfähig. Der Staat sichert z.B. gegenwärtig den Mindestunterhalt eines Drittels der Kinder von Allein-

175 Die skandinavischen Länder liegen mit einer Frauenerwerbsquote von über 60% an der Spitze. Eingehender hierzu *Maier*, Gibt es eine frauenpolitische Wende durch die Europäische Beschäftigungsstrategie?, S. 159 (161); einen eingehenden Vergleich der wohlfahrtsstaatlichen Politiken liefert *Kaufmann,* Varianten des Wohlfahrtsstaats.

176 *Stolleis*, Geschichte des Sozialrechts, S. 223 f.; *Appel/Fisahn/Hess-Grunewald et al.*, Handbuch zur Gleichstellung der Geschlechter, S. 12; *Gottschall*, Soziale Ungleichheit und Geschlecht, S. 196; *Pfau-Effinger*, Wohlfahrtsstaatliche Politik, S. 73 ff.; *Brück/Kahlert/Krüll* et al., Feministische Soziologie, S. 45 ff.

177 Zum Ehegattensplitting *Sacksofsky*, NJW 2000, S. 1896 m.w.N.

erziehenden, weil deren unterhaltspflichtiger Elternteil die Zahlung nicht leisten kann oder will.[178]

In volkswirtschaftlicher Hinsicht sieht sich Deutschland hier wie andere konservativ-korporatistische Wohlfahrtsstaaten vor das Problem gestellt, dass ein verhältnismäßig kleiner (und sinkender) Anteil der Bevölkerung das Erwerbseinkommen erwirtschaften muss, mit dem es auch die Existenz der wachsenden Zahl nichterwerbstätiger Bürgerinnen und Bürger zu sichern gilt.[179] Problematisch erscheint unter ökonomischen Gesichtspunkten auch, dass mit der strukturellen Benachteiligung bestimmter Bevölkerungsgruppen auf dem Arbeitsmarkt aufgrund ihrer Geschlechtszugehörigkeit, ihres fortgeschrittenen Lebensalters, einer Behinderung oder der ethnischen Herkunft volkswirtschaftlich wertvolle Ressourcen von zunehmend gut ausgebildeten und hochqualifizierten Fachkräften unzureichend ausgeschöpft bleiben.

Die Hemmnisse und Benachteiligungen bestimmter Bevölkerungsgruppen auf dem Arbeitsmarkt werden durch die deutschen Sozialsicherungssysteme nicht beliebig ausgeglichen, sondern in Teilen verfestigt. Anrechte auf Leistungen der Sozialversicherung sind eng an die Erwerbstätigkeit geknüpft und variieren mit der Höhe des Einkommens. Typische Frauentätigkeiten und die den Frauen zugeschriebenen Fertigkeiten werden in Tarifverträgen als qualitativ geringwertiger eingestuft als typische Männertätigkeiten. In überwiegend männlich dominierten Branchen werden höhere Grundgehälter und mehr Zulagen und Prämien bezahlt.[180] Die Einkommensnachteile von Frauen werden im Falle ihrer Arbeitslosigkeit, dem Eintritt einer Behinderung oder mit Erreichen des Rentenalters durch die sozialen Sicherungssysteme reproduziert oder weiter verschärft.[181]

Staatswesen, Politik, Wirtschaft und Kultur werden traditionell von Männern gestaltet. Bis ins 20. Jahrhundert wurden Frauen ihre Staatsbürgerinnenrechte,[182] politischen Betätigungen,[183] der Zugang zu höheren Bildungsstätten[184] und öffentlichen

178 *Klammer/Klenner/Ochs*, WSI-FrauenDatenReport, S. 340.

179 *Esping-Andersen,* a.a.O; *Pfau-Effinger,* Wohlfahrtsstaatliche Politik, S. 75 ff.

180 *Kommission der Europäischen Gemeinschaften*, Leitfaden zur Anwendung des Grundsatzes gleichen Entgelts für Männer und Frauen, S. 14.

181 *Maier*, Gibt es eine frauenpolitische Wende durch die Europäische Beschäftigungsstrategie?, S. 159 (161).

182 Insbesondere das Wahlrecht, das ihnen erstmals per Dekret des Rates der Volksbeauftragten (SPD und USPD) vom 12.11.1918 (RGBl. 1918 I, S. 1303) eingeräumt und mit dem Zusammenbruch des Kaiserreichs in Art. 109 Abs. 2 der Weimarer Reichsverfassung vom 11.8.1919 verankert wurde. 1933 wurde es ihnen teilweise (passives Wahlrecht) wieder entzogen.

183 Von 1850 bis 1904 verboten die meisten Vereinsgesetze des Deutschen Reichs Frauen die Mitgliedschaft in politischen Vereinen, die Teilnahme an politischen Versammlungen und schwächten damit die Frauenbewegung. Vgl. eingehender *Gerhard*, Die Rechte der Frau auf dem Weg in die politische Öffentlichkeit, S. 526 ff.

184 Beginnend ab 1899 werden Frauen als Studentinnen zunächst zu ausgewählten Studienzweigen zugelassen, 1900 erhalten sie in Baden das Immatrikulationsrecht. Ein Anspruch auf Zulassung zur Abschlussprüfung war damit nicht verbunden. Eingehender *Nave-Herz*, Die Geschichte der Frauenbewegung, S. 32; *Schweikert*, Gewalt ist kein Schicksal, S. 110 f.

Ämtern[185] vorrangig unter Berufung auf ihre „andere“ Natur verweigert. Heute vollzieht sich der Ausschluss subtiler. 1995 besetzten Frauen in Deutschland 13% der Führungspositionen in den gesellschaftlich relevanten Institutionen von Wirtschaft, Wissenschaft, Politik, Verwaltung, Kultur, Militär und den Massenmedien.[186] Dies hat zur Folge, dass gesellschaftliche Normalität noch immer aus partikular männlicher Sicht abgebildet, definiert und gesteuert wird. Frauen bleiben die gesellschaftlich „Anderen“, deren Perspektiven, Lebenslagen und Interessen nur am Rande zur Sprache kommen.

In der Zusammenschau der dargestellten individuellen und strukturellen Faktoren zeigt sich, dass das soziokulturelle Geschlecht nicht nur die Individuen, deren Sozialisation und Interaktion prägt, sondern dass es ebenso durch gesellschaftliche Strukturen, Machtmechanismen und rechtliche Normengefüge konstituiert wird. Zur Darstellung dieser komplexen Wirkungsweisen und der verschiedenen Wirkungsebenen der Geschlechterdiskriminierung hat sich das Konzept der „strukturellen Diskriminierung“ etabliert.

c) Das Konzept der strukturellen Diskriminierung

Das Konzept basiert auf der Grundannahme, dass die gesellschaftliche Abwertung und Ausgrenzung von Frauen in der Regel strukturell bedingt ist, d.h. weder auf biologisch determinierte Eigenschaften von Frauen (oder Männern) noch auf intentionale Handlungen und Entscheidungen einzelner identifizierbarer Machthaber zurückgeführt werden kann.[187] Ausgangspunkt der Diskriminierung bilden vielmehr gesellschaftlich geprägte stereotype und wertende Vorstellungen davon, was typisch weiblich oder männlich ist (gender). Diese Vorstellungen finden sich – in verschiedenen Facetten – in der gesamten Bevölkerung. Als unhinterfragte, oft unbewusste Annahmen und Wertungen beeinflussen solche Stereotype die individuelle Sozialisation, alltägliche Verhaltensweisen, kulturelle Symbole und Traditionen.[188] Sie prägen das individuelle und kulturelle Verständnis von einer geschlechtshierarchischen „Normalität“ und deren Abbildung durch die Medien und Wissenschaften. Sie gehen ein in das politische und staatliche Handeln, in die Gesetzgebung und Rechtsprechung, in institutionelle Prozesse und marktwirtschaftliche Mechanismen. Damit prägen sie wiederum die gesellschaftlichen und rechtlichen Rahmenbedingungen, innerhalb derer die einzelnen Individuen als Frauen und Männer agieren und an denen sie ihr Handeln und ihre Entscheidungen orientieren.

185 Einen gleichberechtigten Zugang gewährt ihnen erstmals Art. 128 Abs. 1 und 2 der Weimarer Reichsverfassung von 1919.

186 *Hradil*, Soziale Ungleichheit, S. 272, der diesen Anteil als Fortschritt wertet, denn 1981 waren es gerade einmal 3%. Den größten Anstieg verzeichnet die Forschung in Bereichen, in denen der Frauenanteil gezielt durch Quotenregelungen erhöht wurde.

187 *Young,* Justice and the Politics of Difference, S. 41.

188 *Ebda.*, S. 41.

Strukturelle Diskriminierung bezeichnet damit ein gesellschaftliches Diskriminierungsgeflecht, innerhalb dessen gesellschaftliche Gegebenheiten eng mit individuellen Denk- und Verhaltensmustern und Erwartungshaltungen der einzelnen Individuen verwoben sind.[189] Die einzelnen Mechanismen beeinflussen sich gegenseitig, sodass sich in aller Regel nicht bestimmen lässt, welcher Mechanismus Ursache, welcher Wirkung des anderen ist.[190]

3. Geschlecht als hierarchisierendes Strukturprinzip

Unter dem Einfluss konstruktivistischer und poststrukturalistischer Strömungen gehen einige Stimmen in der zeitgenössischen Geschlechterforschung noch einen Schritt weiter, indem sie das Geschlecht ganz von der Person zu lösen versuchen. Gefragt wird, ob nicht bereits die Vorstellung von der (biologischen) Zweigeschlechtlichkeit des Menschen Ergebnis eines hegemonialen Diskurses ist.[191] Danach ist auch der Geschlechtskörper eine soziale Konstruktion, die geschaffen wurde, indem unter unzähligen Körpermerkmalen und -funktionen einzelne herausgegriffen und mit der besonderen politischen und gleichsam hierarchisierenden Bedeutung ihrer weiblichen oder männlichen Geschlechtlichkeit belegt wurden.[192] Butler versteht die Geschlechtsidentität als ein produziertes oder generiertes Phänomen; Maihofer bezeichnet das Geschlecht als Existenzweise, die das Ergebnis eines langwierigen historischen Prozesses ist.[193] Mit der hier vollzogenen gedanklichen Loslösung des Geschlechts vom Körper wird der Idee, im Frau-Sein und Mann-Sein handele es sich um die angeborene Eigenschaft eines Menschen, jegliche Grundlage entzogen.

4. Verfassungsrechtliche Interpretation des Geschlechterbegriffs

Der zuvor vorgestellte Wandel im Begriffsverständnis bildet die Folie, auf der geschlechtsspezifische Benachteiligungen im Verfassungsrecht diskutiert wurden. Die systematische Auswertung der Judikatur des BVerfG durch Reich-Hilweg, Sacksofsky und Fuchsloch belegt dies besonders anschaulich.[194]

189 *Francke/Sokol/Gurlit*, Frauenquoten in der öffentlichen Ausbildung, S. 17.

190 So auch *Sacksofsky*, FPR 2002, 121 (124): „Einstellungen und Lebenswirklichkeit lassen sich bei Diskriminierungsfragen nicht trennen, sondern die Vorstellungen über das Geschlechterverhältnis prägen maßgeblich die gesellschaftliche Realität desselben."

191 *Focault*, Sexualität und Wahrheit, 1983.

192 *Maihofer*, Geschlecht als Existenzweise, S. 91.

193 *Butler*, Das Unbehagen der Geschlechter, S. 215, vgl. *Maihofer*, a.a.O., S. 91.

194 *Reich-Hilweg*, Männer und Frauen sind gleichberechtigt; *Sacksofsky*, Gleichberechtigung, S. 79 ff.; *Fuchsloch*, Das Verbot der mittelbaren Geschlechtsdiskriminierung, S. 67 ff.

a) Die Rechtsprechung des BVerfG

In Anlehnung an Sacksofsky wird die Rechtsprechung des BVerfG zu Art. 3 Abs. 3 und Art. 3 Abs. 2 GG in der Literatur oft in drei Phasen untergliedert:[195]

In der ersten Phase bis Ende der 1960er Jahre betonte das Gericht die biologisch-funktionale Andersartigkeit der Frau. Das BVerfG legte seinen Entscheidungen zur Arbeitszeitordnung,[196] zur Strafbarkeit von weiblicher und männlicher Homosexualität,[197] zum Stichentscheid des Vaters,[198] der Höfeordnung[199] und den Witwerrentenentscheidungen[200] die Annahme zugrunde, dass Frauen und Männer sich von Natur aus in ihrem Wesen unterscheiden.[201] Die Mutterschaft sei der Bereich der Frau, „in dem ihr Wesen am tiefsten wurzelt und sich entfaltet".[202] Das Gericht versuchte, seine These von den natürlichen Geschlechtscharakteren mit der unterschiedlichen Ausbildung der Geschlechtsorgane zu untermauern: Diese hätten bei Männern eine „drängende und fordernde (...)", bei Frauen hingegen eine „hinnehmende und zur Hingabe bereite Funktion (...)."[203] Auch die funktionale Aufgabenverteilung zwischen Frauen und Männern wurde vom Gericht (noch) nicht hinterfragt, sondern angenommen, dass diese „in der Regel den natürlichen Verhältnissen" entspricht.[204] Allerdings betont das Gericht auch schon in dieser Phase, dass Frauen die gleichen rechtlichen Möglichkeiten wie Männer haben müssen, marktwirtschaftliches Einkommen zu erzielen.[205] Das Leitmotiv dieser Phase, resümiert Sacksofsky, lautete „Gleichwertigkeit bei Andersartigkeit".[206]

Anfang der 1970er Jahre distanzierte sich das Gericht von der Vorstellung einer naturgegebenen Geschlechterordnung und betonte nunmehr die natürliche, vor allem aber rechtliche Gleichheit von Frauen und Männern. Dies führte zur Interpretation des Art. 3 Abs. 2 a.F. und Art. 3 Abs. 3 GG a.F. als (relativ) striktem Differenzierungsverbot. Das Gericht verstand unter rechtlicher Gleichbehandlung eine formale Gleichbehandlung. Es erkannte dabei durchaus, dass sich auch geschlechtsneutrale Regelungen unterschiedlich auf Frauen und Männer auswirken können. Noch wertete es diese Auswirkungen aber als „einseitig praktische Folge einer an sich verfassungsrechtlich nach Art. 3 Abs. 2 und 3 GG unbedenklichen Regelung," ohne näher

195 *Sacksofsky*, Gleichberechtigung, S. 79; *Fuchsloch*, Das Verbot der mittelbaren Geschlechtsdiskriminierung, S. 68.
196 *BVerfGE* 5, 9 (9 ff.).
197 *BVerfGE* 6, 389 (425 ff.).
198 *BVerfGE* 10, 59 (78 ff.).
199 *BVerfGE* 15, 337 (342 ff.).
200 *BVerfGE* 17, 1 (20) und BVerfGE 17, 38.
201 *Sacksofsky*, Gleichberechtigung, S. 102 ff.
202 *BVerfGE* 10, 59 (78) „Stichentscheid".
203 *BVerfGE* 6, 389 (425 f.) „Homosexualität".
204 *BVerfGE* 15, 337 (343) „Höfeordnung".
205 *BVerfGE* 6, 55 (82) „Einkommensteuer".
206 *Sacksofsky*, Gleichberechtigung, S. 84.

auf die Hintergründe einzugehen.[207] Die meisten expliziten Differenzierungen, die Frauen benachteiligten, waren bereits in den 1970er Jahren aus der Rechtsordnung verschwunden. Es blieben differenzierende Regelungen, die zum Schutz von Frauen erlassen worden waren.[208] So hatte das BVerfG vor allem über die Verfassungsbeschwerden von Männern zu entscheiden, die sich – überwiegend erfolgreich – gegen rechtliche Bevorzugungen von Frauen richteten (z.B. in den Entscheidungen zum Hausarbeitstag,[209] zum Sorgerecht für das nichteheliche Kind[210] und zum unterschiedlichen Rentenalter[211]).

Die Rentenalterentscheidung von 1986 kennzeichnet Sacksofsky zufolge den Beginn der dritten Phase, in der das Gericht die rechtliche Gleichberechtigung als Gebot der Herstellung sozialer und beruflicher Chancengleichheit interpretiert.[212] Es identifiziert die Unterschiede zwischen den Geschlechtern, wie z.B. Ausbildungsdefizite und beruflichen Nachteile von Frauen als Ergebnis ihrer gesellschaftlichen Benachteiligung, die Kompensationsmaßnahmen rechtfertigen könne.[213] So stellt das Gericht fest, „daß der Gesetzgeber zu einer Ungleichbehandlung auch dann befugt ist, wenn er einen sozialstaatlich motivierten typisierenden Ausgleich von Nachteilen anordnet."[214] Auch bei der Entscheidung zum Ehenamen berücksichtigt das Gericht, dass die Namensregelungen ungleiche Machtverhältnisse zwischen den Ehepartnern bei der Entscheidungsbildung zur Folge haben können und es dies zu verhindern gilt.[215] In der Nachtarbeitsentscheidung vom 28.1.1992 betont das Gericht die Pflicht des Staates, auf eine Angleichung der Lebensverhältnisse von Frauen und Männern hinzuwirken.[216] Das BVerfG bezieht sich nun ausdrücklich auf das Modell der Geschlechterrolle und indirekt auch auf das Konzept der strukturellen Diskriminierung, wenn es feststellt, dass es verboten ist, tradierte Rollenverteilungen zwischen den Geschlechtern staatlich zu verfestigen, die Erfüllung von Rollen aber auch nicht zu Nachteilen führen darf.[217] Diese Formeln hat das BVerfG mehrfach, zuletzt in seiner Entscheidung zum Mutterschutzgeld vom 18.11.2003, bestätigt und sich dabei neben Art. 3 Abs. 2 GG auch auf das europäische Gleichstellungsrecht (Richtlinie 76/207/EWG) und völkerrechtliche Vorgaben (Art. 11 CEDAW) berufen.[218] In Fortführung dieser Interpretationslinie will das Gericht den verfassungs-

207 *BVerfGE* 48, 346 (366) (Witwenrente).
208 *Sacksofsky*, Gleichberechtigung, S. 90 und S. 95.
209 *BVerfGE* 52, 369 ff.
210 *BVerfGE* 56, 363 ff.
211 *BVerfGE* 74, 163 ff.
212 *Sacksofsky*, Gleichberechtigung, S. 77.
213 *BVerfGE* 74, 163 (180 f.).
214 *BVerfGE* 74, 163 (180).
215 *BVerfGE* 84, 9.
216 *BVerfGE* 85, 191, (207).
217 *BVerfGE* 85, 191, (207); bestätigt durch *BVerfGE* 92, 91 (112).
218 *BVerfG* in NJW 2004, S. 146 ff. (unter Berufung auf Art. 11 des UN-Übereinkommens v. 18.12.1979 zur Beseitigung jeglicher Form von Diskriminierung der Frau CEDAW, BGBl. 1985 II, S. 648); zuvor *BVerfGE* 89, 276 (285).

rechtlichen Diskriminierungsschutz nunmehr ausdrücklich auf mittelbare Benachteiligungen erstrecken, die entstehen können, wenn eine geschlechtsneutral formulierte Regelung im Ergebnis überwiegend Angehörige eines Geschlechts, etwa Frauen, trifft.[219]

b) Geschlecht als relationales Konzept

Das Geschlecht ist nicht aus sich selbst heraus erklärbar. Nicht nur in der Rechtsprechung, sondern auch in der rechtswissenschaftlichen Literatur hat sich vielmehr die Überzeugung durchgesetzt, dass es in erster Linie soziale Praktiken und gesellschaftliche Strukturen sind, die Frauen und Männern unterschiedliche Rollen und Positionen zuweisen. Wie auch in den Entscheidungen des Bundesverfassungsgerichts werden in der Literatur als tradierte Geschlechterrollen vor allem die der Mutter und Hausfrau und die des vollerwerbstätigen Familienoberhaupts thematisiert.[220] Bewusst oder unbewusst wird davon ausgegangen, dass diese Rollen universal für alle Frauen und Männer Geltung beanspruchen.[221] Nur vereinzelt finden sich Überlegungen, wonach rassistische Zuschreibungen, kulturelle oder religiöse Traditionen oder die sexuelle Orientierung Einfluss auf die Geschlechterrollen haben können.[222]

Die deutlichste Kritik am Rollenmodell äußert Baer:

> „Die (...) Schwierigkeit der rollenorientierten Analyse des BVerfG ist, daß sie Menschen, die nicht ohne weiteres eine der beiden zur Verfügung stehenden Rollen erfüllen, ausschließt. Verfassungsrechtlich wäre ein solcher Ausschluß von Typisierungen, wie sie Rollen darstellen, nur zu rechtfertigen, wenn er wenige und diese geringfügig trifft."[223]

Als von der Analyse ausgeschlossen nennt sie namentlich Transsexuelle, schwule Männer und lesbische Frauen. In Bezug auf diese Gruppen zeigt sie auch anschaulich den spezifischen Zusammenhang zwischen der Geschlechterkonstruktion und Diskriminierung wegen der sexuellen Identität auf.[224] Baers Kritik an der rollenorientierten Gleichheitskonzeption steht im engen Zusammenhang mit ihrem Verständnis von Geschlecht als einem hierarchisierenden Strukturprinzip. Hier bezieht sie sich vor allem auf die Analysen der US-amerikanischen Rechtswissenschaftlerin MacKinnon. Nicht die Körper, sondern deren Sexualisierung mache Menschen zu

219 So *BVerfGE* 97, 35 (43) und *BVerfGE* 104, 373 f.
220 Vgl. nur *Slupik*, Parität, S. 67 ff.; *Francke/Sokol/Gurlit*, Frauenquoten in öffentlicher Ausbildung, S. 3 ff.; *Bieback*, Die mittelbare Diskriminierung wegen des Geschlechts, S. 220.
221 Vgl. z.B. *Raasch*: „Der entscheidende Ausgangspunkt aller Frauenbenachteiligung ist die bisherige Verteilung der unbezahlten – und unbezahlbaren – privaten Reproduktionsarbeit (also Gebären, Kindererziehung, Hausarbeit und Zuständigkeit für das emotionale Wohl aller Familienmitglieder) zwischen den Geschlechtern." (*Raasch*, Frauenquoten und Männerrechte, S. 47)
222 *Sacksofsky*, Gleichberechtigung, S. 295, Rz. 361.
223 *Baer*, Würde oder Gleichheit, S. 227.
224 *Baer,* a.a.O., S. 277 und S. 29 f.

Frauen und Männern. Als soziales Geschlecht kennzeichne Männer ihre sexuelle Macht, Frauen ihre sexuelle Unterdrückung.[225] Die Geschlechterdifferenz ist demzufolge nicht Ausdruck eines unterschiedlichen Seins oder Verhaltens von Menschen, sondern ihrer sozialen Hierarchie.[226] Innerhalb dieses asymmetrischen Verhältnisses können Baer zufolge Männer als „soziale Frauen“ diskriminiert werden: „Männer, die sich nicht wie Männer verhalten, gehören in diesem Sinne zu der Gruppe, die im Geschlechterverhältnis die schwächere ist. Sozial verhalten sie sich weiblich (...).“[227]

Fraglich bleibt innerhalb dieser Konzeption, wie menschliches Sozialverhalten als „weiblich“ bzw. „männlich“ charakterisiert werden soll, ohne auf Geschlechterrollen zurückzugreifen. Um unmännliches Verhalten als weibliches Verhalten einzustufen, bedarf es auch der dichotomen Aufspaltung menschlicher Verhaltensweisen in entweder „männlich“ oder „weiblich.“ Wie bei der Geschlechterrolle auch, lässt sich nur im Wege der Typisierung und Verallgemeinerung feststellen, welches Verhalten als männlich, welches als weiblich zu qualifizieren ist. Folgerichtig stellt auch Baer die Frage, „ob sich nicht jede emanzipatorische Theorie, die auf Weiblichkeit und Männlichkeit als normative Bezugspunkte rekurriert, sich selbst widerspricht.“[228]

Das vermeintlich offenkundige Merkmal „Geschlecht“ erweist sich als ein Phänomen, das begrifflich schwer zu erfassen ist. Die Unterteilung der Menschheit in Frauen und Männer ist kulturell bedingt und kann nur als Normalität bezeichnet werden, indem die Inter- und Transsexualität zur regelwidrigen Abweichung erklärt und damit in den Bereich der Krankheit und Behinderung verwiesen wird. Das Geschlecht prägt die Individuen nicht nur in ihrer Persönlichkeit und Identität. Die Geschlechterordnung bildet vielmehr ein hierarchisierendes Strukturprinzip der Staats- und Gesellschaftsordnung.

Ist das Geschlecht eine hierarchisierende Konstruktion, so erscheint es naheliegend, das Geschlecht im Interesse der Emanzipation zu dekonstruieren. Wo kein Geschlecht ist, ließe sich argumentieren, kann schließlich auch keine Geschlechterdiskriminierung mehr stattfinden. Freilich lassen sich menschliche Identitäten nicht ad hoc, sondern allenfalls durch langsamen Bewusstseinswandel umdefinieren. Solange sich Menschen als Frauen und Männer erfahren, als solche handeln und behandelt werden, müssen sie auch als Frauen und Männer identifiziert und behandelt werden können. Das schließt aber die Anerkennung anderer Geschlechtsidentitäten jenseits der Pole von weiblich und männlich nicht aus. Doch prägen die Geschlechterhierarchien nicht nur bewusstes Handeln. Sie gehen ein in unbewusste Wertungen und Vorannahmen, sind institutionalisiert und strukturell verfestigt. Strukturell verfestigte Hierarchien lassen sich nicht alleine durch einen Bewusstseinswandel über-

225 *Baer*, a.a.O., S. 234.
226 *Baer*, a.a.O., S. 208.
227 *Baer*, a.a.O. Hier erschließt sich mir allerdings nicht, was den Mann, der sich nicht als Mann verhält und durch seine Umwelt nicht als männlich privilegiert behandelt wird, noch zum Mann macht, wenn nicht sein Körper.
228 *Baer*, a.a.O., S. 208.

winden. Um sie sichtbar zu machen und reflektieren zu können, bedarf es m.E. weiterhin des Rückgriffs auf weibliche und männliche Geschlechtsidentitäten. Anderenfalls greift das Gleichheitsdilemma: Werden vorhandene Geschlechtsunterschiede negiert, führt dies zur Fortschreibung von Ungleichheit. Ohne Anknüpfung an das Geschlecht als einem persönlichen Merkmal ließen sich Aussagen über die Gruppe der Frauen und der Männer nicht mehr treffen. Eine Analyse des gesellschaftlichen Geschlechterverhältnisses, z.B. die Feststellung mittelbarer Benachteiligungen, wäre dann nicht mehr möglich. Wen, wenn nicht biologische Frauen und Männer, sollte man statistisch erfassen und vergleichen? Mit dem BVerfG und der herrschenden Lehrmeinung ist daher (noch) einem zweigeteilten Geschlechterbegriff von „sex" und „gender" der Vorzug zu geben.

Das Festhalten am zweiteiligen Geschlechterbegriff bedeutet freilich, weiterhin mit denjenigen Dilemmata konfrontiert zu bleiben, die Knapp als Differenzdilemma und Identitätsdilemma bezeichnet: „Die Vorrausetzung substanzieller Gruppenidentitäten impliziert notwendig die Exklusion von Nicht-Identischem."[229]

Von jenem Exklusionsprozess sind auch behinderte Frauen betroffen. Die Analysen der Geschlechterrollen erfassen ihre Diskriminierungserfahrungen nur unzureichend. Sie spiegeln die Perspektiven der Frauen gesellschaftlich dominierender Gruppen wider, die sozialen Rollen der Frauen marginalisierter Gruppen bleiben ausgeblendet. Je nachdem, ob eine Frau kulturell als Deutsche, Türkin oder beides, als Arbeiterin oder Unternehmerin, als Jüdin oder Christin, als Nichtbehinderte oder Behinderte geprägt ist und behandelt wird, kann sie sich mit anderen Geschlechterrollen konfrontiert sehen. Diesen Unterschieden muss in der Analyse der Geschlechterverhältnisse stärker Rechnung getragen werden, ohne der Kategorie des Geschlechts seine Bedeutung abzusprechen.

II. Behinderung

Im Gegensatz zum Geschlecht wird die Behinderung in verschiedenen einfachen Gesetzen positiv definiert. Die historische Entwicklung zeigt allerdings, dass der Gesetzgeber zur Definition von Behinderung niemals beschreibend auf einen vorgefundenen Zustand zurückgreifen konnte. Die jeweiligen Legaldefinitionen haben vielmehr maßgeblich dazu beigetragen, den Kreis derjenigen zu bestimmen, die als behindert gelten.[230]

229 *Knapp*, Dezentiert und viel riskiert, S. 43.
230 *Bleidieck*, Behinderung, S. 13.

1. Die Einführung des Behinderungsbegriffs

Die rechtliche Bezeichnung von Frauen, Männern und Kindern als behindert hat sich endgültig erst Mitte des 20. Jahrhunderts etabliert. Sie löste nach und nach die bislang uneinheitlichen, wenngleich durchgehend negativ konnotierten Bezeichnungen als Gebrechliche, Geschädigte, Krüppel, Schwachsinnige, Irre und Idioten usw. ab.[231]

Die so Bezeichneten wurden früher offensichtlich nie als einheitliche gesellschaftliche Gruppe wahrgenommen oder behandelt. Im Mittelalter galt Epilepsie als ein Zeichen Gotterwählter, ein körperbehindertes Kind hingegen als Wechselbalg.[232] Im Zeitalter der Aufklärung entwickelte die Medizin erstmals ein wissenschaftliches Interesse an dem Phänomen der Behinderung. Bestimmte äußerliche Attribute, vor allem aber die in der Aufklärung betonte menschliche (und damit vermeintlich männliche) Fähigkeit zum vernünftigen Denken wurden zur humanbiologischen „gesunden" Norm erhoben. Diejenigen, die von dieser Norm abwichen, wurden zu kranken und irren(den) Menschen erklärt.[233] Die ersten speziellen Heil- und Pflegeanstalten für Kretine, Blödsinnige, Krüppel und Blinde wurden errichtet. In diesen wurden die Betroffenen nicht mehr nur – wie bislang in „Narrentürmen" und den kirchlichen Fürsorgeeinrichtungen für Arme und Kranke geschehen – verwahrt, sondern systematisch untersucht, beforscht und behandelt.[234]

Die Medizin erhoffte sich, Erkenntnisse über den Menschen zu gewinnen und Wege zu finden, um die Behinderung zu heilen oder heilpädagogisch abzumildern.

Die Bezeichnung „behindert" etablierte sich allerdings erst später. Im allgemeinen Sprachgebrauch findet sie zunächst für die Kriegsbeschädigten des Ersten Weltkrieges Verwendung, die ihre gesundheitlichen Opfer für das Vaterland anerkannt sehen wollten und nicht auf gleicher Stufe mit den als minderwertig geltenden Krüppeln in die Reihen der Empfängerinnen und Empfänger staatlicher Fürsorge eingereiht werden sollten.[235]

Die jeweilige Wertigkeit, die die Gesellschaft der Existenz von Menschen mit unterschiedlichen Beeinträchtigungen beimaß, wurde im industriellen Zeitalter ent-

231 Beispiele für den Sprachgebrauch liefern z.B. das Krüppelfürsorgegesetz von 1920, § 20, die Reichsfürsorgepflichtverordnung von 1924 oder die Reichsgebrechlichenzählung von 1925. Zur Etymologie der jeweiligen Begriffe: *Buch,* Das Grundrecht der Behinderten, S. 29; *Theunissen,* Wege aus der Hospitalisierung, S. 13; *v. Schubert,* Behinderung und selbstbestimmtes Leben, S. 29 f.

232 Im Wechselbalg handelte es sich nach damaliger Vorstellung um ein nichtmenschliches Wesen, das der Mutter bei der Geburt vom Teufel anstelle ihres gesunden (bevorzugt männlichen) Säuglings untergeschoben worden war. Eingehender *Mattner,* Behinderte Menschen in der Gesellschaft, S. 21.

233 *Mattner,* Behinderte Menschen in der Gesellschaft, S. 25.

234 *Foucault,* Wahnsinn und Gesellschaft, S. 26; *Wießner,* Vom Monstrum zum Fürsorgeobjekt, S. 31 (39 f.).

235 *Stolleis,* Geschichte des Sozialrechts, S. 115, 127 ff.; *Buch,* Das Grundrecht der Behinderten, S. 29 m.w.N.

scheidend von der Behinderungsursache, aber auch von ihrer (vermuteten) wirtschaftlichen Produktivität geprägt.[236] Diese unterschiedlichen Wertigkeiten spiegeln sich auch in den Anfängen der Reichssozialgesetzgebung wider. Die staatlichen Bemühungen um die medizinische und berufliche Rehabilitation behinderter Menschen und ihre aktive (Wieder-)Eingliederung auf den Arbeitsmarkt konzentrierten sich zunächst auf die deutschen Kriegs- und Unfallbeschädigten.[237] Dies erklärt den von Schildmann festgestellten besonders geringen Anteil von Frauen in den frühen Behindertenstatistiken. Rehabilitationsleistungen wurden gewährt, um die Erwerbsfähigkeit der sozialversicherten Arbeiter und männlichen Kriegsinvaliden wiederherzustellen und so die Rentenlasten zu verringern.[238]

Die Existenzsicherung anderer behinderter Menschen hingegen lag in deren eigener Verantwortung, in der Verantwortung ihrer Familien oder in der Zuständigkeit der öffentlichen Fürsorge. Krüppel, Schwachsinnige, Blinde und Taube wurden im frühen 20. Jahrhundert unter dem wachsenden Einfluss der sozialdarwinistische Lehre gesellschaftlich wie rechtlich ins Abseits gerückt.[239] Sie galten nach Auffassung der Sozialdarwinisten als das „furchtbare Gegenbild echter Menschen", als wertlos und mithin wirtschaftliche und erbbiologische Bedrohung des Volkes, die durch die Sterilisation und Vernichtung der Betroffenen eingedämmt werden musste.[240] Eine Forderung, die in der Weimarer Republik unter Ärzten, Juristen und

236 *Stolleis,* Geschichte des Sozialrechts, S. 134; *v. Schubert,* Behinderung und selbstbestimmtes Leben, S. 35.

237 Den rechtshistorischen Ausgangspunkt für die medizinische Rehabilitation bildeten bereits das Unfallversicherungsgesetz vom 6.7.1884 (Anspruch auf Heilbehandlung) und das Gesetz betreffend die Invaliditäts- und Alterssicherung der Arbeiter vom 22.6.1889 (Invalidenrente). Mit der Verordnung über die Beschäftigung Schwerbeschädigter vom 9.1.1919 wurden erstmals eine Einstellungspflicht der Arbeitgeber und eine Einstellungsquote eingeführt, im Reichsversorgungsgesetz vom 12.5.1920 wurden berufsfördernde Leistungen verankert.

238 *Eichenhofer,* Sozialrecht, S. 261; *Straßmair,* Der besondere Gleichheitssatz, S. 46 ff.

239 Hierzu und zum Nachfolgenden ausführlich *Klee,* „Euthanasie" im NS-Staat; *Weingart/Kroll/Bayertz,* Rasse, Blut und Gene.

240 Vgl. insbes. die Schrift von *Binding/Hoche,* Die Freigabe der Vernichtung lebensunwerten Lebens v. 1920. Binding, Professor der Rechte und Reichsgerichtspräsident, schreibt hier über die „unheilbar Blödsinnigen": *„Sie haben weder den Willen zu leben, noch zu sterben. So gibt es ihrerseits keine beachtliche Einwilligung in die Tötung, andererseits stößt diese auf keinen Lebenswillen, der gebrochen werden müsste. Ihr Leben ist zwecklos, aber sie empfinden es nicht als unerträglich. Für ihre Angehörigen wie für die Gesellschaft bilden sie eine furchtbar schwere Belastung. Ihr Tod reißt nicht die geringste Lücke – außer vielleicht im Gefühl der Mutter oder der treuen Pflegerin ... Wieder finde ich weder vom rechtlichen, noch vom sozialen, noch vom sittlichen, noch vom religiösen Standpunkt aus schlechterdings keinen Grund, die Tötung dieser Menschen, die das furchtbare Gegenbild echter Menschen bilden und fast in jedem Entsetzen wecken, der ihnen begegnet, freizugeben – natürlich nicht an Jedermann!"* (ebda. S. 32).

Geistlichen zunehmend Verbreitung[241] und unter den Nationalsozialisten mit dem Gesetz zur Verhütung erbkranken Nachwuchses vom 14.7.1933[242] ihre gesetzliche Grundlage und deren systematischen Vollzug durch die Zwangssterilisation und Ermordung Hunderttausender von Menschen zwischen 1939 und 1945 fand.[243] Während in den Euthanasieprogrammen bevorzugt von dem „lebensunwerten Leben" oder den „Erbkranken" die Rede war,[244] wurde im Gesetz zur Vereinheitlichung des Gesundheitswesens von 1934 die Bezeichnung „körperlich Behinderte" erstmals als gesetzlicher Obergriff für die Gruppe der Krüppel und sinnesgeschädigten Personen verwendet. Auch dieses Gesetz verfolgte eindeutig rassistische und eugenische Zielsetzungen.[245] 1938 wurde mit dem Reichsschulpflichtgesetz der Sonderschulbesuch für körperlich und geistig behinderte Kinder angeordnet und damit die Bezeichnung der geistig Behinderten für die bislang als Schwachsinnige, Irre und Idioten bezeichneten Menschen in die Rechtssprache eingeführt.[246]

Da der Begriff der Behinderung im Nationalsozialismus zwar weiter etabliert, jedoch im Zusammenhang mit der systematischen Massenvernichtung behinderten Lebens keine nennenswerte öffentliche Verwendung fand, wurde er nach dem Ende des Zweiten Weltkrieges als ausreichend wertneutral erachtet, infolgedessen beibehalten und schrittweise ausgeweitet.[247] Ein Nachdenken und eine Auseinandersetzung über die Unwerturteile, die zur Verfolgung und Vernichtung behinderter Menschen geführt hatten, fand allerdings nicht statt. Die Behinderung wurde 1949 nicht in den Katalog des Art. 3 Abs. 3 GG aufgenommen.[248]

241 So entwickelte die Innere Mission (spätere Diakonie) bereits in der Weimarer Zeit eugenische Konzepte, die der Vermeidung von Behinderung und Krankheit dienen sollten, die als „Opfer von Schuld und Sünde" galten, hierzu *v. Schubert*, Behinderung und selbstbestimmtes Leben, S. 36 f.

242 RGBl. 1933 I, S. 529.

243 Die Zahl der zwangssterilisierten sogenannten „erbkranken Volksschädlinge" wird auf 360.000 geschätzt. Rund 5.000 bis 8.000 Kinder wurden im Zuge der „Aktion Gnadentod" in therapeutische Einrichtungen verbracht und dort durch Nahrungsentzug und Überdosen von Luminal getötet. Die Aktion „T 4" (1939–1941) zielte auf die Vernichtung geistig behinderter Erwachsener, die Zahl der Opfer wird auf 100.000 geschätzt. Eingehender *Stolleis*, Geschichte des Sozialrechts, S. 186 f.; *Mattner*, Behinderte Menschen in der Gesellschaft, S. 62 und 72 m.w.N.

244 Das Gesetz zur Verhütung erbkranken Nachwuchses (RGBl. 1933 I, S. 529) fasste unter dem Begriff „erbkrank" angeborene Behinderungen i.S.v. Schwachsinn, Schizophrenie, Blindheit, Taubheit und erhebliche körperliche Missbildungen zusammen.

245 Vgl. § 3 Abs. 1 des Gesetzes zur Vereinheitlichung des Gesundheitswesens, RGBl. 1934 I, S. 531. Die mit dem Gesetz eingerichteten staatlichen Gesundheitsämter waren vorrangig mit der „Erb- und Rassenpflege" betraut; hierzu *Stolleis*, Geschichte des Sozialrechts, S. 186 f.

246 § 6 Reichsschulgesetz, RGBl. 1938 I, S. 799.

247 *Buch*, Das Grundrecht der Behinderten, S. 30 m.w.N.

248 Für die unter dem Gesetz zur Verhütung erbkranken Nachwuchses zwangssterilisierten behinderten Menschen sah das Bundesentschädigungsgesetz keine Entschädigung vor. Die Bundesrepublik hat sich erstmals im Jahr 1988 von den Zwangssterilisationen an behinderten Menschen als einem nationalsozialistischem Unrecht deutlich distanziert (BT-Drs. 11/1714, Beschlussempfehlung und Bericht des Rechtsausschusses zum Antrag der Grünen, BT-Drs. 11/143; BT-Plenarprotokoll 11/77, S. 5168).

Im Körperbehindertengesetz von 1957 wird der Begriff der Körperbehinderung endgültig für alle körperlichen Einschränkungen ungeachtet deren Ursache verwendet.[249] Die Erweiterung des rechtlichen Behinderungsbegriffs auf seelische Behinderungen erfolgte hingegen erst 1969 mit der Aufnahme von Menschen mit chronischen psychischen Erkrankungen in den Kreis der Eingliederungshilfeberechtigten nach § 39 Abs. 1 Nr. 6 BSHG.[250]

Die zunehmende Ausweitung der sozialgesetzlichen Behinderungsdefinitionen führte zum Anstieg des Frauenanteils in der Behindertenstatistik (Mikrozensus). Betrug dieser 1962 noch 23,4%, so stieg er bis 1974 auf 48,5% an, um sich auf diesem Niveau einzupendeln.[251]

Eine einheitliche rechtliche Bezeichnung von Frauen, Männern und Kindern mit den unterschiedlichsten körperlichen, intellektuellen oder seelischen Einschränkungen und Fähigkeiten als behindert wurde also erst Ende der 1960er Jahre vollzogen und damit erstmals die Frage relevant, welches zentrale Merkmal die (jetzige) Gruppe der Behinderten von der Gruppe der (jetzigen) Nichtbehinderten unterscheidet. Diese Frage hat auch in der verfassungsrechtlichen Diskussion mit der Einfügung des Verbots der Benachteiligung wegen einer Behinderung in Art. 3 Abs. 3 S. 2 GG an Bedeutung gewonnen.

2. Legaldefinitionen

Gesetze knüpfen nicht immer unmittelbar an den Begriff der Behinderung, sondern häufig an spezifische Zustände oder verminderte Fähigkeiten an, sei es z.B. an einen „die freie Willensbestimmung ausschließenden Zustand krankhafter Störung der Geistestätigkeit“ i.S.d. § 104 Nr. 2 BGB, an den Zustand des „Schwachsinns“ bzw. einer „schweren anderen seelischen Abartigkeit“ und die „Unfähigkeit, Unrecht einzusehen oder nach dieser Einsicht zu handeln“, § 20 StGB, oder an die mangelnde Fähigkeit zur Besorgung der eigenen Angelegenheiten, § 1896 BGB. Diese meist erkennbar negativ konnotierten Beschreibungen sind zu eng, um eine Behinderung definieren zu können.

Behinderungsdefinitionen finden sich vorrangig im Sozialrecht. Allerdings sind sie nicht deckungsgleich. Das Recht der gesetzlichen Rentenversicherung kennt z.B. nur Behinderungen, die mit einer (drohenden) Minderung der Erwerbsfähigkeit verbunden sind (§ 43 Abs. 1 S. 2 und Abs. 2 S. 2 SGB XI); nach § 19 SGB III gelten diejenigen Menschen als behindert, deren Aussichten auf eine Teilhabe am Arbeitsmarkt wegen Art oder Schwere ihrer Behinderung gemindert sind; im Pflegeversicherungsrecht finden nach § 14 SGB XI diejenigen Menschen Berücksichtigung, die

249 Körperbehindertengesetz v. 27.2.1957, BGBl. 1957 I, S. 147.
250 I.d.F. des Zweiten ÄndG zum BSHG vom 19.8.1969, BGBl. 1969 I, S. 1153.
251 *Schildmann*, in: Aus Politik und Zeitgeschichte, S. 32 m.w.N.

einen behinderungsbedingten Unterstützungsbedarf bei der Körperpflege, Ernährung, Mobilität und hauswirtschaftlichen Versorgung haben.

Auf der Suche nach der umfassendsten Legaldefinition wurde bis 2001 meist auf die Behinderungsdefinitionen des Schwerbehindertengesetzes zurückgegriffen, die auch die Grundlage für die Schwerbehindertenstatistik bildeten.[252] In § 3 SchwbG wurde eine „Behinderung im Sinne dieses Gesetzes" definiert als „die Auswirkung einer nicht nur vorübergehenden Funktionsbeeinträchtigung, die auf einem regelwidrigen körperlichen, geistigen oder seelischen Zustand beruht". 2001 wurde das Schwerbehindertenrecht jedoch in das SGB IX eingegliedert und diesem in § 2 SGB IX eine einheitliche Definition von Behinderung vorangestellt. Sie löste die Definitionen des § 3 SchwbG ab und entwickelte diese unter dem Gesichtspunkt der gesellschaftlichen Partizipation (Teilhabe) weiter. Nach § 2 Abs. 1 S. 1 SGB IX sind Menschen behindert, wenn ihre körperliche Funktion, geistige Fähigkeit oder seelische Gesundheit mit hoher Wahrscheinlichkeit länger als sechs Monate von dem für das Lebensalter typischen Zustand abweicht und daher ihre Teilhabe am Leben in der Gesellschaft beeinträchtigt ist. Auch § 2 SGB IX dient der Eingrenzung eines Personenkreises mit einem spezifischen Hilfebedarf im Bereich der Rehabilitation und Teilhabe.

Sozialrechtliche Legaldefinitionen sind nicht darauf gerichtet und auch nicht dazu geeignet, das Phänomen der Behinderung einheitlich und unabhängig von bestimmten Bedarfen zu erfassen.[253] Sie dienen der Eingrenzung derjenigen Personen, die staatliche Leistungen i.S.d. § 10 SGB I erhalten sollen, weil sie sich in bestimmten Problemlagen befinden bzw. einen bestimmten Unterstützungsbedarf haben. Diejenigen behinderten Bürgerinnen und Bürger, die keinen Bedarf an Hilfen im Alltag oder anderen Formen der staatlichen Unterstützung haben, sollen ebenso wenig erfasst werden wie diejenigen Eigenschaften, Fähigkeiten und Kenntnisse, durch die sich behinderte Menschen auch positiv von Nichtbehinderten abheben können. Beispielhaft sei die ausgeprägte Fähigkeit geburtsblinder Menschen zur Wahrnehmung und Verarbeitung auditiver und haptischer (den Tastsinn betreffende) Reize oder ihre nachweisbar überdurchschnittlichen sprachperzeptiven Fähigkeiten und Gedächtnisleistungen genannt.[254] Mit „Rollstuhlfahren" wird oft ein bedauerliches Schicksal assoziiert, das Menschen an den Rollstuhl „fesselt". Für diejenigen, die einen Rollstuhl nutzen, verkörpert der Rollstuhl keine Fesselung, sondern Mobilität. Ihn zu nutzen, erfordert zudem mentale und körperliche Fähigkeiten, die Fußgänger

252 *BVerfGE* 96, 288 (302); zustimmend *Heun*, in: Dreier, GG Rz. 121 zu Art. 3; *Sannwald*, NJW 1994, 3313 (3314); *Kannengießer*, in: Schmidt-Bleibtreu/Klein, Rz. 42a zu Art. 3; ablehnend *Osterloh*, in: Sachs-GG, Rz. 309 zu Art. 3; *Jürgens, A.*, DVBL 1997, 410 (411); *Jürgens, G.*, ZfSH/SGB 1995, S. 353 (359); *Buch*, Das Grundrecht der Behinderten, S. 64 f. (65); *Reichenbach*, Anspruch behinderter Schüler und Schülerinnen, S. 110 f. (111).

253 So die ganz h.M., vgl. nur *Jürgens, A.*, DVBL 1997, S. 410 (411); *Jürgens, G.*, ZfSH/SGB 1995, S. 353 (358); *Osterloh*, in: Sachs-GG, Rz. 308 zu Art. 3.

254 *Röder*, Wie Blinde den Verlust eines Sinnessystems kompensieren, 2003.

erst erlernen und trainieren müssen.[255] Hörbehinderte, gehörlose oder geistig behinderte Menschen sind zwar in ihren Möglichkeiten zur verbalen Kommunikation eingeschränkt, sie verfügen statt dessen aber über bessere Fähigkeiten in der nonverbalen Kommunikation und erlangen hierdurch aus Gesprächen Informationen von ihrem Gegenüber, die sich den meisten Hörenden allenfalls unbewusst erschließen.

Menschen kompensieren individuelle Beeinträchtigungen wie z.B. den Verlust eines Sinnessystems häufig durch die Ausbildung anderer Fähigkeiten, durch die sie sich von nichtbehinderten Menschen unterscheiden. Mit einer Behinderung gehen also nicht nur Einschränkungen, sondern ebenso besondere Fähigkeiten einher. Die Fähigkeit blinder Menschen, mit den Fingerspitzen Brailleschrift zu lesen, ersetzt allerdings solange nicht die Fähigkeit zu sehen, als die sehende Welt überwiegend in Schwarzschrift kommuniziert. Ein ressourcenorientierter Blick auf das Phänomen der Behinderung ändert also nichts an der Feststellung, dass keineswegs alle, aber viele Menschen mit Behinderungen trotz ihrer individuellen Fähigkeiten zum Ausgleich verbleibender Nachteile auf staatliche Leistungen angewiesen sind.

Diese sozialrechtliche Koppelung von Behinderung mit einer bestimmten Bedürftigkeit mündet jedoch zwangsläufig in eine defizitorientierte Behinderungsdefinition. Diese Defizitorientierung gestaltet die Übertragung sozialrechtlicher Definitionen in das Gleichstellungsrecht als sehr problematisch.

Davy stellt zutreffend fest, dass eine eigenartige Ambivalenz entsteht, wenn behinderungsbezogene Diskriminierungsverbote einerseits eine klare Stellungnahme gegen die Stigmatisierung bestimmter Gruppen von Menschen beinhalten, andererseits „Behinderung“ keineswegs uneingeschränkt als Wert anerkannt ist, sondern vielmehr allgemein akzeptiert wird, dass die Medizin aufgerufen ist, Behinderungen soweit wie möglich zu verhindern, auszugleichen oder abzumildern.[256] Das Forum behinderter Juristinnen und Juristen versuchte daher bereits Mitte der 1990er Jahre, den an individuellen Defiziten orientierten sozialrechtlichen Definitionsansätzen eine gleichstellungsrechtliche Behinderungsdefinition entgegenzusetzen, die im Wesentlichen gesellschaftliche Hemmnisse als Faktoren von Behinderung fokussiert.[257]

Diesen Überlegungen ist der Gesetzgeber bei der Entwicklung des Gesetzes zur Gleichstellung behinderter Menschen (BGG)[258] im Jahr 2002 allerdings nicht gefolgt, sondern hat stattdessen in § 3 BGG die Behinderungsdefinition des § 2 SGB IX wortgetreu übernommen. Auch § 42b HandwO und § 49 BBiG beziehen sich ausdrücklich auf diese Definition. Sie erlangt damit auch außerhalb des Sozialrechts die weitreichendste Geltung.

255 Das Rollstuhlfahren bezeichnet im Vergleich zum Zu-Fuß-Gehen – zumindest auf barrierefreien Strecken – sogar die schnellere Art der Fortbewegung.

256 *Davy*, Das Verbot der Diskriminierung wegen der Behinderung, S. 18.

257 *Forum behinderter Juristinnen und Juristen,* Eckpunkte Antidiskriminierungsgesetz, 1995.

258 BGBl. I, S. 1467 ff.

3. Das Begriffsverständnis des BVerfG

Die Entscheidung zur *Sonderschuleinweisung* liefert die erste und bisher einzige eingehende Auseinandersetzung des BVerfG mit dem Merkmal der Behinderung.[259] Auch das BVerfG hat zur Auslegung des verfassungsrechtlichen Behinderungsbegriffs auf sozialrechtliche Definitionen zurückgegriffen, das BGG war noch nicht in Kraft getreten. Behinderung, erklärt das BVerfG, sei nicht nur ein Anderssein, das sich häufig erst im Zusammenwirken mit gesellschaftlichen Vorurteilen auswirke, sondern vielmehr eine persönliche Eigenschaft, „die die Lebensführung für den Betroffenen im Verhältnis zum Nichtbehinderten unabhängig von einem solchen Einstellungswandel grundsätzlich schwieriger macht.“[260]

Zur weiteren Eingrenzung des Behinderungsbegriffs versucht das Gericht, das Begriffsverständnis des verfassungsändernden Gesetzgebers zu ermitteln. Es kommt zum Ergebnis, dass der Verfassungsgeber bei der Einführung des Merkmals an das zum Zeitpunkt der Verfassungsänderung gebräuchliche Begriffsverständnis von Behinderung habe anknüpfen wollen. Dieses will das Gericht unter der Vielzahl der einfachgesetzlichen Legaldefinitionen am ehesten aus der Definition des (zum Zeitpunkt der Entscheidung noch geltenden) § 3 SchwbG ableiten, da dieser mit den im Dritten Bericht der Bundesregierung zur Lage der Behinderten von 1994 und mit den international gebräuchlichen Begriffsbestimmungen übereinstimme.[261] Das Gericht lässt offen, ob mit § 3 SchwbG eine abschließende Begriffsbestimmung gegeben sei.

Das SchwbG wurde jedoch zum 30.6.2001 aufgehoben.[262] Damit findet das nach Meinung des BVerfG zum Zeitpunkt der Verfassungsänderung gebräuchliche Begriffsverständnis jedenfalls im geltenden einfachen Recht keine normative Grundlage mehr.

Tatsächlich kann den Gesetzesmaterialien ein bestimmtes Begriffsverständnis des Verfassungsgebers, wie das BVerfG es angenommen hat, nicht gesichert entnommen werden.

Buch stellt zutreffend fest, dass der Behinderungsbegriff im Zuge des Gesetzgebungsverfahrens zu keinem Zeitpunkt ausdrücklich thematisiert, geschweige denn problematisiert wurde.[263] In den Materialien finden sich nur beiläufige Hinweise, wonach die Gruppe der Behinderten „hinlänglich abgrenzbar“[264] bzw. „hinreichend groß und über das dauerhafte Merkmal der Behinderung klar erkenn- und eindeutig

259 *BVerfGE* 96, 288 (301).
260 *BVerfGE* 96, 288 (302).
261 *BVerfGE* 96, 288 (301), ebenso *Herdegen*, Diskriminierungsschutz für Behinderte, S. 23 f.
262 Aufgehoben durch Art. 63 Sozialgesetzbuch – Neuntes Buch – (SGB IX) Rehabilitation und Teilhabe behinderter Menschen vom 19.6.2001, BGBl. I, S. 1046.
263 *Buch*, Das Grundrecht der Behinderten, S. 49 f.
264 SPD-Fraktion im Deutschen Bundestag, Entwurf eines Gesetzes zur Änderung des Grundgesetzes, BT-Drs. 12/6323, S. 12.

bestimmbar“ sei.[265] Die Definition des § 3 SchwbG findet dabei keine Erwähnung. Nach Auffassung des BVerfG und einiger Literaturstimmen sollen diese Äußerungen und die Selbstverständlichkeit, mit welcher der Behinderungsbegriff in den Beratungen verwendet wurde, jedoch darauf schließen lassen, dass der Verfassungsgeber ein klares Verständnis von Behinderung vor Augen hatte.[266]

Die zitierten Äußerungen können aber ebenso darauf beruhen, dass er sich von unreflektierten Annahmen hat leiten lassen. Selbst schwerbehinderte Menschen sind mehrheitlich keineswegs „klar erkennbar“ behindert.[267] Ausweislich der Schwerbehindertenstatistik steht ein Großteil ihrer individuellen Beeinträchtigungen im Zusammenhang mit chronischen Erkrankungen des Herz-Kreislauf-Systems, der Atemwege und anderen inneren Organen.[268] Für mangelndes Problembewusstsein spricht auch, dass der Verfassungsgeber keinerlei Bezug auf die bisherigen nationalen Legaldefinitionen nahm, geschweige denn auf die internationalen Begriffsdiskussionen, die die Schwierigkeiten der Begriffsbestimmung deutlich belegen.[269] Sacksofsky ist zuzustimmen, wenn sie im Rahmen der historischen Auslegung des gesetzgeberischen Willens nur die Hauptargumente und Problemlagen als Anknüpfungspunkte heranziehen will, die der Parlamentarische Rat gesehen hat.[270] Aus den vorliegenden Äußerungen kann nicht geschlossen werden, dass der Gesetzgeber das Problem gesehen hat, es aber als gelöst betrachtet.[271] Ein klares rechtliches Begriffsverständnis des Verfassungsgebers ist nicht erkennbar.

Ob das BVerfG weiterhin an dem Verständnis des früheren § 3 SchwbG festhalten oder zukünftig § 2 SGB IX, § 3 BGG oder andere einfachgesetzliche Definitionen zur Auslegung des Art. 3 Abs. 3 S. 2 GG heranziehen wird, bleibt abzuwarten.

Eine Verfassungsinterpretation mit Hilfe einfachgesetzlicher Behinderungsdefinitionen begegnet jedoch erheblichen methodischen Bedenken. Spranger verweist zu Recht darauf, dass Verfassungsnormen grundsätzlich nicht durch einfaches Recht definiert werden können.[272] Die Grundrechtsbindung der Legislative nach Art. 1 Abs. 3 GG droht leerzulaufen, wenn die Verfassung auf der Grundlage einfacher

265 Stellungnahme der SPD-Fraktion gemäß Bericht des Rechtsausschuss des Deutschen Bundestages, Beschlussempfehlung und Bericht zu verschiedenen Gesetzgebungsanträgen im Zusammenhang mit der Grundrechtsreform, BT-Drs. 12/8165, S. 28 f. Vgl. auch die Stellungnahme des MdB Vogel, wonach es sich um eine klar abgrenzbare Gruppe handele, in: in den Verhandlungen des Deutschen Bundestages, Stenographische Berichte, 12/209. Sitzung vom 4.2.1994, S. 18.131.

266 *BVerfGE* 96, 288 (301); *Buch,* Das Grundrecht der Behinderten, S. 50.

267 So aber die oben bereits angesprochene Stellungnahme der SPD-Fraktion gemäß Bericht des Rechtsausschusses des Deutschen Bundestages in BT-Drs. 12/8165, S. 28 f.

268 Vgl. *Statistisches Bundesamt,* Schwerbehindertenstatistik. Schwerbehinderte Menschen am Jahresende nach Art der schwersten Behinderung. Zeitreihe 4., Tabelle 4.1., S. 24.

269 Einen Einblick in die internationale Diskussion liefert *Waddington*, Disability, Employment and the European Community, S. 31 ff.

270 *Sacksofsky*, Gleichberechtigung, S. 323.

271 So aber *Buch,* Das Grundrecht der Behinderten, S. 50 ff.

272 *Spranger,* DVBl. 1998; S. 1058 (1060); *ders.*, br 1998, S. 92.

Gesetze ausgelegt wird.[273] Die einfachgesetzlichen Definitionen von Behinderung könnten daher allenfalls als Orientierungshilfe zur Bestimmung von Schutzbereich und Reichweite des Art. 3 Abs. 3 S. 2 GG herangezogen werden.

4. Internationale Klassifikationen

In der neueren Literatur bestehen allerdings erhebliche Zweifel, ob sich überhaupt ein einheitliches und umfassendes Verständnis von Behinderung finden lässt.[274] Eine Behinderung schreibt Mrozynski, „besteht in einer außerordentlich komplexen Bedarfslage, die einer Definition im herkömmlichen Sinne kaum zugänglich sein dürfte."[275] Wollten verschiedene Autoren – allerdings noch vor der verfassungsrechtlichen Verankerung des Art. 3 Abs. 3 S. 2 GG – darum gänzlich darauf verzichten, einen einheitlichen Behinderungsbegriff zu entwickeln,[276] so tendiert die neuere Literatur zu einem verfassungsrechtlichen Behinderungsbegriff, der keine abschließende Definition, sondern vielmehr eine Konzeption, d.h. einen (klar umrissenen) gedanklichen Entwurf von Behinderung darstellen soll.

In diese Richtung argumentiert u.a. Davy, wenn sie den Begriff lediglich in seinen Kerninhalten benennen will;[277] Mrozynski, der in Anlehnung an die Methodenlehre von Larenz Behinderung als Typus beschreiben will, dessen angegebene Merkmale nicht vollständig vorliegen müssen, sondern abstufbar und bis zu einem gewissen Grad gegeneinander austauschbar sind;[278] Welti, wenn er betont, dass im Grundgesetz mit der Behinderung auf die Situation eines Menschen, nicht aber auf dessen unabänderlichen Eigenschaft Bezug genommen wird;[279] aber auch Reichenbach, wenn er eine abschließende Entscheidung darüber, ob eine Behinderung im Sinne einer wesentlichen Schädigung vorliegt, von der Einschätzung der betroffenen Person abhängig machen und damit einem von außen festgelegten Maßstab entziehen will.[280]

Zum Entwurf ihrer Behinderungskonzeption orientieren sich die Autorinnen und Autoren verstärkt an den von der Weltgesundheitsorganisation entworfenen Klassi-

273 So auch *Reichenbach*, SGb 13/2000, 660; *ders.*, Anspruch behinderter Schülerinnen und Schüler, S. 111, mit Verweis auf *Gusy*, Asylrecht und Asylverfahrensrecht, S. 55 f.; *Welti*, in HK-SGB IX, Rz. 11 § 2 Rn. 11.

274 *Jürgens, G.*, ZfSH/SGB 1995, 353 (358); *Osterloh,* in: Sachs-GG, Rz. 308 zu Art. 3; *Sachs*, RdJB 1996, S. 154 (163).

275 *Mrozynski*, SGb 2001, S. 277.

276 *Igl,* Pflegebedürftigkeit, S. 285; *Wertenbruch,* BSG-FS, Bd. 1, S. 325 (330 ff.); *Jürgens, A.*, Pflegeleistungen, S. 40 ff.

277 Vgl. nur *Davy,* Das Verbot der Diskriminierung wegen einer Behinderung, S. 7 (12); *Reichenbach,* Anspruch behinderter Schüler und Schülerinnen, S. 143.

278 *Mrozynski*, SGB IX Teil 1, Rz. 33 zu § 2 unter Rückgriff auf *Larenz*, Methodenlehre der Rechtswissenschaft 1979, S. 200.

279 *Welti,* HK-SGB IX, Rz. 11 zu § 2.

280 *Reichenbach,* SGb 2000, S. 660 f. (664 f.).

fikationen der International Classification of Impairments, Disabilities and Handicaps (ICIDH) aus dem Jahr 1980 sowie der International Classification of Functioning, Disability and Health (ICF, gelegentlich auch ICIDH-2 genannt).[281] Die ICF hat 2001 die ICIDH auf internationaler Ebene abgelöst. In Deutschland orientieren sich die sozialgesetzlichen Legaldefinitionen und die Diskussion des verfassungsrechtlichen Behinderungsbegriffs jedoch weiterhin stark an der ICIDH. Beide Klassifikationen gehen von einem mehrstufigen Behinderungsmodell aus. Sie unterscheiden sich vor allem darin, dass sie die einzelnen Faktoren in einen anderen Kausalzusammenhang setzen.

a) ICIDH

Die ICIDH definierte die Behinderung anhand folgender Faktoren:
- Verlust oder Abnormität psychologischer, physiologischer oder anatomischer Strukturen oder Funktionen – „Schaden" (impairment – defiency),
- eine daraus resultierende Einschränkung oder Aufhebung der Fähigkeit, eine Tätigkeit in der Art und Weise bzw. dem Umfang auszuüben, wie es für einen Menschen als normal angesehen wird – „Funktionsbeeinträchtigung" (disability),
- die aus dem Schaden oder der Funktionsbeeinträchtigung resultierenden sozialen Nachteile der Person, die sie darin einschränken bzw. daran hindern, eine Rolle auszufüllen, die für sie entsprechend ihrem Alter, ihrem Geschlecht und soziokulturellen Faktoren normal wäre – „soziale Beeinträchtigung" (handicap).[282]

In § 3 SchwbG hatte der Gesetzgeber vorrangig die ersten beiden Elemente der ICIDH übernommen und die Behinderung als Auswirkung einer Funktionsbeeinträchtigung definiert, die auf einem regelwidrigen körperlichen, geistigen oder seelischen Zustand beruht. Die ICIDH als auch § 3 SchwbG definierten Behinderung anhand eines medizinischen Krankheitsfolgenmodells. Individuelle Schäden und die hieraus resultierenden Einschränkungen einer Person wurden als Ursache ihrer sozialen Schwierigkeiten angesehen. Im Zentrum der Problemlösung stand die Person

281 Die deutschen Übersetzungen der Klassifikationen werden vom Deutschen Institut für medizinische Dokumentation (DIMDI) veröffentlicht unter www.dimdi.de (Recherche Stand 31.7.2004).

282 *World Health Organization (WHO),* International Classification of Impairments, Disabilities, and Handicaps (ICIDH) von 1980. Die englische Originalfassung lautet: *„An impairment is any loss or abnormality of psychological, physiological, or anatomical structure or function. A disability is any restriction or lack (resulting from impairment) of ability to perform an activity in the manner or within the range considered normal for a human being. A handicap is a disadvantage for a given individual, resulting from an impairment or a disability, that limits or prevents the fulfilment of a role that is normal (depending on age, sex and cultural factors) for that individual." (www.dimdi.de, Recherche v. 31.7.2004).*

selbst. Mittels medizinischer Rehabilitation oder therapeutisch-pädagogischer Förderung wird ihre Heilung, Anpassung oder Verhaltsänderung angestrebt.

b) ICF

Die ICF, in deutscher Übersetzung „Internationale Klassifikation der Funktionsfähigkeit, Behinderung und Gesundheit“ genannt, erweitert die ICIDH in mehrfacher Hinsicht. Sie soll nicht nur eine Grundlage zur Klassifikation von Behinderungen liefern, sondern vielmehr der allgemeinen Klassifikation von funktionaler Gesundheit innerhalb einer Bevölkerung dienen. Sie soll nicht mehr alleine Defizite feststellen, sondern auch eine ressourcenorientierte Analyse ermöglichen. Die ICF erweitert das Krankheitsfolgenmodell der ICIDH weiter und konzipiert funktionale Gesundheit, Krankheit und Behinderung in Gestalt eines bio-psycho-sozialen Modells. Dieses Modell beschreibt funktionale Gesundheit als das Ergebnis der Wechselwirkung zwischen den individuellen Körperfunktionen und -strukturen und Aktivitäten eines Menschen und seiner Umwelt.
Die ICF bezeichnet eine Person als funktional gesund, wenn

- ihre körperlichen, mentalen Funktionen und Körperstrukturen allgemein anerkannten Normen entsprechen (Körperfunktionen und -strukturen),
- sie sich so betätigt oder betätigen kann, wie es von einem Menschen ohne Gesundheitsprobleme erwartet wird (Aktivitäten),
- sie ihr Dasein in allen Lebensbereichen, die ihr wichtig sind, in der Weise und in dem Umfang entfalten kann, wie es von einem Menschen ohne Beeinträchtigung der Körperfunktionen, Körperstrukturen oder Aktivitäten erwartet wird (Teilhabe an allen Lebensbereichen).

Unter einer Behinderung versteht die ICF jede Beeinträchtigung der funktionalen Gesundheit. Damit bedient sich die ICF im Vergleich mit der ICIDH einer deutlich erweiterten Behinderungsdefinition. So kann eine Sehschwäche, die mit Hilfe einer Brille ausgeglichen wird, eine Behinderung nach der ICF darstellen, nicht aber nach der ICIDH, da diese eine Funktionseinschränkung verlangt.

Mit § 2 SGB IX wollte der Gesetzgeber bewusst an die Weiterentwicklung des internationalen Behinderungsverständnisses anknüpfen. Tatsächlich weichen die Konzeptionen jedoch so deutlich voneinander ab, dass § 2 SGB IX allenfalls als Annäherung an die ICF qualifiziert werden kann. Der Gesetzgeber hat in Anlehnung an die internationale Diskussion der ICF in § 2 SGB IX das Krankheitsfolgenmodell des § 3 SchwbG um soziale Behinderungsfaktoren (Teilhabebeeinträchtigungen) erweitert. Die Teilhabe behinderter Menschen wird beispielsweise durch bauliche Barrieren, bestimmte Vorstellungen und Einstellungen der Gesellschaft z.B. in Form von Verhaltensnormen oder Vorurteilen, durch juristische und institutionelle Vorgaben und Verfahrensweisen, durch behinderungsinadäquate Kommunikationsformen,

Produkte und Technologien eingeschränkt.[283] Die ICF behandelt personenbezogene und Umweltfaktoren als gleichwertige Faktoren, die sich wechselseitig bedingen können, sodass keiner der Faktoren mehr eindeutig als Ursache oder Wirkung des anderen identifiziert werden kann. Aus diesem Grunde verzichtet die ICF auf das Erfordernis eines spezifischen Kausalzusammenhangs. Einen solchen verlangt jedoch § 2 SGB IX. Hier müssen die Teilhabeeinschränkungen Folge der individuellen Beeinträchtigungen einer Person sein. Damit bleibt die Behinderungsdefinition des § 2 SGB IX dem medizinischen Paradigma in zweierlei Hinsicht verhaftet: Zum einen ist sie ausschließlich an Defiziten orientiert, zum anderen wertet sie individuelle Defizite einer Person als Ursache, gesellschaftliche Einschränkungen und Benachteiligungen hingegen als Folge von Behinderung.

5. Bedeutung der Behinderungskonzeption für die gleichheitsrechtliche Diskussion

Im Gleichheitsrecht erweist es sich als wesentlich, in welchen Wirkungszusammenhang individuelle und gesellschaftliche Faktoren von Behinderung gesetzt werden. Die Behinderungsdefinition hat eine Erklärungsfunktion. Ist für die Tatsache, dass eine Rollstuhlfahrerin die Straßenbahn nicht nutzen kann, ihre Unfähigkeit zu gehen ursächlich oder aber die hohen Trittstufen? Medizinische Modelle werten Ersteres als Ursache, die verhinderte Teilnahme am öffentlichen Personennahverkehr hingegen als Folge der Behinderung. Werden die ungleichen Teilhabemöglichkeiten in Beruf und Gesellschaft vorrangig auf persönliche Defizite behinderter Menschen zurückgeführt, so gestaltet sich Behinderung als ein individuelles Problem der Betroffenen, das folglich in erster Linie von ihnen zu tragen und zu lösen ist. Danach ist es das Schicksal der Rollstuhlfahrerin, dass sie die Straßenbahn nicht benutzen kann. Degener stellt richtig fest, dass individuumsbezogene Definitionen Gefahr laufen, die gesellschaftlichen Ursachen von Behinderung auszublenden. Barrieren in der Umwelt werden als solche nicht erkannt, sondern als normale Gegebenheit angesehen, an der Behinderte aufgrund ihres tragischen Schicksals scheitern.[284]

Tatsächlich war die viele Jahrzehnte am medizinischen Paradigma orientierte Behindertenpolitik in Deutschland nicht auf den Abbau von Barrieren, sondern in erster Linie darauf ausgerichtet, Menschen eine möglichst umfassende und professionelle medizinische und psychosoziale Versorgung zu gewährleisten, um Behinderungen zu vermeiden, zu überwinden oder abzumildern.

Die Anknüpfung gleichstellungsrechtlicher Definitionen an individuellen Defekten und Defiziten wird von den vielen Autorinnen und Autoren zwar als durchaus

283 Vgl. hierzu eingehend ICF, Stand 10/2004 in dt. Übersetzung des DIMDI unter www.dimdi.de, S. 97 ff. (Recherche v. 17.1.2004)

284 *Degener*, KJ 2000, S. 425 (426).

problematisch angesehen, im Ergebnis dennoch für notwendig erachtet.[285] Straßmair wendet gegen eine gesellschaftsbezogene Deutung ein, der Prozess des ‚Behindert-werdens' durch Umweltfaktoren sei schwer zu erfassen, gesundheitliche Defekte und defektbedingte Funktionsstörungen hingegen objektiv feststellbar und messbar.[286] Dies vermag jedoch nicht zu überzeugen. Es bedarf keiner langwierigen Diagnostik, um festzustellen, dass die Schwarzschrift nur für sehende, nicht aber für blinde Menschen lesbar ist und bestimmte Türen zu eng sind, um sie mit einem Rollstuhl durchfahren zu können. Die soziologische Ungleichheitsforschung vermag weitere Determinanten sozialer Ungleichheit (spezifische Vermittlungshemmnisse auf dem Arbeitsmarkt, Lohnunterschiede, gesellschaftliche Vorurteile usw.) zu ermitteln und deren Auswirkungen auf behinderte Frauen und Männer empirisch nachzuweisen.

Die medizinische, psychologische und heilpädagogische Diagnostik beruht hingegen selten alleine auf „Messungen" und „objektiven Feststellungen", sondern muss sich laufend wertender Betrachtungen bedienen. Tatsächlich findet sich wohl kein Maßstab, anhand dessen sich objektiv beurteilen ließe, welcher körperliche, geistige oder seelische Zustand normal, welcher hingegen regelwidrig ist. § 2 Abs. 1 S. 1 SGB IX zieht als Maßstab den für das Lebensalter typischen Zustand heran. Da jeder Mensch anders altert, lässt sich aber auch ein solch alterstypischer Gesundheits- oder Krankheitszustand weder medizinisch noch sozialwissenschaftlich eindeutig bestimmen.[287] Männer und Frauen altern z.B. unterschiedlich, dies zeigt bereits ihre unterschiedliche durchschnittliche Lebenserwartung.

Die Vorstellungen davon, was Menschen normalerweise können, wissen und leisten sollten, welche Verhaltensweisen adäquat, welche hingegen abweichend sind, werden wesentlich von den jeweiligen ökologischen, ökonomischen und kulturellen Faktoren bestimmt. Die Entstehungsgeschichte des Behinderungsbegriffs zeigt, dass das Verständnis von Normalität und Behinderung immer auch von den Anforderungen der Gesellschaft und dem Stand verschiedener Wissenschaftsdisziplinen abhing.[288] Mit der Änderung gesellschaftlicher Erwartungen und Anforderungen wandelt sich auch das Verständnis davon, wer „normal" und wer „behindert" ist. So ist mit den steigenden Erwartungen an die Lese- und Schreibfähigkeit der Bevölkerung auch der Anteil ihrer als lese- und rechtsschreibschwach qualifizierten Schülerinnen und Schüler signifikant gestiegen.[289]

Individuumszentrierte Deutungen von Behinderung sind vor allem von behinderten Menschen und ihren Verbänden massiv kritisiert worden. Sie sehen darin die Gleichsetzung von Behinderung mit Unfähigkeit, Abhängigkeit und Leid. Ein de-

285 Vgl. nur *Reichenbach*, Der Anspruch behinderter Schüler und Schülerinnen, S. 112; *Straßmair,* Der besondere Gleichheitssatz aus Art. 3 Abs. 3 S. 2 GG, S. 172; *Neumann*, in: ders. Handbuch SGB IX, § 2 Rz. 7.

286 *Straßmair*, Der besondere Gleichheitssatz aus Art. 3 Abs. 3 S. 2 GG, S. 175.

287 *Neumann*, NVwZ 2003, 897 (898); *Welti*, in: HK-SGB IX, § 2 Rz. 27 m.w.N.

288 *Reichenbach*, SGb 2002, S. 486 (487).

289 *Reichenbach,* Der Anspruch behinderter Schüler und Schülerinnen, S. 159 m.w.N.

fektorientiertes Behinderungsverständnis rechtfertige zudem die Sonderbehandlung behinderter Menschen und ihre gesellschaftliche Ausgrenzung in Sonderschulen und Heimen.[290] Um gesellschaftliche Hierarchien zwischen nichtbehinderten und behinderten Menschen überwinden zu können, fordert Sasse dazu auf, den Blick von den als behindert definierten und damit potenziell stigmatisierten Menschen weg auf die Hintergründe der Definition, d.h. auf die gesellschaftlichen Ausschlussmechanismen zu lenken.[291]

In das Zentrum der Gleichheitsanalyse rückt dann die Frage, aus wessen Perspektive Normalität definiert wird und welche Inklusions- und Exklusionswirkung die jeweilige Definition erzeugt. Mit anderen Worten: Zu fragen ist nicht mehr, welcher Mensch behindert ist, sondern wie, wo und warum Menschen behindert werden. Dies mündet in ein gleichheitsrechtliches Verständnis von Behinderung als einem Status der Ausgrenzung – einer Ausgrenzung, die bedingt ist durch eine barrierenreiche Umwelt und eine stigmatisierende Gesellschaft.[292]

Für eine solch gesellschaftsbezogene Deutung des verfassungsrechtlichen Behinderungsbegriffs spricht vor allem der Schutzzweck des Art. 3 Abs. 3 S. 2 GG. Der Verfassungsgesetzgeber wollte mit der Einfügung des Diskriminierungsverbots behinderte Menschen über seine bisherigen sozialstaatlichen Eingliederungsbemühungen hinaus deutlicher vor gesellschaftlicher Benachteiligung schützen.[293] Definitionen, die die Defizite behinderter Menschen zur Ursache der festzustellenden Unterschiede im Vergleich zu nichtbehinderten Menschen erklären, können aber die Behinderung gerade nicht aus dem Stigma der Minderwertigkeit befreien. Werden die individuellen Defizite als Ursache der Partizipationsschwierigkeit angesehen, bleiben gesellschaftliche Ausgrenzungsmechanismen ausgeblendet und das exklusive Normalitätsverständnis Nichtbehinderter unreflektiert. Die gesellschaftliche Integration und Gleichstellung behinderter Frauen, Männer und Kinder kann dann in erster Linie nur auf die Kompensation individueller Nachteile gerichtet sein. Die Förderung der Gleichstellung behinderter Menschen würde damit wiederum in den Aufgabenbereich des leistenden Sozialstaates verwiesen und gemäß Art. 20 GG unter den Vorbehalt des vom einfachen Gesetzgeber Gewollten und Finanzierbaren gestellt.[294]

Der Versuch, Behinderung ausschließlich aus gesellschaftsbezogener Perspektive zu definieren, bereitet im juristischen Kontext jedoch Schwierigkeiten. Eine solche Behinderungsdefinition vermag nicht mehr auf die individuelle Person zu rekurrieren. Sie fokussiert alleine den Akt des Behindertwerdens, d.h. den Zustand der Aus-

290 *Heiden,* Niemand darf wegen seiner Behinderung benachteiligt werden; *Aktion Grundgesetz*, Die Gesellschaft der Behinderer.

291 *Sasse*, Vorwort, S. 8.

292 *Degener,* KJ 2000, S. 425 (426).

293 Vgl. die Begründung des SPD-Entwurfs, BT-Drs. 12/6323, und die Beschlussempfehlung des Rechtsausschusses, BT-Drs. 12/8165.

294 *Degener*, KJ 2000, S. 425 (427).

grenzung. Behinderung wäre demnach jede Maßnahme, Struktur oder Verhaltensweise, die Menschen Lebensmöglichkeiten nimmt, beschränkt oder erschwert.

Nach Auffassung von Neumann widerspricht eine solche Behinderungsdefinition bereits dem Wortlaut des Art. 3 Abs. 3 S. 2 GG. Die Formulierung „wegen *seiner* Behinderung" verlange eine personenbezogene Deutung.[295] Doch dieser Rückschluss ist nicht zwingend. Die Formulierung „Niemand darf ..." lässt eher auf ein Jedermann-Recht schließen, denn auf ein Gruppenrecht, auf das sich nur Behinderte berufen könnten. Art. 3 Abs. 3 S. 1 GG spricht ebenfalls von „*seiner* Herkunft", gleichwohl herrscht in der Rechtswissenschaft Einigkeit, dass es sich hierin nicht um ein personenbezogenes (z.B. angeborenes), sondern soziales Merkmal – die gesellschaftliche Schichtzugehörigkeit – handelt.[296] Auch die Formulierung „wegen *seiner* Rasse" kann nicht zur Interpretation verleiten, jeder Mensch habe eine bestimmte Rasse. Die Idee der menschlichen Rassenreinheit ist wissenschaftlich unhaltbar und Ausfluss jener rassistischen Ideologie, vor der es Menschen nach Art. 3 Abs. 3 S. 1 GG zu schützen gilt.[297] Wenngleich sich in der Literatur zu Art. 3 Abs. 3 S. 1 GG noch immer Ausführungen finden, wonach die „Rasse" an biologisch vererbbare Merkmale anknüpfe, so ist doch unstreitig, dass es sich dabei „auch" um nur behauptete biologisch vererbbare Merkmale handeln kann.[298] Die Rassismusforschung und die moderne Völkerrechtslehre verstehen „Rasse" ausschließlich als soziale Konstruktion, die keine persönliche Eigenschaft, sondern die Zuschreibung an eine Person bezeichnet.[299]

Aus diesem Grund kann die Formulierung „*seiner* Behinderung" vorliegend als bloßes Gebot einer gesteigerten Beziehung zwischen der Behinderung und der Person ausgelegt werden. Diese könnte auch dann bejaht werden, wenn eine Person durch ihre Umwelt behindert wird oder als Behinderte stigmatisiert wird.

Eine gesellschaftsbezogene Deutung scheitert m.E. folglich nicht am Wortlaut des Art. 3 Abs. 3 GG. Sie bereitet jedoch dogmatische Probleme. Degener stellt zutreffend fest, dass diese Deutung die Prüfung der Ungleichbehandlung in die Behinderungsdefinition hineinverlagert und somit die notwendige Trennung zwischen der zu schützenden Person und ihrer Behandlung nicht mehr möglich ist.[300]

Fraglich erscheint darüber hinaus, ob eine gesellschaftsbezogene Deutung der Erklärungsfunktion des Behinderungsbegriffs ausreichend Rechnung zu tragen ver-

295 *Neumann*, in: ders.: Handbuch SGB IX, § 2 Rz. 13; *Buch*, Das Grundrecht der Behinderten, S. 59.

296 *Pieroth/Schlink,* Grundrechte II, S. 107.

297 Rassen im biologischen Sinn sind nur denkbar, wenn sich zwei Arten nicht miteinander kreuzen können, hierzu *Geiss,* Geschichte des Rassismus, S. 38 f.

298 *Starck*, in: vM/K/S , Rz. 358 zu Art. 3; *Osterloh*, in Sachs-GG, Rz. 293 zu Art. 3; *Sachs*, HbdStR § 126 Rz. 44; *Jarass*, in: Jarass/Pieroth, Rz. 93 zu Art. 92; *Gubelt*, in: vM/K, Rz. 97 zu Art. 3.

299 Eingehend hierzu *Fries*, Die Bedeutung von Art. 5 (f) der Rassendiskriminierungskonvention, S. 43 m.w.N.; so im Ergebnis auch für Art. 3 Abs. 3 S. 1 GG *Schiek*, in: Aktuelle Informationen des djb 3/2004, S. 8.

300 *Degener*, Definition of Disability, p. 6.

mag. Unter den Schutzbereich des Art. 3 Abs. 3 S. 2 GG würden dann nämlich alle Personen fallen, sobald sie in irgendeiner Form und ungeachtet ihrer persönlichen Konstitution oder Befähigung in ihren gesellschaftlichen Partizipationsmöglichkeiten beschränkt werden. Würde alleine eine Mobilitätsbeeinträchtigung den Anknüpfungspunkt für Rehabilitationsleistungen bilden, müsste z.B. diejenige, die nicht ohne Pkw zur Arbeit gelangt, weil auf ihrem Arbeitsweg keine Busse und Bahnen verkehren, Kfz-Hilfen ebenso beanspruchen können wie die Rollstuhlfahrerin, die durch Stufen an der Nutzung von Bussen und Bahnen gehindert ist.

Folglich bedarf es doch wieder einer Unterscheidung zwischen behinderungsbedingten und anderen Mobilitätsbeeinträchtigungen und damit notwendig einer gesteigerten Beziehung zwischen dem Merkmal der Behinderung und der Person, die behindert wird.

Am Beispiel rassisischer Zuschreibungen wurde dargelegt, dass eine solch gesteigerte Beziehung nicht erst dann vorliegt, wenn es sich in dem Merkmal des Art. 3 Abs. 3 GG um eine persönliche Eigenschaft handelt. Genügt es – wie beim Merkmal der „Rasse“ nach S. 1 – für die Eingrenzung der Grundrechtsträger nach Art. 3 Abs. 3 S. 2 GG, dass sich diejenigen auf Art. 3 Abs. 3 S. 2 GG berufen können, die geltend machen, behindert zu werden? Oder muss die verfassungsrechtliche Behinderungsdefinition es ermöglichen, einen festen und gleichbleibenden Personenkreis von Grundrechtsadressaten zu bestimmen, der behindert ist? Die Frage ist z.B. für krebserkrankte Menschen von großer Relevanz, die nach einer Behandlung und einem anschließenden mehrjährigen Zeitraum der Heilungsbewährung wieder ihren Behindertenstatuts verlieren, auf dem Arbeitsmarkt und für Privatversicherungen aber häufig weiterhin als Risikogruppe gelten und damit Gefahr laufen, als potenzielle Arbeit- oder Versicherungsnehmer abgelehnt zu werden. Ebenso können Zuschreibungen an Personen als behindert erfolgen, die tatsächlich als nichtbehindert einzustufen sind. Wird einem gesunden Kind die Aufnahme in den städtischen Kindergarten verweigert, weil es angeblich HIV-positiv ist, so hat es ein ebenso anerkennungswürdigeres Interesse am Schutz vor Diskriminierung wie das Kind, welches tatsächlich HIV-positiv ist. Hier sollte die Behandlung von Menschen als krank oder behindert den Anknüpfungspunkt bilden und die gesellschaftsbezogene Deutung Vorrang haben. Im Bereich des Schutzes vor Ungleichbehandlung könnte meines Erachtens auf eine anhand persönlicher Merkmale vorgenommene Eingrenzung des Kreises der Grundrechtsadressaten verzichtet werden. Entscheidend für die Benachteiligung wegen einer Behinderung ist nicht, dass die betreffende Person tatsächlich behindert ist, sondern dass sie behindert bzw. als behindert behandelt und stigmatisiert oder ausgegrenzt wird.[301]

Die Eingrenzungsfunktion des Behindertenbegriffs hat aber umso größere Bedeutung für die Verteilung der staatlicher Leistungen. Will der Staat behinderte Men-

301 Diskriminierungen infolge reiner Zuschreibungen sind auch bei anderen „Merkmalen“ keine Seltenheit, z.B. wenn ein Vermieter einer Deutschen mit dunkler Hautfarbe erklärt, er vermiete nicht an Ausländer, oder mehrere junge Männer einen Passanten zusammenschlagen, den sie irrtümlich für homosexuell halten.

schen begünstigen, um ihre tatsächliche Gleichberechtigung zu fördern, z.B. durch Arbeitsförderungsprogramme, Nachteilsausgleiche etc., muss er den Kreis der förderungsberechtigten Personen zwingend positiv anhand individuumsbezogener Faktoren und unabhängig von individuellen Diskriminierungserfahrungen eingrenzen können. Rein gesellschaftsbezogene Deutungen können der Eingrenzungsfunktion des verfassungsrechtlichen Behinderungsbegriffs nicht ausreichend Rechnung tragen. Wie dargelegt, kann nicht alleine die Mobilitätsbeeinträchtigung den Anknüpfungspunkt für Rehabilitationsleistungen bilden, sondern es müssen sich individuumsbezogene Gründe finden, die einen individuellen Ausgleich rechtfertigen. Auch eine mittelbare Diskriminierung von behinderten Menschen lässt sich nur feststellen, wenn auf unterschiedliche Auswirkungen bestimmter Regelungen auf Menschen abgestellt werden kann, die sich anhand des persönlichen Merkmals „behindert" bzw. „nichtbehindert" entsprechend kategorisieren lassen.

6. Behinderung als relationales Konzept

Behinderung kann weder nur als persönliche Eigenschaft noch ausschließlich als gesellschaftlicher Faktor beschrieben werden. Sie bezeichnet eine Wechselwirkung zwischen dem Individuum und seiner Umwelt.

Teile der Literatur haben darum vorgeschlagen, eine gleichheitsrechtliche Konzeption von Behinderung deutlicher an dem bio-psycho-sozialen Modell der ICF zu orientieren. Anders als bei § 2 SGB IX soll dabei auf einen spezifischen Kausalzusammenhang zwischen der individuellen Körperstruktur und -funktion, der Aktivität und der Teilhabeeinschränkung verzichtet werden, sodass alle drei Faktoren gleichwertig Berücksichtigung finden.[302]

Explizit gegen das relationale Konzept wendet sich Neumann mit dem Argument, dass sich ein solches für die Sonderpädagogik als sinnvoll erweisen mag, nicht aber für eine Rezeption als Rechtsbegriff:

> „Multifaktorielle Erklärungsansätze, wonach alles mit allem irgendwie zusammenhängt, sind aber für Rechtsbegriffe wenig geeignet. Die Beschreibung der WHO ist zu weit gefasst und deshalb ungeeignet zur Differenzierung zwischen Menschen, die behindert sind und solchen, die sich als behindert wahrnehmen, ohne es zu sein."[303]

Nun zeigen aber auch die bisherigen Ausführungen zur mehrdimensionalen Diskriminierung, dass Erklärungsansätze, die Zusammenhänge ausblenden, ihrerseits zu unzutreffenden bzw. unvollständigen Aussagen führen.

Behinderung ist ein relationales Konzept und kann daher auch nur anhand eines Modells, in dem „alles mit allem irgendwie zusammenhängt" abgebildet werden. Neumann ist stattzugeben, dass die weit gefasste ICF selbst keine geeignete Grund-

302 *Welti*, in: HK-SGB IX § 2 Rz. 19; *Davy*, Das Verbot der Diskriminierung wegen einer Behinderung, S. 7 (16 f.).

303 *Neumann*, in: ders.: Handbuch SGB IX § 2 Rz. 13.

lage für eine präzise juristische Definition liefert. Doch es erscheint sinnvoll, gleichheitsrechtlichen Definitionen das in der ICF verankerte Verständnis von Behinderung als einer Wechselwirkung zwischen Individuum und Gesellschaft zugrunde zu legen.

Die norwegischen Aktionspläne definieren Behinderung beispielsweise als „dauerhafte Diskrepanz zwischen den Fähigkeiten eines Individuums, die ihm von der Gesellschaft in Bereichen, die wesentlich für die Selbstbestimmung und ein Leben in der Gemeinschaft sind, abverlangt werden.“[304]

Das Forum behinderter Juristinnen und Juristen beschrieb Behinderung 1995 als jede Maßnahme, Struktur oder Verhaltensweise, die Menschen mit Beeinträchtigungen Lebensmöglichkeiten nimmt, beschränkt oder erschwert. Durch die begriffliche Unterscheidung zwischen persönlicher Beeinträchtigung und gesellschaftlicher Behinderung gelingt es dieser Definition, gesellschaftlich bedingte Ausgrenzungsmechanismen als Teilhabebeeinträchtigungen deutlicher in das Zentrum der Gleichheitsanalyse zu stellen. Sie mündet in ein neues Verständnis der gesellschaftlichen Verantwortung für behinderte Menschen, in der nicht mehr die Fürsorge und Versorgung Behinderter im Vordergrund steht, sondern der Abbau gesellschaftlicher Barrieren und Ausgrenzungsmechanismen.[305]

III. Wechselwirkungen von Geschlecht und Behinderung

Die ICIDH wertete es als Handicap, wenn Menschen nicht in der Lage sind, ihre soziale Rolle – auch die als Frau oder Mann – auszufüllen. Als Beispiel solcher Wechselwirkungen nannte die WHO 1981 den Fall eines dreijährigen Mädchens mit schweren Verbrennungen am Arm und im Gesicht – dieses werde in sozialer Hinsicht dadurch eingeschränkt, dass seine Fähigkeiten zur Teilnahme an Hausarbeiten eingeschränkt und seine Heiratsaussichten vermindert seien.[306]

Einschränkungen der Körperfunktionen und -strukturen erweisen sich jedoch nicht nur als Ursache, sondern häufig auch als Folge schicht- und geschlechtstypi-

304 Übersetzung aus dem Englischen durch *Buch*, Das Grundrecht der Behinderten, S. 45; vgl. die englische Fassung: *Norwegische Regierung*, The Government's Plan of Action for the Disabled 1994, S. 10: *„A disablement is a discrepancy between the capabilities of the individual and the functions demanded by society in areas which are essential to the establishment of independence and a social life. In addition, disablement is of a permanent nature.“*

305 Eine Empfehlung des Europarates zur Rehabilitation Behinderter leitet in konsequenter Umsetzung dieses Paradigmenwechsels aus seiner Definition von Behinderung einen entsprechenden gesellschaftlichen Auftrag ab: *„A disability is a restriction caused by physical, psychological, sensory, social, cultural, legal or other obstacles that prevent disabled people from becoming integrated and taking part in family life and the community on the same footing as everyone else. Society has a due to adapt its standards to the specific needs of disabled people in order to ensure that they can lead independent lives.“ (Europarat*, Recommendation 1185 (1992), in: Rehabilitation Policies for the Disabled).

306 *Buch,* Das Grundrecht der Behinderten, S. 38, Rz. 176.

scher Lebens- und Belastungssituationen.[307] Die Sozialforschung hat z.B. einen engen Zusammenhang zwischen sozioökonomischen Faktoren und Behinderungen aufgezeigt. So ist empirisch belegt, dass Personen der unteren sozialen Schichten häufiger behindert sind.[308] Des Weiteren ist statistisch belegt, dass bei Männern gegenwärtig Krankheiten und Behinderungen häufiger als bei Frauen infolge eines Alkohol- oder Nikotinabusus und eines risikoreichen Verhaltens (Verkehrs- und Sportunfälle) auftreten. Männer verunfallen z.B. öfter im Straßenverkehr, dabei ist bei ihnen weitaus häufiger als bei Frauen Alkoholeinfluss im Spiel. Magersucht oder Bulimie, Medikamentenabhängigkeit oder posttraumatische Belastungsstörungen als Folge erlebter Gewalt bilden hingegen typisch „weibliche" Krankheitsbilder.[309]

Das medizinische Modell von Behinderung definiert diese als Abweichung von einer Norm, die scheinbar objektiv ist, tatsächlich aber die gesellschaftlich dominierenden und einem stetigen Wandel unterliegenden Vorstellungen von menschlicher Ästhetik, Produktivität, Intelligenz, Geschlechterrollenkonformität und Sozialverhalten widerspiegelt.[310] Die gesellschaftlichen Vorstellungen davon, was für einen Mann bzw. eine Frau normal ist, kann die Diagnostik von Behinderungen beeinflussen.

Dies zeigt u.a. die signifikant häufigere Einstufung von Jungen als verhaltensgestört und lernbehindert. Mädchen reagieren auf Probleme häufig mit innerem Rückzug, sozialer Überanpassung oder autoagressivem Verhalten. Jungen hingegen externaliseren ihre Konflikte eher und treten renitent oder aggressiv auf. Während Mädchen sich also tendenziell mit ihren Problemen unsichtbar machen, werden Jungen für ihr soziales Umfeld zur Belastung, die in die Diagnostik einer „Verhaltensstörung" leiten kann. Warzecha berichtet, dass 1999 an den Sonderschulen für Verhaltensgestörte 270 Schüler und 30 Schülerinnen unterrichtet wurden. Die deutliche Überrepräsentanz der Jungen, so Warzecha, zeige auch deren Scheitern an der Geschlechternorm:

> „Das Risiko, an der von der Dominanzkultur erwarteten Habitualisierung von geschlechtsbezogener Normalität zu scheitern, ist also für Jungen im Schulalter statistisch gesehen deutlich größer. Männliche Heranwachsende werden als erziehungshilfebedürftig, erziehungsschwierig, nicht gemeinschaftsfähig u.v.m. etikettiert, weil sie mit ihren Verhaltensweisen gleichsam die männliche Geschlechternorm übererfüllen. Aggressives und unangemessenes Machogehabe, das sich an den Klischees von männlicher Stärke und Überlegenheit orientiert, erlaubt ihnen wenigstens noch die Teilhabe am Prestige des negativen Helden. Die sozialdisziplinierende Funktion ihrer Sonderbeschulung in fast geschlechtshomogenen Lerngruppen dient u.a. auch der Nachkorrektur fehlgeleiteter Jungensozialisation."[311]

307 Eingehend hierzu und den nachfolgenden Feststellungen: *BMFSFJ,* Frauengesundheitsbericht 1999.

308 *Cloerkes*, Soziologie der Behinderten, S. 68 f.

309 *BMFSFJ* (Hrsg.) Lebenssituation, Sicherheit und Gesundheit von Frauen in Deutschland. Eine repräsentative Untersuchung zu Gewalt gegen Frauen in Deutschland. Zusammenfassung zentraler Studienergebnisse, 2004.

310 *Degener*, Ambulantes Pflegeverhältnis, S. 48.

311 *Warzecha*, Normalität und Geschlecht in der Verhaltensgestörtenpädagogik, S. 63 (73).

Wachholz wies 1993 auf das Risiko geschlechtsspezifischer Bewertungen körperlicher Einschränkungen in der medizinischen Begutachtung hin:[312] Die Feststellung in den Anhaltspunkten für die ärztliche Gutachtertätigkeit (AHP), wonach der Verlust einer weiblichen Brust mit einem Grad der Behinderung (GdB) von 30 bzw. als Minderung der Erwerbsfähigkeit (MdE) von 30 Prozentpunkten und der Verlust der Gebärmutter „in jüngerem Lebensalter bei noch bestehenden Kinderwunsch" mit 20 GdB/MdE zu bewerten ist, ist auf keine dem Beweis zugängliche naturwissenschaftliche Erkenntnis zurückführen.[313] Sie ist vielmehr Ausdruck einer wertenden Vorstellung davon, was einer Frau ihre Brust, ihre Gebärmutter oder ein Kinderwunsch Wert zu sein hat.

Geht es um die weibliche Brust oder um die Frage, welcher Grad der Behinderung einem Mann nach Verlust seiner Zeugungsfähigkeit zuzusprechen ist, ist die Geschlechtsbezogenheit der Bewertung leicht zu erkennen. Doch begründet die Nichtsichtbarkeit des Geschlechtsbezuges bei der Bewertung von Einschränkungen und Funktionen, die bei Frauen wie Männern jedenfalls gleichermaßen denkbar sind, noch nicht die Gewissheit über die Neutralität des Bewertungsmaßstabes. Dies zeigt die Definition der Erwerbsminderung:

Nach § 43 Abs. 2 S. 2 SGB VI ist voll erwerbsgemindert, wer wegen Krankheit oder Behinderung auf nicht absehbare Zeit außerstande ist, unter den üblichen Bedingungen des allgemeinen Arbeitsmarktes mindestens drei Stunden täglich erwerbstätig zu sein. Zur Beurteilung des verbliebenen Erwerbsvermögens wird die gesamte Leistungsfähigkeit der Versicherten als Maßstab herangezogen. Dieser Bemessung liegt die Vorstellung von der funktionellen Arbeitsteilung zwischen Hausfrau und Familienernährer zugrunde. Denn sie beruht auf der Annahme, dass Erwerbstätige ihre Leistungsfähigkeit ausschließlich am Arbeitsplatz einzusetzen haben und sich nach Dienstschluss von der Anstrengung des Arbeitsalltages erholen. Die anfallende Haus- und Familienarbeit bleibt ausgeblendet. Dies erweist sich gegenwärtig vor allem für weibliche Versicherte als nachteilig. Die funktionale Arbeitsverteilung zwischen den Geschlechtern hat, so konnte bereits oben (§ 2 A) aufgezeigt werden, in verschiedener Hinsicht Einfluss auf die Anerkennung einer Behinderung, da sich das Rehabilitationsrecht historisch aus der Kriegsversehrtenversorgung und -fürsorge entwickelt hat, sodass viele Behinderungsdefinitionen direkt oder indirekt an die Erwerbsarbeit anknüpfen.

IV. Fazit

Biologisch zentrierte Konzeptionen beschreiben die weibliche Geschlechtszugehörigkeit oder eine Behinderung als einen Zustand der Abweichung und Andersartigkeit von der Norm. Dieses „Andere" wurde zum Forschungsgegenstand ganzer Son-

312 *Wachholz*, BR 1993, S. 25 ff.
313 *BMGS*, AHP 2004, Teil C Ziff. 26.14.

derwissenschaften, während das „Eine" – die Männlichkeit und eine als normal geltende uneingeschränkte Gesundheit und Leistungsfähigkeit – bis in die 1990er Jahre hinein wissenschaftlich kaum hinterfragt wurde, sondern Allgemeingültigkeit beanspruchte. Festgestellte Abweichungen von der unreflektierten Norm wurden als persönliches Defizit der „Anderen" identifiziert.[314] Bereits die Bezeichnung von Menschen als den „Anderen" ist, folgt man Bourdieu, das Ergebnis einer „expliziten und öffentlichen Durchsetzung einer legitimen Sicht von sozialer Welt", vollzogen durch diejenigen, die das Monopol zur Legitimation ihrer wertenden Sichtweise haben.[315] Vertreter und Vertreterinnen der Wissenschaft, Politik und Medien setzen mit den von ihnen entworfenen Abbildern und Definitionen der „Anderen" auch ihre Sicht auf die kategorisierten Minderheiten durch. Definiert werden Randgruppen (mittels Zuschreibungen an die Person ihrer Mitglieder) – nicht aber die gesellschaftlichen Bedingungen, die zur ihrer Entstehung als Gruppe geführt haben.[316]

Behinderung und Geschlecht können nur als Wechselwirkung zwischen einem Individuum und seiner Umwelt beschrieben werden. Im ständigen Wechselspiel individueller Handlungen und gesellschaftlicher Mechanismen wird immer wieder neu definiert, was als normal, geschlechtlich oder behindert gilt. Bei der Bewertung körperlicher Eigenschaften, intellektueller und emotionaler Fähigkeiten kommt es immer wieder zu Durchkreuzungen von Geschlecht und Behinderung. Gesellschaftliche und rechtliche Strukturen entfalten unterschiedliche Auswirkungen, je nachdem, ob eine Person weiblich, männlich, behindert oder nichtbehindert ist.

Man kann das Geschlecht und die Behinderung als persönliche Eigenschaft bzw. Eigenart ansehen, als soziale Konstruktion oder relationales Konzept begreifen – hier wie da gelingt es daher nicht, die Kategorien von Geschlecht und Behinderung gänzlich unabhängig voneinander zu bestimmen. Diesen Durchkreuzungen muss auch im Gleichheitsrecht Rechnung getragen werden.

B Zum Verhältnis von rechtlicher und faktischer Gleichheit

Die vorgestellten Sozialdaten zur Situation behinderter Frauen spiegeln anhand exemplarischer Indikatoren (Erwerbsbeteiligung, Einkommen, Lebensform etc.) die Ungleichverteilung von materiellen Gütern und gesellschaftlichen Partizipationsmöglichkeiten innerhalb der Bevölkerung wider und bilden damit Indizien für die in

314 *Schildmann*, in: Aus Politik und Zeitgeschichte, S. 30. Welch realitätsfernen Auswüchse ein solcher Blick in den Wissenschaften zu entfalten vermag, hat *Oberlies* sehr anschaulich für die Kriminologie herausgearbeitet: Die Tatsache, dass Straftaten ganz überwiegend von Männern verübt werden, wird dort nicht als ein Problem männlicher Sozialisation thematisiert, sondern mit den Schwächen und Defiziten der Frau erklärt (*Oberlies*, Tötungsdelikte zwischen Männern und Frauen, S. 25).

315 *Bourdieu*, Sozialer Raum und Klassen, S. 23.

316 *Sasse*, Vorwort, S. 7.

der Rechtsdiskussion häufig als „tatsächliche“, „faktische“ oder „gesellschaftliche“ bezeichnete Benachteiligung behinderter Frauen.

Wenn in der Rechtspolitik von ihrer „doppelten“ oder „mehrfachen“ Benachteiligung die Rede ist, so wird dabei meist auf eben jene Indikatoren einer gesellschaftlichen Ungleichheit Bezug genommen.[317]

Damit stellt sich die Frage nach dem Verhältnis von faktischer und rechtlicher Gleichheit. Handelt es sich in den beschriebenen Formen von mehrdimensionaler faktischer Diskriminierung auch um eine spezifische Form der rechtlichen Diskriminierung?

Es gibt kein einheitliches Verständnis davon, was unter faktischer oder rechtlicher Gleichheit zu verstehen ist. Die Rechtsdiskussion bezieht sich zur Beschreibung faktischer Ungleichheit oft auf soziologisch feststellbare Unterschiede zwischen Bevölkerungsgruppen in Bezug auf die sog. „Basisdimensionen“ sozialer Gleichheit in Gestalt von materiellem Wohlstand, Macht, Prestige und Bildung.[318] Der juristische Begriff der faktischen Ungleichheit wird von einigen Autoren darüber hinaus auf die natürliche Verschiedenheit der Menschen erstreckt.[319] Doch bilden Gleichheit und menschliche Verschiedenheit begrifflich keinen Gegensatz. Der Gegenbegriff von Gleichheit ist Ungleichheit, während Differenz den Gegenpol zu Identität bildet.[320] Identisches bietet keinen Anknüpfungspunkt, anhand dessen das eine vom anderen unterschieden werden könnte. Es kann folglich nicht ungleich behandelt werden.[321] Gleichheit als Rechtsforderung geht also notwendig von der Verschiedenheit der Menschen aus. Die Bezeichnung menschlicher Differenz als faktische Ungleichheit erweist sich folglich als missverständlich. Alexy weist insofern richtig darauf hin, dass unter rechtlicher Gleichheit genau genommen eine aktbezogene, unter faktischer Gleichheit hingegen eine folgenbezogene Deutung von Gleichheit zu verstehen ist:[322]

317 Vgl. nur *BMFSFJ*, Frauen in der Bundesrepublik Deutschland 1994, S. 167; *Frauen-Union der CDU/Netzwerk Behinderte Frauen*, „Behinderte Frauen – doppelt diskriminiert!“; BT-Drs. 13/10818 – Entschließungsantrag vom 26.5.1998: Lebenssituation behinderter Mädchen und Frauen verbessern; *Arnade,* Doppelt benachteiligt und stark im Kommen, S. 14.

318 Zum soziologischen Begriffsverständnis von „sozialer Ungleichheit“ und jenen Basisdimensionen eingehend *Hradil*, Soziale Ungleichheit in Deutschland, S. 27 ff.

319 So heißt es bei *v. Hayek,* in: „Die Verfassung der Freiheit“, S. 106: *„Es ist das Wesentliche an der Forderung nach Gleichheit vor dem Gesetz, daß die Menschen gleich behandelt werden, obwohl sie ungleich sind“; Straßmair,* Der besondere Gleichheitssatz, S. 151, spricht von „faktisch ungleichen“ Menschen.

320 *Böckenförde, W.,* Der Allgemeine Gleichheitssatz, S. 67 f.; *Osterloh,* in: Sachs-GG, Rz. 1 zu Art. 3; *Gerhard,* Einleitung, S. 14 f.

321 Grundlegend hierzu schon *Hesse,* AöR 77, S. 167 (172 f.; *Huster,* Rechte und Ziele, S. 30; *Sacksofsky,* Gleichberechtigung, S. 66 ff.; *Gubelt,* in: vM/K/S, GG, Bd. I, Rz. 16a zu Art. 3.

322 *Alexy,* Theorie der Grundrechte, S. 377; *Huster,* Rechte und Ziele, S. 23.

„Aktbezogene Gleichheit wird gewährleistet durch staatliche Handlungen, die ohne Ansehung der Person allen das Gleiche gewähren oder auferlegen. Die folgenbezogene Deutung hingegen fragt nach den faktischen Konsequenzen staatlichen Handelns für die davon betroffenen Bevölkerungsgruppen.“[323]

Viele Autoren werten das Verhältnis rechtlicher und faktischer – d.h. akt- und folgenbezogener Gleichheit – als spannungsgeladen.[324] Alexy bezeichnet es als „Paradox der Gleichheit“:

„Wer faktische Gleichheit herstellen will, muß rechtliche Ungleichheit in Kauf nehmen. Andererseits gilt, daß rechtliche Gleichheit wegen der faktischen Verschiedenheit der Menschen einige faktische Ungleichheiten stets bestehen läßt oder verstärkt.“[325]

Ob die Forderung nach folgenbezogener Gleichheit darauf zu richten ist, faktische Unterschiede zwischen Menschen zu überwinden oder aber gleiche Chancen zu schaffen, richtet sich im Wesentlichen nach dem Charakter der Unterschiede. Einigkeit herrscht wohl, dass Differenz im Sinne von menschlicher Vielfalt grundsätzlich erhaltenswert und förderungswürdig erscheint.[326] Die Forderung nach rechtlicher Gleichheit zielt nicht auf Gleichmacherei.[327] Das Prinzip einer folgenbezogenen Gleichheit kann folglich nur auf die Vermeidung, den Ausgleich oder die Überwindung solcher tatsächlichen Unterschiede gerichtet sein, die Ausdruck ungleicher gesellschaftlicher Bedingungen sind. Danach sind Menschen in ihrer Verschiedenheit als Gleiche zu behandeln. Dieses Ziel steht jedoch nicht notwendig im Widerspruch zur aktbezogenen Gleichheit.[328]

Dies kann anhand eines von Alexy genannten Beispiels zur rechtsaktbezogenen Gleichheit verdeutlicht werden:

Darin schenkt ein Vater jedem seiner beiden Kinder einen Ball. Beide Kinder erhalten das Gleiche (= rechtsaktbezogene Gleichheit), der Vater hat aber keine Gewähr dafür, dass er beiden Kindern mit einem Ball die gleiche Freude (= folgenbezogene Gleichheit) macht: „Wenn das eine Kind glücklich, das andere aber unglücklich ist, wird jedenfalls bezogen auf das Kriterium gleicher Glücklichkeit keine folgenbezogene Gleichheit hergestellt.“[329]

Nimmt man wie Alexy „gleiche Glücklichkeit“ als Maßstab folgenbezogener Gleichheit, ist aber festzustellen, dass das gleiche Geschenk zwar keine Gewähr für gleiche Glücklichkeit bietet, es diese aber ebenso wenig ausschließt. Schenkt der Vater seiner dreijährigen Tochter und seinem fünfjährigen Sohn einen Ball, kann die Freude beider Kinder gleich groß sein. Ist sein Sohn fünf, seine Tochter hingegen

323 *Alexy*, Theorie der Grundrechte, S. 377.

324 *Heckel*, FS Dürig, S. 255; *Bleckmann*, Struktur des allgemeinen Gleichheitssatzes, S. 4; *Alexy*, Theorie der Grundrechte, S. 378.

325 *Alexy*, ebda., S. 378; der Gedanke wird in der neueren Literatur immer wieder aufgegriffen, vgl. nur *Straßmair*, Der besondere Gleichheitssatz, S. 151.

326 Vgl. nur *Kirchhof*, HbdStR § 124 Rz. 90; *Dürig*, in: M/D, Rz. 113, 140 zu Art. 3 Abs. 1.

327 *Heckel* misst vielmehr der Rechtsgleichheit selbst Differenzierungswirkung bei (ders., FS Dürig, S. 254 f.).

328 *Bleckmann*, Struktur des allgemeinen Gleichheitssatzes, S. 35.

329 *Alexy*, Theorie der Grundrechte, S. 380.

sechzehn, mag sich der eine freuen, die andere nicht. Sind sowohl der Fünfjährige als auch die Sechzehnjährige gegenwärtig ausschließlich an Computerspielen interessiert, werden sie über einen Ball gleichermaßen unglücklich sein. Nicht die Tatsache, dass aktbezogen Gleiches an unterschiedliche Menschen gewährt wird, birgt vorliegend das Risiko für ungleiche Glücklichkeit, sondern die Auswahl des Geschenks. Genauer gesagt: Entscheidend für die jeweilige Glücklichkeit ist, wessen Wünsche und Interessen der Vater bei der Auswahl seines Geschenks als Maßstab zugrunde gelegt hat. Je nachdem, ob er die Interessen nur eines Kindes, die Interessen beider Kinder oder aber die Interessen keines der beiden Kinder als Maßstab heranzieht, wird die Gewähr größer sein, dass er ungleiche Glücklichkeit, gleiche Glücklichkeit oder gleiche Unglücklichkeit erzielt.

Rechtsaktbezogene Gleichheit verstärkt trotz der Verschiedenheit der Menschen nicht notwendig ihre tatsächliche Ungleichheit. Rechtliche Differenzierungen können bestehende tatsächliche Unterschiede ebenso verstärken wie rechtliche Gleichbehandlungen.[330]

Die Sonderbehandlung behinderter Menschen z.B. hat ihre sozialen und beruflichen Nachteile nicht nur nivelliert, sondern auch verstärkt. In Sonderschulen werden behinderte Kinder in kleineren Klassen unterrichtet und pädagogisch besonders gefördert, um ihre soziale und berufliche Integration zu fördern. Der Verweis der Kinder auf Sonderschulen hat sich dennoch vielfach als nachteilig erwiesen. Nur wenige Sonderschulen ermöglichen höhere Schulabschlüsse. Viele Mädchen und Jungen müssen lange Schulwege in Kauf nehmen oder ins Internat ziehen. Sie werden damit häufig aus ihrem bisherigen Lebensumfeld herausgerissen. Die Sonderbeschulung hatte für viele Kinder damit keinen integrativen, sondern aussondernden Charakter. Das Stigma „Sonderschüler“ erweist sich auch bei der Stellensuche als nachteilig.[331]

Ob Menschen nicht nur formalrechtlich, sondern auch tatsächlich (jedenfalls relativ) gleich behandelt werden, richtet sich danach, ob ihre jeweils unterschiedlichen Interessen- oder Ausgangslagen gleichermaßen berücksichtigt wurden. Ebenso erfordert das Ziel einer tatsächlichen Gleichheit von verschiedenen Bevölkerungsgruppen nicht zwingend eine rechtliche Differenzierung zwischen diesen Gruppen.

Eine rechtliche Differenzierung zwischen Personen oder Sachverhalten ist im Interesse der folgenbezogenen Gleichheit vielmehr erst dann geboten, wenn die Ausgangs- und Interessenlagen so unterschiedlich sind, dass keine Regelung gefunden werden kann, die sich mit dem Prinzip der folgenbezogenen Gleichheit vereinbaren ließe.

Die eigentliche Schwierigkeit der Forderung nach rechtlicher Gleichheit betrifft mithin die Frage, wann in einer Rechtsordnung, die notwendig auf Abstraktion und Unterscheidungen angewiesen ist, nicht identische Menschen und Sachverhalte als gleich oder aber ungleich zu behandeln sind und welches Bild vom Menschen, wel-

330 *Fuchsloch*, Das Verbot der mittelbaren Geschlechtsdiskriminierung, S. 120.
331 *Reichenbach*, Der Anspruch behinderter Schüler und Schülerinnen, S. 167 ff.

che menschlichen Interessenlagen und Lebensbedingungen dabei als Maßstab, als *tertium comparationis* dienen soll.[332]

C Unmittelbare und mittelbare Diskriminierung

Im Hinblick auf ihre tatsächlichen Auswirkungen auf die betreffenden Bevölkerungsgruppen lassen sich staatliche Regelungen und Maßnahmen in drei Gruppen unterteilen: Rechtsakte, die soziale Unterschiede zwischen zwei Vergleichsgruppen – z.B. den Geschlechtern – verringern; Rechtsakte, die sie verstärken und solche, die das Verhältnis der jeweiligen Vergleichsgruppen zueinander nicht verändern.[333] Diese Rechtsakte können unmittelbar an die Merkmale von Geschlecht und Behinderung oder an spezifische Begleitmerkmale (z.B. Schwangerschaft) anknüpfen, sie müssen es aber nicht. Anders formuliert: Rechtsakte müssen nicht ausdrücklich zwischen den Geschlechtern bzw. zwischen behinderten und nichtbehinderten Menschen differenzieren oder eine solche Differenzierung beabsichtigen, um eine entsprechende geschlechts- oder behinderungsspezifische Wirkung zu erzielen.

Dem Anschein nach sind die meisten Rechtsakte merkmalsneutral formuliert. Sie entfalten gleichwohl diskriminierende Wirkung, wenn sie sich einseitig an den Interessen und Erfahrungen dominierender Bevölkerungsgruppen orientieren und damit faktisch gegenüber marginalisierten Bevölkerungsgruppen Exklusionscharakter entwickeln.[334] In diesem Fall knüpft die Norm nicht nicht unmittelbar an die Kategorie des Geschlechts oder der Behinderung, sondern an Umstände an, die aufgrund der tatsächlichen gesellschaftlichen Verhältnisse überwiegend ein Geschlecht oder überwiegend behinderte Menschen nachteilig treffen.

Die Gewährung von Sozialversicherungsleistungen wird z.B. oft an bestimmte Bedingungen (wie eine ununterbrochene Vorbeschäftigungszeit) geknüpft, die geschlechtsneutral formuliert sind, von Männern aufgrund ihrer unterschiedlichen

332 *Böckenförde, W.*, Der allgemeine Gleichheitssatz, S. 71, schreibt: *„Die entscheidende Frage für die Inhaltsbestimmung des Gleichheitssatzes ist die nach gültigen Gesichtspunkten für die Gleich- bzw. Ungleichsetzung. Wenn es tatsächliche Gleichheit immer nur ‚hinsichtlich bestimmter Merkmale' gibt, so gilt es, deren Relevanz für bestimmte Rechtsfolgen zu untersuchen."* Vgl. auch *Huster*, Rechte und Ziele, S. 44; *Gerhard,* Einleitung, S. 14.

333 Eingehend *Fuchsloch*, Das Verbot der mittelbaren Geschlechtsdiskriminierung, S. 126 ff., mit dem zutreffenden Hinweis, dass es zudem in komplexeren Regelungssystemen einzelne Vorschriften mit einer dem Gesamtsystem entgegengesetzten Wirkungsrichtung geben kann. Als Beispiel nennt sie die rentenversicherungsrechtliche Anerkennung von Kindererziehungszeiten, die die systemimmanenten Nachteile der Familienarbeiterinnen ausgleichen soll, die während der Erziehungszeit keine oder nur geringere Beiträge einzahlen konnten.

334 *Sacksofsky*, ZRP 2001, S. 412 ff.; *Bieback*, Die mittelbare Diskriminierung wegen des Geschlechts, S. 38; *Osterloh*, in: Sachs, Grundgesetz, Rz. 243 zu Art. 3.

Lebens- und Erwerbssituation jedoch häufiger erfüllt werden als von Frauen.[335] Im Ergebnis werden ganz überwiegend Frauen benachteiligt, wenn Sozialleistungen so ausgestaltet sind, dass sie sich mit der Familienarbeit nicht vereinbaren lassen (z.B. als wohnortferne Vollzeitmaßnahmen).

Auch für behinderte Menschen erweisen sich gegenwärtig in erster Linie Regelungen und andere Rechtsakte als nachteilig, die sich (meist unbewusst) am Ideal eines jungen, nichtbehinderten Menschen orientieren, der uneingeschränkt gehen, sehen und hören kann. Solche Normen, Entscheidungen und Verhaltensweisen entwickeln Exklusionscharakter gegenüber denjenigen, die aufgrund einer alters- oder behinderungsbedingten Einschränkung oder durch das Schieben eines Kinderwagens andere Bedürfnisse im Bereich der Mobilität oder Kommunikation haben. Ob rollstuhlfahrende und andere mobilitätseingeschränkte Personen ein Gebäude betreten bzw. befahren und nutzen können, hängt maßgeblich von den jeweiligen baurechtlichen Vorgaben ab. Orientieren sich diese ausschließlich an Menschen, die gut zu Fuß sind, wird eine Rollstuhlfahrerin z.B. durch Treppenstufen, zu schmale oder schwere Türen an der Nutzung des Gebäudes gehindert.[336]

Behinderte Frauen können von derartigen Ausschlussmechanismen vermehrt betroffen werden.

Beispiel Mobilität: Gender-Analysen belegen, dass Frauen anders mobil sind als Männer.[337] Frauen sind häufiger zu Versorgungszwecken, Männer zu Erwerbszecken unterwegs. Männer pendeln in der Regel zwischen Wohnung und Arbeitsplatz, Frauen legen über den Tag verteilt vergleichsweise mehr, längere und komplexere Wege (z.B. zu verschiedenen Zielen wie Kindergarten, Arbeitsplatz, Supermarkt, Reinigung etc.) zurück. Männer besitzen und benutzen häufiger als Frauen einen Pkw, Frauen benutzen häufiger als Männer den öffentlichen Nahverkehr. Frauen legen mehr Strecken zu Fuß und in Begleitung eines Kleinkindes bzw. mit Kinderwagen zurück. In Anbetracht ihres Mobilitätsverhaltens treffen Barrieren im Bereich der kommunalen Infrastruktur (z.B. Treppenstufen, rollstuhlunzugängliche Busse und Bahnen) Frauen stärker als Männer, Männer werden hingegen stärker von Barrieren im Fernverkehr (Flugverkehr, Fernbahn) belastet.

Solange für mobilitätsbehinderte Menschen viele öffentliche Verkehrsmittel oder Dienstleistungsangebote (z.B. Arztpraxen, Büros, Gastronomiebetriebe) nicht oder nur eingeschränkt nutzbar sind, sind sie in umso größerem Umfang auf individuelle Nachteilsausgleiche und auf die Hilfe Dritter angewiesen. Für viele ist das Taxi oder der eigene (ggf. behindertengerecht ausgebaute) Pkw das einzige geeignete Fortbewegungsmittel. Dies gilt in besonderem Maß in ländlichen Gegenden. Staatliche Kfz-Hilfen für behinderte Menschen sind jedoch eng an die Erwerbstätigkeit ge-

335 Z.B. die Voraussetzung einer fünfjährigen Wartezeit und einer dreijährigen Pflichtbeitragszeit gem. §§ 43, 44 SGB VI zum Bezug einer Erwerbsunfähigkeitsrente. Eingehend hierzu *Kalisch*, Die Entwicklung des Verbots der mittelbaren Diskriminierung, S. 171; *Bieback*, Die mittelbare Diskriminierung wegen des Geschlechts.

336 *Davy*, Das Verbot der Diskriminierung wegen einer Behinderung, S. 7 (26 ff.).

337 Zu den nachfolgenden Feststellungen z.B. *Stadt Düsseldorf – Amt für Verkehrsmanagement:* Mobilitätsbedingungen und Mobilitätsanforderungen von Frauen in der Landeshauptstadt Düsseldorf, 2003.

knüpft (vgl. § 33 Abs. 8 Nr. 1 i.V.m. Abs. 3 Nr. 1 und 6 SGB IX i.V.m. Kraftfahrzeughilfe-Verordnung und § 8 Eingliederungshilfe-Verordnung). Aufgrund ihrer geringeren Erwerbsbeteiligung werden behinderte Frauen seltener die Anspruchsvoraussetzungen für die Kfz-Hilfe erfüllen als Männer. Sie werden den Pkw und ggf. dessen behinderungsgerechten Umbau häufiger vollständig aus eigenen Mitteln finanzieren müssen. Mit einem Durchschnittseinkommen von rund 960 Euro ist ihr wirtschaftlicher Spielraum jedoch geringer als der ihrer männlichen Vergleichsgruppe.[338]

Zur Herstellung tatsächlicher Gleichberechtigung ist verstärkt aus der Perspektive marginalisierter Gruppen zu fragen, inwieweit gegenwärtige gesellschaftliche Vorstellungen von „Normalität" einseitig die Sichtweisen und Interessenlagen dominierender Gruppen widerspiegeln.[339] Gleichheitsrecht muss darum notwendig auf die Neutralität des Rechts einschließlich seiner tatsächlichen Wirkung gerichtet sein. Auf einem solchen materiellen Gleichheitsverständnis basiert das Verbot der mittelbaren Diskriminierung.[340]

Nach den gemeinschaftsrechtlichen Definitionen liegt eine mittelbare Diskriminierung vor, wenn dem Anschein nach neutrale Vorschriften, Kriterien oder Verfahren Personen wegen ihrer Zugehörigkeit zu einer Gruppe von Merkmalsträgern in besonderer Weise gegenüber anderen Personen benachteiligen können, es sei denn, die betreffenden Vorschriften, Kriterien oder Verfahren sind durch ein rechtmäßiges Ziel sachlich gerechtfertigt und die Mittel sind zur Erreichung dieses Ziels angemessen und erforderlich.[341] Für die Annahme einer behinderungsspezifischen Diskriminierung genügt dabei die Benachteiligung wegen einer bestimmten Behinderung. Mittelbare Diskriminierungen entstehen, wenn ein Rechtsakt zwar nicht unmittelbar an das Geschlecht oder die Behinderung anknüpft, sich aber aufgrund bestehender Differenzen unterschiedlich auf die Geschlechter oder auf Menschen ohne oder mit einer bestimmtem Behinderung auswirkt.[342]

Das Verbot der mittelbaren Diskriminierung verpflichtet den Staat, Rechtsakte, die sich merkmalsspezifisch auswirken, sachlich zu begründen und als verhältnismäßig zu rechtfertigen. Der Staat ist mithin gehalten, bereits im Vorfeld die tatsächlichen Folgen seines Handelns auf das Verhältnis bestimmter Bevölkerungsgruppen abzuschätzen (Rechtsfolgenabschätzung) und später empirisch zu überprüfen.[343]

Damit stellt sich die Frage, welche unverhältnismäßigen Auswirkungen noch als mittelbare Folge einer staatlichen Ungleichbehandlung und mithin als mittelbare Diskriminierung zu qualifizieren sind.

338 Vgl. oben § 2 A IV.
339 Instruktiv hierzu: *Young*, Justice and the Politics of Difference, 1990; *Maihofer,* Geschlecht als Existenzweise, 1995.
340 *Fuchsloch*, Das Verbot der mittelbaren Geschlechtsdiskriminierung, S. 130.
341 Vgl. Art. 2b) der Richtlinie 2004/113/EG des Rates vom 13.12.2004 und Art. 2b) der Richtlinie 20/78/EG des Rates vom 27.11.2000.
342 *BVerfGE* 97, 35 (43)
343 *Eckertz-Höfer*, AK-GG, Art. 3 Abs. 2, 3 Rz. 63

Der Rechtsprechung des BVerfG fehlt es bisher an einer entsprechend klaren Kontur. In der Entscheidung zum Doppelnamen eines Kindes hat das Gericht zunächst ein sehr enges Verständnis von mittelbarer Diskriminierung vertreten.[344] Gegenstand des Verfahrens war § 1617 Abs. 1 S. 1 BGB, der Doppelnamen für Kinder ausschließt und Eltern zwingt, den Familiennamen nur eines Elternteils zum Geburtsnamen des Kindes zu wählen. Dies führt faktisch dazu, dass 90% aller Eltern ihrem Kind den Namen des Vaters geben.[345] Das BVerfG verneinte dennoch eine mittelbare Diskriminierung von Frauen mit der Begründung:

> „Zwar kann der Umstand, dass Ehegatten sich immer noch bei der Wahl des Geburtsnamens ihres Kindes überwiegend für den Namen des Mannes entscheiden, möglicherweise Ausdruck eines tradierten Rollenverständnisses sein und darauf hindeuten, dass (...) faktisch noch keine gleichberechtigte Partnerschaft besteht. Doch (...) soweit ersichtlich, gründet sich eine vorrangige Wahl des Mannesnamens zum Namen des Kindes vorwiegend nicht auf eine nachteilige Situation von Frauen, sondern auf vorfindliche Einstellungen. Mit der Möglichkeit von Eltern, zum Namen ihres Kindes sowohl den Namen des Vaters als auch den der Mutter zu wählen, ist inzwischen auch namensrechtlich Raum für eine Veränderung von solchen Einstellungen geschaffen worden.“[346]

Doch ist der Gesetzgeber nicht gehalten, solchen vorfindlichen Einstellungen in seiner Gesetzgebung Rechnung zu tragen, um sie zu überwinden?[347] Diese Frage ist zentral, denn Nachteile wegen des Geschlechts und bzw. oder der Behinderung sind in unserem Rechtsraum vorrangig strukturell bedingt. Wie unter § 3 A I 2 c) festgestellt werden konnte, kennzeichnet strukturelle Diskriminierung aber, dass sie sich gerade nicht auf einzelne staatliche Handlungen zurückführen lässt, sondern auf einem ganzen Diskriminierungsgeflecht beruht, innerhalb dessen gesellschaftliche Prozesse und rechtliche Rahmenbedingungen eng mit individuellen Denk- und Verhaltensmustern und Erwartungshaltungen der einzelnen Individuen verwoben sind. In durchreglementierten Gesellschaften wie der unsrigen lässt sich kaum noch behaupten, der Staat fände soziale Wirklichkeit vor, denn er hat sie nachhaltig mitgestaltet. So waren Eltern bis 1976 rechtlich verpflichtet, ihre Kinder nach dem Vater zu benennen, bis 1991 blieb der Vatername als Familienname gesetzlicher Regelfall. Tradierte Einstellungen innerhalb der Bevölkerung sind selten „vorfindlich“, denn ein gesellschaftliches Wertesystem wird maßgeblich durch die Rechtsordnung und staatliche Institutionen mitgeprägt.[348]

344 *BVerfGE* 104, 373 (394), kritisch hierzu die Besprechung von *Sacksofsky*, FPR 2002, 121–125.

345 *Sacksofsky,* Die blinde Justitia: Gender in der Rechtswissenschaft, S. 403 (420).

346 *BVerfGE* 104, 373 (394).

347 *Sacksofsky,* FPR 2002, S. 121 ff.

348 Bis 1976 z.B. schrieb § 1616 BGB i.d.F.v. 18. August 1896 (RGBl., S. 195) Eltern als Geburtsname ihres ehelichen Kindes wie auch als Ehename zwingend dem Namen des Vaters vor. Mit dem 1. EheRG vom 14. Juni 1976 (BGBl. I, S. 1421) erhielten die Eltern ein Wahlrecht, bei Nichtbestimmung durch die Ehegatten wurde weiterhin der Name des Mannes zum Ehenamen und Geburtsnamen des Kindes. Diese Regelung wurde 1991 durch Beschluss des BVerfG (*BVerfGE* 84, 9) für verfassungswidrig erklärt.

Erweist sich Diskriminierung als ein zunehmend nur noch strukturell erfassbares Problem, müssen diese Strukturen auch das legislatorische Ziel der Änderungen sein.[349] Im Interesse eines möglichst umfassenden Diskriminierungsschutzes wäre mithin jedes staatliche Handeln, dass zur Entstehung bzw. Aufrechterhaltung diskriminierender Strukturen in der Gesellschaft beiträgt, als verbotene Ungleichbehandlung zu werten. Freilich drohen mit der Berücksichtigung der strukturellen Diskriminierung die Grenzen zu verwischen zwischen dem Verbot der mittelbaren Diskriminierung (Abwehrfunktion der Grundrechte) und den möglichen Pflichten des Staates, vorgefundene soziale Ungleichheit mit rechtlichen und anderen staatlichen Mitteln auszugleichen und zu überwinden (Förderungsgebot). Zu unterscheiden ist auch zwischen dem Verbot der mittelbaren Diskriminierung und einer möglichen Pflicht des Staates, Bürgerinnen und Bürger vor Grundrechtseingriffen durch andere zu schützen. Eine solche Schutzpflicht leiten Rechtsprechung und Literatur aus dem objektiven Gehalt der Grundrechte und insbesondere aus dem Wortlaut des Art. 1 Abs. 1 GG ab, wonach der Staat die Würde des Menschen nicht nur zu achten, sondern auch zu schützen hat.[350] Eine Grenzziehung zwischen dem Diskriminierungsverbot und dem Gebot, die Herstellung tatsächlicher Gleichheit zu fördern und die Einzelnen vor Grundrechtseingriffen durch Private zu schützen, ist erforderlich, da der Staat einen entsprechend differenzierten verfassungsrechtlichen Auftrag hat, Gleichheit und soziale Gerechtigkeit zu verwirklichen.

Nur dort, wo der Staat selbst aktiv handelt, kann er Bürgerinnen und Bürger ungleich be*handeln* und mittelbar diskriminieren.

Fraglich ist, wann unter die verbotenen Behandlungen nicht nur rechtssetzendes bzw. -gestaltendes, sondern auch faktisches Handeln des Staates fällt. Diese Frage erlangt entscheidende Bedeutung in Bezug auf die Barrierefreiheit. Das BVerfG stellte in seiner Sonderschulentscheidung fest, dass eine Benachteiligung behinderter Menschen in einem *rechtlichen* Ausschluss von Entfaltungs- und Betätigungsmöglichkeiten liegen kann, die nichtbehinderten Menschen offen stehen.[351] Dem Wortlaut nach ist das Verbot der Ungleichbehandlung in Art. 3 GG aber nicht auf staatliche Rechtsakte begrenzt, sondern umfasst auch sonstige staatliche Eingriffe z.B. in Form von Realakten, die eine grundrechtlich geschützte Tätigkeit behindern oder gefährden.[352] Mit Herdegen u.a. wird man eine mittelbare Benachteiligung auch dann bejahen müssen, wenn der Staat behinderten Bürgerinnen und Bürgern den Genuss von Grundrechten oder anderen subjektiven Rechten und den gleichberechtigten Zutritt zu staatlichen Leistungen und öffentlichen Einrichtungen faktisch

349 *Eckertz-Höfer*, AK-GG, Art. 3 Abs. 2, 3 Rz. 81, *Osterloh*, in: Sachs, Art. 3 Rz. 285.

350 *BVerfGE* 39, 1; 88, 203; *Dreier*, GG, Bd. I Rz. 62 f.; *Sacksofsky,* Die blinde Justitia: Gender in der Rechtswissenschaft, S. 403 (411).

351 *BVerfG*, NJW 1998, S. 131 (132), wobei der Senat hierunter offenbar nur den rechtlichen Ausschluss von denjenigen staatlichen Leistungen und Einrichtungen versteht, die behinderten Menschen in tatsächlicher Hinsicht offen stehen.

352 *Jarass,* in: ders./Pieroth, GG, Rz. 26 zu Vorb. vor Art. 1.

vereitelt.[353] Jürgens stellt insoweit zutreffend fest, dass es keinen Unterschied machen kann, ob behinderte Menschen von der Nutzung öffentlicher Einrichtungen explizit durch entsprechende Benutzungssatzungen oder aber durch die Errichtung von Treppen und anderen faktischen Barrieren ausgeschlossen werden.[354] Der Staat kann solche Zugangshindernisse auch nicht beliebig durch Maßnahmen kompensieren (z.B. durch Sonderschulzuweisung), anderenfalls ließe sich das Erfordernis zwingender Gründe für eine Ungleichbehandlung bereits im Vorfeld durch wertende Güterabwägungen unterlaufen.[355]

Fraglich ist jedoch, ob Barrieren nur dann einen Ausschluss durch die öffentliche Gewalt darstellen können, wenn diese die Barrieren errichtet hat, oder ob sie auch eine verfassungsrechtliche Verantwortung für andere Barrieren trifft, die behinderte Menschen am Zugang und der Nutzung baulicher und technischer Anlagen, Produkte und Dienstleistungen hindern.

Hat der Staat in Bezug auf die Errichtung, Herstellung und das Angebot der Gebäude, Anlagen, Waren und Dienstleistungen keinerlei gesetzliche Vorgaben gemacht, könnte ihm allenfalls das Unterlassen entsprechender Schutznormen zum Vorwurf gemacht werden. Eine Pflicht zum Erlass von Schutzgesetzen lässt sich aus der Verfassung freilich nur in wenigen Ausnahmefällen ableiten.[356]

Doch finden sich tatsächlich kaum noch privatwirtschaftliche Bereiche, in denen der Staat nicht lenkend Einfluss auf privatwirtschaftliche Produktionsprozesse und Dienstleistungen nehmen würde. Für Bauten, technische Anlagen, Gewerbebetriebe oder den Abschluss privatrechtlicher Verträge gelten gesetzliche Mindeststandards. Diese werden in der Praxis vielfach lediglich 1:1 umgesetzt und zusätzlicher Aufwand und Kosten gespart. Gesetzliche Mindeststandards werden so zu tatsächlichen Mindeststandards, sie prägen mithin Praktiken und Geschäftssitten in der Bevölkerung.

Erlauben gesetzliche Mindeststandards es Privaten, Gebäude, Geräte und Produkte so herzustellen oder Dienstleistungen so anzubieten, dass diese für Menschen mit bestimmten gesundheitlichen oder funktionalen Einschränkungen nicht nutzbar sind, könnte hierin ein Gleichheitsverstoß zu sehen sein. Das BVerfG hat wiederholt die Grenzen der Gestaltungsfreiheit des Gesetzgebers bei typisierenden Regelungen betont und dargelegt, dass die durch Typsierung eintretenden Härten oder Ungerechtigkeiten nur eine verhältnismäßig kleine Zahl von Personen betreffen dürfe.[357] Wenn der Staat in bestimmten Lebens- und Wirtschaftsbereichen Regelungen trifft,

353 *Herdegen*, Der neue Diskriminierungsschutz für Behinderte im Grundgesetz. Für das verfassungsrechtliche Verbot faktischer Zugangsbarrieren zu öffentlichen Einrichtungen auch *Jürgens, A.*, DVBL 1997, S. 764; *Jürgens, G.*, ZfSH/SGB 1995, S. 358 f.; a.A. *Straßmair*, Der besondere Gleichheitssatz, S. 215.

354 *Jürgens, A.*, DVBL 1997, S. 764.

355 *Herdegen*, Der neue Diskriminierungsschutz für Behinderte im Grundgesetz, S. 27; *Davy*, SDSRV 49, S. 7 (22); a.A. *BVerfGE* 96, 288 (304).

356 Zur Schutzpflichtdogmatik sei auf die Diskussionen zum Schwangerschaftsabbruch – *BVerfGE* 39, 1; *BVerfGE* 88, 203 und Präimplantationsdiagnostik verwiesen.

357 *BVerfGE* 21, S. 12 (27).

so müssen diese also grundsätzlich gleichheitskonform sein. Gleichheitskonform kann – wenn dies im Ergebnis folgenbezogener Gleichheit erforderlich ist – auch eine differenzierende Regelung sein, wonach z.B. Gebäude im Interesse der allgemeinen Zugänglichkeit über unterschiedliche Zugangsmöglichkeiten (Treppen und Aufzüge) verfügen müssen.[358] Orientieren sich gesetzliche Mindeststandards hingegen einseitig an den Bedürfnissen von Menschen, die uneingeschränkt laufen, Treppen steigen, sehen und kommunizieren können, so ist ein daraus resultierender faktische Ausschluss behinderter Menschen von der Nutzung privater Gebäude oder Dienstleistungen als evidente Folge der gesetzlichen Vorgaben anzusehen. Diese Evidenz lässt sich als Kriterium heranziehen, um eine mittelbare staatliche Diskriminierung von dem unterlassenen Schutz vor der Diskriminierung Privater abzugrenzen.

Insoweit ist Aubel zu folgen, der vorgeschlagen hat, diejenigen Ungleichbehandlungen durch Private als Folge staatlicher Ungleichbehandlung zu qualifizieren, in denen sich eine Norm evidentermaßen faktisch-mittelbar diskriminierend auswirkt".[359]

In seiner Entscheidung zu § 14 Mutterschutzgesetz von 2004 ging das BVerfG so weit, dass es dem Staat sogar die Verantwortung für eine gesetzwidrige Einstellungspraxis privater Arbeitgeber zuwies.[360] Der Erste Senat qualifizierte die Nichteinstellung von Frauen als mögliche Folge der gesetzlichen Arbeitgeberbeiträge zum Mutterschutz, da die Beitragspflicht die Bereitschaft größerer Arbeitgeber senken kann, Frauen im gebärfähigen Alter zu beschäftigen. Die Ablehnung einer Bewerberin aus Sorge ihrer möglichen Schwangerschaft ist zwar rechtswidrig, § 611a BGB. Nach Auffassung des BVerfG ist es aber auch Pflicht des Gesetzgebers, die Gefahr einer diskriminierenden Rechtsanwendung durch die Bürgerinnen und Bürger einzukalkulieren und soweit wie möglich durch geeignete Regelungsmechanismen auszugleichen.[361] Handelt es sich in § 14 MuSchG also um eine Norm, die Frauen mittelbar diskriminiert? Das BVerfG spricht in seiner Entscheidung von einer faktischen Diskriminierung, die sich als Folge gesetzlicher Regelung ergibt und soweit wie möglich zu vermeiden ist.[362] An anderer Stelle charakterisiert das Gericht den Arbeitgeberzuschuss als Verstoß gegen die verfassungsrechtliche Schutz- und Förderpflicht des Staates aus Art. 3 Abs. 2 GG und gegen Art. 12 Abs. 1 GG.[363] Damit bleibt unklar, wo das Gericht die Grenze zwischen dem Verbot der mittelbaren Diskriminierung und der Pflicht zur Herstellung gleichwertiger Lebensbedingungen zieht. Aubel sieht im Falle des § 14 MuSchG die Grenzen der mittelbaren Diskrimi-

358 *Davy*, SDSRV 49, S. 7 (39).
359 *Aubel*, RdA 2004, S. 141 (145).
360 *BVerfG* NJW 2004, 146.
361 *BVerfG* NJW 2004, 146 (150). *Pfarr* empfiehlt deshalb eine Erstattung der vom Arbeitgeber gezahlten Zuschüsse und seiner zusätzlichen innerorganisatorischen Belastungen (*Pfarr*, ZRP 1994, 309, 313).
362 *BVerfG* NJW 2004, 146 (150).
363 *BVerfG* NJW 2004, 146 (149).

nierung erreicht. Er stellt nicht die faktisch diskriminierende Wirkung der Regelung in Frage, er sieht die Einstellungspraxis aufgrund der Rechtswidrigkeit aber nicht mehr als evidente Folge des Mutterschutzgesetzes an.[364] Ob sich die Evidenz möglicher Folgen als geeignetes Kriterium für die Abgrenzung zwischen dem abwehrrechtlichen Gehalt des Art. 3 GG und seinen Förder- und Schutzaufträgen erweist, wird von der Rechtsprechung und Lehre noch eingehender zu diskutieren sein. Mit der Feststellung, dass der Gesetzgeber die Möglichkeit einer diskriminierenden Rechtsanwendung durch Private einkalkulieren und ihr möglichst wirkungsvoll begegnen muss, hat das BVerfG jedoch gezeigt, dass es die Wirkungsweisen struktureller Diskriminierung erkennt und um einen möglichst effektiven Diskriminierungsschutz bemüht ist.

D Gleichheit und soziale Gerechtigkeit als verfassungsrechtlicher Auftrag

Die Pflicht des Staates, behinderte Frauen nicht nur formalrechtlich, sondern auch tatsächlich (jedenfalls relativ) gleich zu behandeln, könnte sowohl als Ausfluss des Sozialstaatsprinzips oder der besonderen Gleichheitsgarantien des Art. 3 Abs. 2 und 3 GG betrachtet werden. Trägt der Funktionsgehalt dieser Rechtssätze der Möglichkeit mehrdimensionaler Benachteiligungen Rechnung?

I. Das Sozialstaatsprinzip

Der traditionellen Auffassung zufolge ist die Verantwortung des Staates für die Herstellung faktischer Gleichheit alleine dem Sozialstaatsprinzip zuzuordnen.[365] Dies wurde vor allem im Hinblick auf die Verantwortung der staatlichen Gemeinschaft für Menschen mit Behinderungen betont.[366] Aus diesem Grund maßen vor allem die Vertreterinnen und Vertreter von CDU/CSU und FDP Art. 3 Abs. 3 S. 2 GG bei seiner Einfügung in die Verfassung lediglich eine appellative Funktion bei.[367] Andere Stimmen charakterisieren Art. 3 Abs. 3 S. 2 GG als Konkretisierung des Sozialstaatsprinzips.[368]

364 *Aubel*, RdA 2004, S. 141 (145).

365 So heißt es bei *Isensee*, HdbStR § 111, Rz. 132: *„Ziel des Sozialstaats ist es, dem Bürger (...) die effektive Ausübbarkeit der Freiheit unter den Bedingungen ungleicher gesellschaftlicher Machtverhältnisse zu ermöglichen. Der soziale Schutz liegt auf einer anderen Ebene als der Schutz grundrechtlicher Güter. (...) Hier liegt der juristisch faßbare Tatbestand einer Rechtsverletzung vor, dort der nur politisch faßbare Sachverhalt des wirtschaftlichen und des sozialen Ungleichgewichts."*

366 *Zacher*, Der soziale Rechtsstaat, S. 1 (2), *Herdegen*, VSSR 1992, 245, 247.

367 Vgl. nur die Redebeiträge der Abg. *Rahardt-Vahldieck* und *Jahn*, in: *Gemeinsame Verfassungskommission*, Stenografischer Bericht der 24. Sitzung vom 17. Juni 1993, S. 12 und 14,

Die Mütter und Väter des Grundgesetzes haben das in Art. 20 Abs. 1 und Art. 28 Abs. 1 GG verankerte Sozialstaatsprinzip inhaltlich nicht näher konkretisiert. Seine konkrete Ausgestaltung liegt grundsätzlich in der politischen Gestaltungsfreiheit des Gesetzgebers.[369] Mit wenigen Ausnahmen lassen sich aus dem Sozialstaatsprinzip keine originären Leistungsansprüche und Teilhaberechte der Bürgerinnen und Bürger ableiten.[370] Handlungspflichten des Staates können sich aber aus dem Zusammenwirken der Staatszielbestimmung mit den Grundrechten ergeben.[371] Nach Auffassung des BVerfG kann der Staat aus Art. 20 Abs. 1 und 28 Abs. 1 GG in Verbindung mit einzelnen Grundrechten aufgefordert sein, sich aktiv um die Herstellung sozialer Sicherheit und Gerechtigkeit zu bemühen[372] und die tatsächlichen Voraussetzungen zu schaffen, die Menschen für eine menschenwürdige Existenz und zur Ausübung ihrer Grundrechte benötigen.[373] Hierzu zählt die Sicherung einer gerechten Sozialordnung[374] ebenso wie die Fürsorge für diejenigen, die aufgrund ihrer persönlichen Lebensumstände oder gesellschaftlichen Benachteiligung an ihrer persönlichen oder sozialen Entfaltung gehindert sind.[375] Sozialstaatliches Handeln kann geboten sein, wenn einzelne oder gesellschaftliche Gruppen auf staatliche Unterstützung angewiesen sind, um am wirtschaftlichen, kulturellen oder sozialen Leben teilhaben zu können.[376]

Je nachdem, ob es um das Geschlechterverhältnis oder die Integration behinderter Menschen ging, wurde die Verantwortung des Sozialstaats für die Sicherung einer gleichberechtigten Teilhabe unter anderem Vorzeichen geführt. Die (Wieder-)Eingliederung behinderter Menschen in die Gesellschaft gilt traditionell als Aufgabe des Sozialstaats.[377] In seiner Entscheidung zur Waisenrente von 1975 wertete das BVerfG Sozialleistungen für behinderte Menschen als Ausfluss einer selbstverständlichen Pflicht zur „Fürsorge für Hilfsbedürftige“, die

Bericht des Rechtssausschusses, BT-Drs. 12/8165, S. 29, sowie zusammenfassend den Abschlussbericht der Kommission, BT-Drs. 12/6000, S. 53.

368 *Zacher*, Der soziale Rechtsstaat, S. 1 ff. (6); eingehend hierzu auch *Buch*, Das Grundrecht der Behinderten, S. 171 ff.

369 Ganz überwiegende Meinung, vgl. nur *BVerfGE* 27, 253 (283), *BVerfGE* 51, 43 (58), *BSGE* 19, 88 (92); *Benda*, HbdVerfR, S. 509 (510) m.w.N.*; Jarass/Pieroth*, GG, Rz. 103 zu Art. 20.

370 *BVerfGE* 39, 302 (315); 51, 115 (125); 75, 348 (359); 82, 60 (80).

371 *BVerfGE* 27, 253 (283); *Jarass,* in: Jarass/Pieroth, GG, Rz. 103 zu Art. 20.

372 *BVerfGE* 5, 85 (198); *BVerfGE* 35, 202 (235 f.); *BVerfGE* 40, 121; 45, 376 (387).

373 *BVerfGE* 5, 85; 13, 230 (233); 27, 253 (270); *BVerfGE* 33, 303 (313); *Starck,* in: vM/K/S, Rz. 33 zu Art. 3; *Jarass,* in: Jarass/Pieroth, GG, Rz. 107a zu Art. 20.

374 *BVerfGE* 69, 272 (314); 94, 241 (263).

375 *BVerfGE* 100, 271 (284).

376 *Benda*, HbdVerfR, § 17 Rz. 93 f.; zur sozialstaatlichen Funktion der politischen Inklusion eingehender *Kingreen*, Das Sozialstaatsprinzip im europäischen Verfassungsverbund, S. 205 f. Ein solch korrigierender Eingriff wird im Zweifelsfall immer auch eine Korrektur des eigenen Handelns bedeuten. Der Staat konstituiert durch seine Wirtschafts- und Sozialordnung auch die Gesellschaftsordnung und kann daher nicht von außen in diese eingreifen.

377 *Zacher*, Der soziale Rechtsstaat, S. 1 (2), *Herdegen*, VSSR 1992, 245, 247.

„wegen körperlicher oder geistiger Gebrechen an ihrer persönlichen oder sozialen Entfaltung gehindert und außerstande sind, sich selbst zu unterhalten. Die staatliche Gemeinschaft muss ihnen jedenfalls die Mindestvoraussetzungen für ein menschenwürdiges Dasein sichern, und sich darüber hinaus bemühen, sie soweit wie möglich in die Gesellschaft einzugliedern, ihre angemessene Betreuung (...) zu fördern sowie die notwendigen Pflegeeinrichtungen zu schaffen."[378]

In der Entscheidung kommt die traditionelle, paternalistisch geprägte Haltung des Staates gegenüber behinderten Menschen deutlich zum Ausdruck. Aus dieser Haltung heraus hat der Sozialgesetzgeber allerdings immerhin ein weitreichendes, wenngleich nicht lückenloses Hilfenetz geschaffen.
Für Frauen mit Behinderung erweisen sich die Maschen dieses Netzes allerdings ungleich größer als für ihre männliche Vergleichsgruppe. In seinen Grundstrukturen hat sich das soziale Sicherungssystem für Frauen weniger als Garant denn als Hemmnis für die Herstellung einer sozialen Geschlechtergerechtigkeit erwiesen.[379] Dies liegt vor allem an der sozialrechtlich unterschiedlichen Behandlung der Erwerbs- und der Familienarbeit. Weiblich codierte Aufgaben wie insbesondere die Kindererziehung und Hausarbeit, die Pflege der Angehörigen und die Nachbarschaftshilfe wurden in ihrer Bedeutung für die Gesellschaft geringer bewertet als die Erwerbsarbeit und der Kriegsdienst. Gegenüber dem erwerbstätigen Familienernährer und den Kriegsversehrten sah sich der Staat in einer besonderen Verantwortung.[380] Die Absicherung der Mutter und Hausfrau vor den „Wechselfällen des Lebens" – z.B. (den Folgen) einer Behinderung oder des Alters – verwies er hingegen in die primäre Verantwortung der unterhaltspflichtigen Familienangehörigen und die Frauen damit in die wirtschaftliche Abhängigkeit ihres Ehemanns.

Den besonderen Gleichheitsgarantien der Art. 3 Abs. 2 und 3 GG kam daher stets eine wichtige Funktion zum Schutz von Frauen vor der geschlechtsspezifischen Benachteiligung durch den Sozialgesetzgeber zu.[381] Soweit der Gesetzgeber versuchte, tatsächliche Nachteile von Frauen durch Sozialleistungen in Form der Witwenrente, der Frauenaltersrente oder dem Hausarbeitstag zu kompensieren, mussten sich diese Leistungen im Hinblick auf ihren (jedenfalls vordergründig) begünstigenden Charakter ebenfalls an Art. 3 Abs. 3 GG messen lassen.[382]

Die Verantwortung des Sozialstaats für die Herstellung tatsächlicher Geschlechtergerechtigkeit wird in Literatur und Rechtsprechung eher zurückhaltend themati-

378 *BVerfG* v. 16.6.1975, in: BVerfGE 40, 121 (133) „Waisenrente".

379 Vgl. nur *Gerhard/Schwarzer/Slupik*, Auf Kosten der Frauen; *Fuchsloch*, Das Verbot der mittelbaren Diskriminierung oder aus europäischer Perspektive: *Bieback*, Die mittelbare Diskriminierung wegen des Geschlechts.

380 *Schulin/Igl*, Sozialrecht, Rz. 20.

381 Vgl. nur *BVerfG,* in: NZA 1992, 25 zur Berücksichtigung der Kindererziehungszeiten; *BVerfGE* 85, 191 (Nachtarbeitsverbot) und *BVerfG* NJW 2004, 146 (Mutterschaftsgeld als Beschäftigungshemmnis).

382 *BVerfGE* 52, 369 ff.; *BVerfGE* 56, 363 ff.

siert.[383] Das BVerfG hat zwar wiederholt darauf hingewiesen, dass die Verfassung, „für die Zukunft die Gleichwertigkeit der Geschlechter durchsetzen“ wolle.[384] Diese Interpretation leitete es aber meist aus dem Gleichberechtigungsgrundsatz ab. Das Sozialstaatsprinzip wird vom BVerfG allenfalls in der Zusammenschau mit den besonderen Gleichheitsgarantien angeführt.[385]

Zusammenfassend lässt sich feststellen, dass sich alleine aus dem Sozialstaatsprinzip grundsätzlich keine konkreten Pflichten des Staates zur aktiven Förderung bestimmter Bevölkerungsgruppen ableiten lassen. Dies gilt insbesondere für originäre Leistungsansprüche der Bürgerinnen und Bürger. Es liegt in der vorrangigen Kompetenz und (haushalts-)politischen Gestaltungsfreiheit des Sozialgesetzgebers, zu entscheiden, wie er soziale Gerechtigkeit herstellen will. Auch die sozialstaatliche Förderung der Gleichberechtigung behinderter Frauen steht damit grundsätzlich unter dem Vorbehalt des vom Gesetzgeber Gewollten und Finanzierbaren.

II. Die Gleichheitsgarantien des Art. 3 Abs. 2 und 3 GG

1. Art. 3 Abs. 3 S. 1 GG

Der Wortlaut „Niemand darf wegen seines Geschlechts (...) benachteiligt oder bevorzugt werden“ charakterisiert Art. 3 Abs. 3 S. 1 1. Alt. GG als subjektives Abwehrrecht beider Geschlechter gegen staatliche Ungleichbehandlungen. Unstreitig

383 *BVerfGE* 74, 163 (179 f.); *Benda*, in: HbdVerfR, § 17 Rz. 93 f.; zur Bedeutung des Sozialstaatsprinzips für die gesellschaftliche Inklusion allgemein *Kingreen*, Das Sozialstaatsprinzip im europäischen Verfassungsverbund, S. 205 f.

384 *BVerfGE* 15, 337 (345).

385 *BVerfGE* 48, 327 (340); *BVerfGE* 85, 191 (207); *BVerfGE* 92, 91 (109); *BVerfG* NJW 2004, 146. Eine Herleitung dieser Pflicht aus Art. 3 Abs. 2 GG i.V.m. dem Sozialstaatsprinzip erwägt das Gericht in *BVerfGE* 74, 163 (179 f.). Die unterschiedliche dogmatische Verortung der Pflicht zur Herstellung tatsächlicher Gleichheit spiegelte sich anschaulich in den Diskussionen der Gemeinsamen Verfassungskommission (GVK) im Jahr 1992/1993 über die Erweiterung des verfassungsrechtlichen Diskriminierungsschutzes zugunsten von Frauen generell einerseits, behinderten Frauen und Männern andererseits wider. Im Falle von behinderten Menschen fand der Vorschlag einer Erweiterung des Art. 3 GG zur Beseitigung ihrer faktischen Benachteiligungen in der GVK keine Mehrheit. Wie oben bereits dargelegt, wurde entsprechenden Forderungen behinderter Menschen entgegengehalten, dass die Verantwortung der staatlichen Gemeinschaft für Behinderte bereits zum Kern moderner Sozialstaatlichkeit zähle, eine Verfassungsänderung daher lediglich den Charakter einer Konkretisierung des Sozialstaatsprinzips haben könne. In der Diskussion um die staatliche Verantwortung für die gesellschaftliche Gleichstellung von Frauen hingegen fand das Sozialstaatsprinzip kaum Erwähnung. In der Sachverständigenanhörung vom 5.11.1992 hatte ihm lediglich *Schmidt-Jortzig* Bedeutung beigemessen, vgl. dessen Stellungnahme in: *Limbach/Eckertz-Höfer*, Frauenrechte, S. 217 (218). Die GVK wertete darum im Anschluss an die Anhörung die bisherigen verfassungsrechtlichen Grundlagen für unzureichend und sprach sich für die Einfügung des Art. 3 Abs. 2 S. 2 GG aus (*Gemeinsame Verfassungskommission*, Abschlussbericht in BT-Drs. 12/6000, S. 49).

verboten sind unmittelbare aktbezogene Benachteiligungen durch staatliche Regelungen oder Maßnahmen, die direkt an das Geschlecht anknüpfen.[386] Ein Teil der Lehre und die frühere Rechtsprechung des BVerfG begrenzen den Gehalt der Norm auf ein striktes Verbot unmittelbarer Differenzierungen.[387] Sachs will mittelbare Diskriminierungen alleine am allgemeinen Gleichheitssatz des Art. 3 Abs. 1 GG messen.[388] Dogmatische Bedenken gegen die Ausweitung des Art. 3 Abs. 3 S. 1 GG auf mittelbare Diskriminierungen äußern auch andere Autorinnen, so u.a. Sacksofsky,[389] die durch die Verankerung des Verbots der mittelbaren Geschlechterdiskriminierung in Art. 3 Abs. 2 S. 1 GG gelöst werden könnten: Die Verankerung des Verbots der mittelbaren Geschlechterdiskriminierung in Abs. 2 erlaubt es, Abs. 3 als Verbot der aktbezogenen Benachteiligung (Differenzierungsverbot) zu interpretieren und ihm damit klare Konturen zu verleihen, ohne auf einen effektiven Diskriminierungsschutz verzichten zu müssen.[390] Es wäre dann aber systematisch konsequent, die anderen Diskriminierungsverbote des Art. 3 Abs. 3 S. 1 GG ebenfalls auf Formen der unmittelbaren Diskriminierung zu begrenzen.[391] So wäre jedoch ein effektiver Rechtsschutz, etwa vor rassistischer Diskriminierung, nicht mehr gewährleistet. Die Interpretation des gesamten Art. 3 Abs. 3 S. 1 GG als striktes Verbot unmittelbarer Anknüpfungen lässt sich mit dem Schutzzweck der Norm nicht vereinbaren. Art. 3 Abs. 3 GG ist vor dem Hintergrund des nationalsozialistischen Unrechts entstanden und soll die in Abs. 3 S. 1 genannten Gruppen besonders nachhaltig vor staatlicher Diskriminierung schützen.[392] Dies gilt nicht nur für die geschlechtsspezifische Diskriminierung. Durch die Ausweitung des Anwendungsbereichs des Art. 3 Abs. 3 S. 1 GG auf die mittelbare Diskriminierung können auch Widersprüche zwischen dem Gemeinschaftsrecht und der nationalen Rechtsordnung vermieden werden.[393] Mit der neueren Rechtsprechung des BVerfG ist daher Art. 3 Abs. 3 S. 1 als Verbot der unmittelbaren und mittelbaren Diskriminierung zu interpretieren.[394]

386 Std. Rspr., vergl. nur *BVerfGE* 97, 35 (43) „Hamburger Ruhegeldgesetz"; *Starck,* in: vM/K/S, GG, Rz. 341 zu Art. 3; *Eckertz-Höfer,* AK-GG, Rz. 90 zu Art. 3 Abs. 2, 3.

387 Danach ist eine geschlechtsspezifische Regelung nur in absoluten Ausnahmefällen zulässig. Hierzu zählen insbesondere Sachverhalte wie die Schwangerschaft, die ihrer Natur nach entweder nur bei Männern oder Frauen auftreten können, vgl. *BVerfGE* 31, 1; *BVerfGE* 37, 217; *BVerfGE* 39, 169; 428 ff.; *BVerfGE* 85, 191 (207, 209); *BVerfGE* 92, 91 (109); *Sachs*, Grenzen, S. 390 ff.; *Sacksofsky* (U/C, GG, Rz. 314 zu Art. 3) nennt als weiteren Grund für zulässige Differenzierungen überragend wichtige Gemeinwohlinteressen.

388 *Sachs*, Verfassungsrecht II, S. 247, Rz. 86.

389 *Sacksofsky*, Gleichberechtigung, S. 305 ff. (333); *dies.* in: Umbach/Clement, GG, Rz. 315, 362 f. zu Art. 3 m.w.N.; zustimmend *Kalisch*, Die Entwicklung des Verbots der mittelbaren Diskriminierung, S. 131; vgl. auch *Raasch*, Frauenquote und Männerechte, S. 150.

390 *Sacksofsky,* Gleichberechtigung, S. 305 ff. (333).

391 A.A. *Kalisch*, a.a.O., die Abs. 3 S. 1 grundsätzlich auf das Verbot mittelbarer Diskriminierungen erstrecken und nur das Verbot der Geschlechterdiskriminierung auf unmittelbare Anknüpfungen begrenzen will.

392 *Sachs*, Der Staat 23, S. 549 ff.; *Osterloh,* in: Sachs-GG, Rz. 226 zu Art. 3.

393 *Fuchsloch*, Das Verbot der mittelbaren Diskriminierung, S. 133 f. (157).

394 *BVerfGE* 97, 35 (43 f.); *BVerfGE* 104, 373 (393).

2. Art. 3 Abs. 2 S. 1 GG

Der abwehrrechtliche Gehalt des Art. 3 Abs. 2 S. 1 GG ist umstritten. Frühere Auffassungen maßen Abs. 2 a.F. neben Abs. 3 a.F. keinen eigenständigen Regelungsgehalt bei.[395] Inzwischen hat sich die Auffassung durchgesetzt, dass Abs. 2 jedenfalls ein über Abs. 3 S. 1 hinausreichendes Fördergebot enthält.[396] Den abwehrrechtlichen Gehalt der Vorschriften werten das BVerfG und Teile der Literatur jedoch weiterhin als identisch.[397] Andere Auffassungen interpretieren Abs. 2 in Abweichung von Abs. 3 als asymmetrische Regelung. Ziel der Norm sei die Korrektur gesellschaftlicher Machtungleichheit,[398] d.h. der Schutz derjenigen „in der Gesellschaft insgesamt, lang andauernd und systematisch diskriminierten Gruppe, die auch heute noch in der gesellschaftlichen Wirklichkeit erheblich benachteiligt ist."[399] Slupik und Raasch zufolge charakterisieren Abs. 2 als Gruppengrundrecht, dass der einzelnen Frau keine subjektiven Rechte gewährt.[400] Stärker durchgesetzt hat sich Sacksofskys Interpretation des Art. 3 Abs. 2 S. 1 GG als Dominierungsverbot.[401] Nach der Theorie vom Dominierungsverbot handelt es sich in der Norm nicht um ein Gruppengrundrecht, sondern ein gruppenbezogenes Individualrecht. Dem Staat wird untersagt, männlich geprägte Lebenserfahrungen und Wertvorstellungen zum unreflektierten Maß des staatlichen Handelns zu erheben, Frauen auf traditionelle Geschlechterrollen festzulegen oder an die Wahrnehmung traditioneller Rollen ungerechtfertigte Nachteile zu knüpfen, hieraus ergibt sich ein Schutz einzelner Frauen vor unmittelbarer wie mittelbarer Diskriminierung.[402]

Auch Baer plädiert für ein gruppenbezogenes Benachteiligungsverbot, aber in Form eines Hierarchisierungsverbots.[403] Sie versucht, dem komplexen Zusammenhang zwischen Geschlecht, Sexualität und Macht Rechnung zu tragen, indem sie Geschlechterdiskriminierung nicht als Folge festgeschriebener Geschlechterrollen begreift, sondern das Geschlecht selbst als hierarchische Konstruktion, die es (auch) mit Hilfe des Rechts zu überwinden gilt.[404]

395 *BVerfGE* 3, 225 (249).

396 H.M. *BVerfGE* 85, 191 (206 f.), *Pfarr*, Quoten und Grundgesetz, S. 32 ff.; *Slupik*, Parität, S. 72 ff.; *Schumann*, Faktische Gleichberechtigung, S. 66.

397 Std. Rspr. seit *BVerfGE* 3, 225 (240); *BVerfGE* 85, 191 (206 f.); *BVerfGE* 89, 276 (285); ebenso *Starck*, in: vM/K/S, GG Rz. 280 ff. zu Art. 3.

398 *Sacksofsky*, Gleichberechtigung, S. 372; für die asymmetrische Interpretation ebenfalls *Slupik*, Parität, S. 79; *Raasch*, Frauenquoten und Männerechte, S. 150; a.A. *Fuchsloch*, Das Verbot der mittelbaren Diskriminierung, S. 102; *Starck,* in: vM/K/S, GG, Rz. 290 zu Art. 3.

399 *Sacksofsky*, Gleichberechtigung, S. 360.

400 *Slupik*, Parität, S. 79; *Raasch*, Frauenquoten und Männerechte, S. 149 und 309.

401 *Sacksofsky*, Gleichberechtigung, S. 349 ff.; 360, 403 ff.; *dies.*, U/C GG zu Art. 3 II, III Rz. 332 f. *Sacksofsky*, Gleichberechtigung, S. 360; *dies.*, ZPR 2001, S. 412 (413): zustimmend *Heun,* in: Dreier, GG, Rz. 90 zu Art. 3; *Eckertz-Höfer*, AK-GG, Rz. 78 zu Art. 3 Abs. 2, 3.

402 *Sacksofsky*, Gleichberechtigung, S. 360; *dies.*, ZPR 2001, S. 412 (413).

403 *Baer*, Würde oder Gleichheit, S. 231.

404 *Baer*, ebda.

Für eine solche asymmetrische Interpretation der besonderen Gleichheitsgarantien spricht, dass die besonderen Gleichheitsgarantien zum Schutz von Gruppen festgeschrieben wurden, die in der Geschichte der jeweiligen Gesellschaft diskriminiert wurden. Diejenigen Gruppen, die politische, wirtschaftliche und kulturelle Macht haben und ihre Interessen folglich politisch und institutionell durchsetzen können, brauchen nach Auffassung von Sacksofsky hingegen keinen über den allgemeinen Gleichheitssatz hinausgehenden verfassungsrechtlichen Schutz.[405] Gegen eine asymmetrische Sichtweise spricht zunächst der Wortlaut des Art. 3 Abs. 2 S. 1 GG, der die Einbeziehung von Männern in den Kreis der Grundrechtsräger nahelegt. Holzleithner gibt darüber hinaus in ihrer Kritik an MacKinnons Rechtstheorie zu bedenken, dass sich Gemeinsamkeit weiblicher Interessen nicht in einem gemeinsamen „Opferstatus" erschöpfen kann. Sie warnt vor der Gefahr, aus einer vermeintlich einheitlichen weiblichen Erfahrung heraus ein ebenso monolithisch konstruiertes System männlicher Machtausübung zu kritisieren.[406] Farbige und behinderte Frauen haben deutlich gemacht, dass sich hinter dem in der Frauenpolitik lange formulierten einheitlichen Frauenstandpunkt die Interessen weißer, bürgerlicher nichtbehinderter Frauen verbargen und die Diskriminierungserfahrungen der Minderheitenfrauen erheblich von den als „allgemeine Fraueninteressen" formulierten Standpunkten abweichen können. Denkt man an die Schwierigkeiten, die behinderte Frauen z.B. in Bezug auf ihre Akzeptanz als „gute Mütter" haben, wird deutlich, dass sich aus der Perspektive unterschiedlicher Frauen heraus auch die Bewertung dessen ändern kann, was als gesellschaftliches Privileg gilt und was nicht. Will man durch asymmetrische Interpretationen Männer von vornherein als die gesellschaftlich privilegierte Gruppe charakterisieren, läuft man zudem Gefahr, patriarchale Wertigkeiten festzuschreiben, z.B. die Erwerbsarbeit als Privileg, die familiäre Betreuungs-, Erziehungs- und Beziehungsarbeit hingegen als Nachteil zu werten. Antidiskriminierungsrecht muss meines Erachtens dem Umstand Rechnung tragen können, dass Männer trotz ihrer Zugehörigkeit zur dominierenden Gesellschaftsgruppe Nachteile erfahren können, wenn sie gegen geltende Geschlechternormen verstoßen. Erleiden männliche Arbeitnehmer berufliche Nachteile, weil sie Elternzeit in Anspruch nehmen, zur Pflege ihrer kranken Kinder zu Hause bleiben oder auf Teilzeit reduzieren, so sind sie wie Frauen in dieser Situation gegenüber anderen Arbeitnehmern benachteiligt. Generell werden im Erwerbsleben weiblich codierte Aufgaben, Tätigkeiten und Verhaltensweisen – und damit auch die familiäre Reproduktionsarbeit – niedriger bewertet und honoriert als männlich codierte. Das bekommen vor allem Frauen, aber auch die Männer, die in typischen Frauenberufen wie der Pflege oder sozialen Arbeit arbeiten oder ihre Erwerbstätigkeit im Interesse familiärer Aufgaben einschränken, negativ zu spüren. Mit der Übernahme familiärer Verantwortung kann für Männer aber auch ein spezifischer Verlust an gesellschaftlicher Anerkennung als Mann und damit eine eigene Form der geschlechtsspezifischen Diskriminierung

405 *Sacksofsky*, Die blinde Justitia, S. 423.
406 *Holzleithner*, Recht Macht Geschlecht, S. 41.

verbunden sein. Ein weiteres historisches Beispiel geschlechtsspezifischer Diskriminierung von Männern bildete die unterschiedliche Kriminalisierung weiblicher und männlicher Homosexualität in der Bundesrepublik bis 1994 durch § 175 StGB a.F.[407] Um Geschlechterhierarchien nachhaltig überwinden zu können, müssen all diejenigen, die Geschlechternormen zu überwinden versuchen, vor Diskriminierung geschützt werden. Das spricht aber für die Einbeziehung der Männer als Vertreter dominierender Gesellschaftsgruppen in den Schutz der besonderen Gleichheitsgarantien und damit für eine symmetrische Interpretation des Art. 3 Abs. 2 S. 1 GG.

Als Zwischenergebnis kann festgestellt werden, dass Art. 3 Abs. 2 S. 1 GG Frauen mit und ohne Behinderung ein subjektives Abwehrrecht gegen unmittelbare und mittelbare geschlechtsspezifische Diskriminierungen verleiht.

3. Art. 3 Abs. 2 S. 2 GG

Die Pflicht des Staates, sich aktiv für die faktische Gleichberechtigung der Geschlechter einzusetzen, wurde in Art. 3 Abs. 2 S. 2 GG konkretisiert.[408] Das Fördergebot des Abs. 2 reicht über das Diskriminierungsverbot hinaus.[409] Der Staat hat danach auch diejenigen faktischen Benachteiligungen aktiv abzubauen, die ihm nicht mehr als Folge staatlichen Handelns zuzurechnen sind.

Im Rahmen des Fördergebots stellt sich vor allem die Frage nach der Verantwortung des Staates für Geschlechterdiskriminierung durch die Privatwirtschaft, sei es im Bereich von Ausbildung und Arbeit oder in Bezug auf das Angebot von Dienstleistungen und Waren (z.B. Unisextarife in Versicherungsverträgen). Hier definieren die europäischen Richtlinien gesetzliche Mindeststandards für den privatrechtlichen Antidiskriminierungsschutz.[410] Für Frauen spielt aber auch der wirkungsvolle Rechtsschutz in der sogenannten privaten Sphäre von Ehe und Familie eine wichtige Rolle, insbesondere der Schutz vor häuslicher einschließlich sexualisierter Gewalt durch den Ehe- bzw Lebenspartner und andere soziale Bezugspersonen.[411]

Anders als im Bereich der Abwehrfunktion der Grundrechte ist dem einfachen Gesetzgeber bei den Förder- und Schutzpflichten ein weiter Gestaltungsspielraum eingeräumt, wie er seinen Verfassungsauftrag verwirklicht. Als staatliche Schutzmaßnahmen kommen privat- oder öffentlichrechtliche Vorschriften, aber auch die Optimierung von Verwaltungs- und Gerichtsverfahren mit dem Ziel einer niederschwelligeren, schnelleren oder effektiveren Rechtsverwirklichung in Betracht.[412]

407 Diese wurde von *BVerfGE* 6, 389 ff., seinerzeit mit Geschlechtsunterschieden gerechtfertigt.

408 *BVerfGE* 85, 191 (207); *Limbach/Eckertz-Höfer*, Frauenrechte; *Eckertz-Höfer*, AK-GG, Rz. 39 zu Art. 3.

409 *BVerfGE* 85, 191 (207); 92, 91 (109); 104, 373 (393).

410 Hierzu eingehend *Rust/Däubler/Falke et al.,* Die Gleichbehandlungsrichtlinien der EU und ihre Umsetzung in Deutschland.

411 *Baer*, Würde oder Gleichheit; *Schweikert*, Gewalt ist kein Schicksal.

412 *Eckertz-Höfer*, in: AK-GG, Rz. 94 f. zu Art. 3 Abs. 2, 3; *BVerfGE* 81, 242 (255).

Den Einzelnen entstehen hieraus in aller Regel keine Ansprüche auf eine bestimmte Art der Förderung oder des Schutzes durch den Staat.[413]

Umstritten bleibt freilich das Verhältnis von Art. 3 Abs. 2 und 3 S. 1 GG, d.h. die Frage, inwieweit der Staat seinen Förderauftrag mit Hilfe von Frauenfördermaßnahmen umsetzen darf oder muss, ohne hierdurch Männer zu benachteiligen.

4. Art. 3 Abs. 3 S. 2 GG

Trotz der systematischen Stellung der Vorschrift und ihrer erkennbaren Anlehnung an den Wortlaut des S. 1 wurde der rechtliche Funktionsgehalt des Verbots der Benachteiligung wegen einer Behinderung von einigen Autoren zunächst gänzlich in Zweifel gezogen.[414] Nach ganz h.M. verbietet Art. 3 Abs. 3 S. 2 GG als subjektives Abwehrrecht die Benachteiligung behinderter Menschen durch unmittelbar differenzierende Regelungen.[415] Hier handelt es sich also zweifellos um eine asymmetrisch ausgerichtete Schutznorm. Wie auch bei S. 1 GG wird man diejenigen Differenzierungen zum Nachteil behinderter Menschen in Ausnahmefällen für gerechtfertigt halten müssen, wenn ein zwingender Grund dies erfordert – so z.B. die Versagung der Fahrerlaubnis an eine blinde Verkehrsteilnehmerin.[416] Ein Teil der Lehre will den Funktionsgehalt des S. 2 auf ein striktes Anknüpfungsverbot beschränken.[417] Das BVerfG hingegen tendiert erkennbar dazu, den Funktionsgehalt weiter zu interpretieren. In seinen ersten Entscheidungen zu Art. 3 Abs. 3 S. 2 GG führt es aus, dass behinderte Menschen auch benachteiligt werden, wenn ihre Lebenssituation verschlechtert wird, weil ihnen durch Regelungen Entfaltungs- und Betätigungsmöglichkeiten vorenthalten werden, die anderen offen stehen.[418] In seiner Entscheidung zur Testiermöglichkeit schreib- und sprechunfähiger Personen erstreckt es Art. 3 Abs. 3 S. 2 GG auch auf Regelungen, deren Wirkung nicht nur, aber „zum großen Teil“ bzw. „insbesondere“ behinderte Menschen trifft.[419] Damit trägt das

413 Vgl. hierzu schon die GVK in BT-Drs. 12/6000, S. 50; *Gubelt*, in: vM/K, Rz. 93b zu Art. 3; *Jarass,* in: Jarass/Pieroth, GG, Rz. 90 zu Art. 3.

414 *Bergmann*, in Seifert/Hörnig, GG, Rz. 20 zu Art. 3 III 2; nicht eindeutig *Osterloh*, in: Sachs-GG, Rz. 228 zu Art. 3.

415 *Sachs*, RdJB 1996, S. 154 ff.; *Buch*, Das Grundrecht der Behinderten, S. 298.

416 H.M. vgl. nur *Reichenbach*, Der Anspruch behinderter Schülerinnen und Schüler, S. 246; *Jarass*, in: Jarass/ Pieroth, GG, Rz. 133 zu Art. 3 GG m.w.N.; die Formel birgt natürlich die Gefahr, dass versucht wird, Sonderbehandlungen behinderter Menschen oder ihren Ausschluss von der gesellschaftlichen Teilhabe weiterhin mit ihrer Andersartigkeit zu begründen.

417 *Sachs*, RdJB 1996, S. 161 ff. (in konsequenter Fortführung seiner Interpretation des S. 1, vgl. *ders.*, Grenzen).

418 *BVerfGE* 99, 341 ff.; BVerfGE 96, 288 (302). Die Verfassungsänderung hatte u.a. die Überprüfung und Modifizierung einer großen Anzahl gesetzlicher Zugangsbeschränkungen für behinderte Menschen zu Ausbildungsberufen und beruflichen Tätigkeiten zur Folge, vgl. Art. 4–25, 30, 31, 35–44 BGG.

419 *BVerfGE* 99, 341 ff.

Gericht dem Umstand Rechnung, dass sich Differenzierungen zum Nachteil von behinderten Menschen wohl immer indirekt vornehmen lassen, indem einfach an das Vorliegen oder Fehlen bestimmter Funktionen oder Fähigkeiten angeknüpft oder diese stillschweigend vorausgesetzt werden. Auch in der Literatur wird Art. 3 Abs. 3 S. 2 GG überwiegend als Verbot unmittelbarer, indirekter wie mittelbarer Benachteiligungen gewertet.[420] Anders als Abs. 3 S. 1 verbietet S. 2 nur die Benachteiligung, nicht aber die Bevorzugung wegen einer Behinderung. Die Pflicht des Staates, sich aktiv um die Herstellung gleichwertiger Lebensbedingungen für behinderte Menschen einzusetzen, leiten – wie oben dargelegt – Rspr. und h.L. bereits traditionell aus dem Sozialstaatsprinzip ab. Mit Art. 3 Abs. 3 S. 2 GG wurde aber nun ein Verfassungsauftrag mit eigenem Gehalt geschaffen.[421] Das BVerfG führt in der Sonderschulentscheidung an, der Gesetzgeber habe durch Einfügung der Norm gesellschaftliche und rechtliche Ausgrenzungen behinderter Menschen verhindern oder überwinden wollen.[422] Es besteht weitgehend Einigkeit darüber, dass mit dem objektiv-rechtlichen Auftrag des Staates zur Überwindung bestehender Ungleichheit kein subjektives Recht behinderter Menschen auf konkrete Fördermaßnahmen verbunden ist.[423]

Anders als bei der Frauenförderung gab es im Kontext von Behinderung nie eine nennenswerte Diskussion darüber, ob die sozialstaatliche Förderung (schwer-) behinderter Menschen mittels spezifischer Sozialleistungen, der Beschäftigungsquote oder dem Sonderkündigungsschutz eine nach Art. 3 Abs. 1 GG gleichheitswidrige Bevorzugung von behinderten gegenüber nichtbehinderten Menschen darstellt. Dies liegt sicherlich nicht nur an den unterschiedlichen Anforderungen, die die Verfassung an die Rechtfertigung der Begünstigung wegen des Geschlechts einerseits (Art. 3 Abs. 3 S. 1), wegen der Behinderung andererseits (Art. 3 Abs. 1 GG) stellt. Vielmehr zielen Frauenquoten und andere Frauenfördermaßnahmen auf die Förderung eines viel größeren Personenkreises. Auch in qualitativer Hinsicht werden Frauen von Männern eher als echte Konkurrenz auf dem Arbeitsmarkt wahrgenommen, als Schwerbehinderte von Nichtbehinderten. Viele setzen irrtümlich eine Schwerbehinderung mit einer Erwerbsminderung gleich.[424] Tatsächlich muss eine

420 *Straßmair*, Der besondere Gleichheitssatz, S. 229 f.; *Osterloh*, in: Sachs-GG, Rz. 311 zu Art. 3.

421 *BVerfGE* 96, 288 (302); *Buch*, Grundrecht S. 27; *Straßmair*, Der besondere Gleichheitssatz, S. 252 f. m.w.N.; *Jarass*, in: Jarass/Pieroth, GG, Rz. 126 zu Art. 3; *Osterloh*, in: Sachs-GG, Rz. 305 zu Art. 3, a.A. noch *Bergmann*, in: Seifert/Hömig, Rz. 20 zu Art. 3 GG.

422 *BVerfGE* 96, 288 (302).

423 *Umbach*, in: U/C, GG, Rz. 393 zu Art. 3 III 2.

424 So heißt es beispielsweise bei *Raasch*: *„Frauen (...) sind nicht defizitär im Vergleich zu der hierzu heranzuziehenden Bezugsgruppe, den Männern. Sie werden lediglich von der Gesellschaft als defizitär eingestuft, abgewertet und behandelt."* Behinderte Frauen und Männer hingegen seien *„bezogen auf ihre konkrete Behinderung im Vergleich zu Nichtbehinderten tatsächlich defizitär. Ihre Wettbewerbsnachteile auf dem Arbeitsmarkt knüpfen neben Vorurteilen, die es auch gibt, an diese konkreten Defizite an."* (*Raasch,* Frauenquoten und Männerrechte, S. 214). Diese Argumentation ist ebenso verbreitet wie unzutreffend. Die hohe

Schwerbehinderung keinerlei Einfluss auf die Erwerbsfähigkeit haben. Dies gilt insbesondere dann, wenn behinderte Menschen in Berufen ausgebildet sind oder umgeschult werden, in denen ihre Behinderung nicht einschränkend zum Tragen kommt und ihr Arbeitsplatz an ihre Bedürfnisse angepasst ist bzw. wird.[425]

III. Die Gleichheitsgarantie des Art. 6 Abs. 1 GG

Für viele Frauen erlangt aufgrund der traditionellen Arbeitsteilung zwischen den Geschlechtern neben Art. 3 Abs. 2 GG auch Art. 6 Abs. 1 GG eine besondere Bedeutung in Bezug auf die Herstellung von Chancengleichheit. Das BVerfG interpretiert den Verfassungssatz als besondere Gleichheitsgarantie, die es u.a. verbietet, an die Wahrnehmung des Elternrechts in ehelicher Erziehungsgemeinschaft Nachteile zu knüpfen. Der Staat habe die Bedeutung der Kinderbetreuung als gesellschaftliche Leistung anzuerkennen und die tatsächlichen Voraussetzungen für die Betreuungsarbeit zu schaffen. Er habe dafür Sorge zu tragen, dass beiden Eltern eine Rückkehr in eine Berufstätigkeit ebenso wie das Nebeneinander von Erziehung und Erwerbstätigkeit einschließlich eines beruflichen Aufstiegs während und nach Zeiten der Kindererziehung ermöglicht wird und dass die Angebote der institutionellen Kinderbetreuung verbessert werden.[426]

E Der Schutz vor mehrdimensionaler Diskriminierung

Aus den Darlegungen ergibt sich, dass behinderte Frauen in mindestens zweifacher Weise vor Diskriminierung geschützt sind. Art. 3 Abs. 2 und Abs. 3 S. 1 GG verleihen ihnen subjektive Abwehrrechte vor unmittelbaren und mittelbaren geschlechtsspezifischen Benachteiligungen. Art. 3 Abs. 3 S. 2 GG verbietet ihre unmittelbare und mittelbare Benachteiligung wegen der Behinderung. Die Benachteiligungsverbote können im Privatrechtsverkehr eine mittelbare Drittwirkung entfalten. Aus dem Sozialstaatsprinzip in Verbindung mit den besonderen Gleichheitssätzen des Art. 3 Abs. 2 S. 1 und 2 GG und Art. 3 Abs. 3 S. 2 GG lässt sich eine objektiv-rechtliche

Arbeitslosenquote Schwerbehinderter beruht nicht darauf, dass sich behinderte Menschen regelmäßig auf Stellen bewerben würden, für die sie nicht geeignet wären.

425 Es kann einem blinden Psychotherapeuten möglicherweise leichter fallen als seinen sehenden Kollegen, Gesprächsinhalte genau in Erinnerung zu behalten oder emotionale Prozesse, in denen sich die Klienten befinden, an dessen Stimmmodulation und Atmung wahrzunehmen. Das „Know-how" behinderter Fachkräfte erlangt auch in der Entwicklung technischer Geräte und anderer Gebrauchsprodukte zunehmend Bedeutung, da in einer alternden Gesellschaft ein wachsendes ökonomisches Interesse an barrierefrei nutzbaren Produkten besteht („Design for All").

426 *BVerfGE* 88, 203 (258 f.); BVerfG B. v. 10.11.1998, 2 BvR 1057/91, Rz. 70 der Fassung unter www.bverfg.de (Recherche v. 30.7.2004).

Pflicht des Staates ableiten, sich aktiv für die Herstellung tatsächlicher Gleichheit von Frauen mit Behinderungen einzusetzen.

Doch ist damit tatsächlich ein wirkungsvoller verfassungsrechtlicher Diskriminierungsschutz zugunsten dieser Frauen gewährleistet? In der soziologischen Ungleichheitsforschung haben sich die eindimensionalen Analysen der Geschlechter-, Rassen- und Behindertendiskriminierung als unzureichend erwiesen. Dort lassen sich die Erfahrungen behinderter Frauen nicht befriedigend als Addition geschlechts- und behinderungsspezifischer Nachteile beschreiben. Oben (§ 2 B III) wurde aufgezeigt, dass die sozialwissenschaftliche Forschung die Wirkungsweisen von Geschlecht, „Rasse“ und Behinderung vielmehr nur zu erfassen vermag, wenn mögliche Wechselwirkungen berücksichtigt werden.

Anders als die soziologische Ungleichheitsforschung ermittelt das Recht jedoch Benachteiligungen nicht durch den Vergleich ganzer sozialer Lebenslagen, sondern nur in Bezug auf einzelne Handlungen und Rechtsakte. Es bleibt also festzustellen, ob es sich in der mehrdimensionalen Diskriminierung auch um eine spezifische Form der rechtlichen Ungleichbehandlung handelt und ob diese durch Art. 3 GG verboten wird.

I. Mehrdimensionale Diskriminierung als vermehrte Diskriminierung

Eine Benachteiligung von eigenem Rechtscharakter wäre zu verneinen, wenn eine mehrdimensionale Diskriminierung in juristischer Hinsicht als vermehrte Diskriminierung („doppelte Benachteiligung“) beschrieben werden könnte. Danach wären behinderte Frauen (wie nichtbehinderte Frauen) von geschlechtsspezifischer Diskriminierung und (wie behinderte Männer) von behindertenspezifischer Diskriminierung betroffen. Das Risiko, Benachteiligungen zu erfahren, addiert sich.

Frau F. ist aufgrund ihrer Skoliose als schwerbehindert anerkannt und auf der Suche nach einem neuen Arbeitsplatz. Bei Firma A. erklärt man ihr am Telefon, die vakante Stelle des Abteilungsleiters könne leider nur mit einem Mann besetzt werden, da das Personal sich schwer tue, eine Frau über sich zu akzeptieren. Der Geschäftsführer der Firma B. äußert beim Vorstellungsgespräch die Sorge, F. werde als Schwerbehinderte sicherlich häufig wegen Krankheit ausfallen.

In der Gesamtschau mag sich hier für F. das Risiko, von potenziellen Arbeitgebern aufgrund von Vorurteilen abgelehnt zu werden, quantitativ vermehren. Bezogen auf den einzelnen Rechtsakt lässt sich aber jede Ablehnung der Bewerberin entweder alleine auf die negativen Zuschreibungen an das Geschlecht oder aber an die Behinderung zurückführen. Dieser Unterfall der mehrdimensionalen Diskriminierung soll im Folgenden als vermehrte Diskriminierung bezeichnet werden. Für die Prüfung einer Ungleichbehandlung von Frau F. durch die beiden Arbeitgeber entfaltet hier die Tatsache, dass sie sowohl weiblich als auch behindert ist, keine Relevanz.

Es gibt jedoch auch Formen der rechtlichen Diskriminierung, bei denen es – bezogen auf die Rechtsfolgen – zu spezifischen Wechselwirkungen zwischen beiden Kategorien kommt. Dies ist immer dann der Fall, wenn Regelungen oder – und dies wird in der Praxis häufiger der Fall sein – ein Regelungskomplex an beide Merkmale anknüpfen.

II. Mehrdimensionale Diskriminierung als verschränkte Diskriminierung

1. Anknüpfung an mehrere Kategorien

Regelungen, die unmittelbar sowohl an das Geschlecht als auch an die Behinderung anknüpfen, sind erst in jüngster Zeit geschaffen worden, um festgestellte tatsächliche mehrdimensionale Diskriminierungen auszugleichen oder zu beseitigen (vgl. § 2 BGG, §§ 1 S. 2, 9 Abs. 1 S. 2, 33 Abs. 2, 44 Abs. 1 Nr. 3, 71 Abs. 1 S. 2, 122 Abs. 2 S. 2 SGB IX u.a.). Im Übrigen finden sich zahlreiche Regelungen und Rechtsakte, die Differenzierungen entweder nur wegen des Geschlechts oder aber der Behinderung vornehmen.[427]

Das Vorliegen eines Merkmals kann für den Eintritt einer bestimmten Folge aber auch dann von Bedeutung sein, wenn es in der Norm selbst nicht benannt ist. In Anlehnung an Sachs[428] lassen sich Regelungen nach der Art der vorgenommenen merkmalsspezifischen Anknüpfung in verschiedene Gruppen unterteilen, insbesondere in

- Regelungen, die die Rechtsfolge unmittelbar an ein Katalogmerkmal in der Gestalt eines Tatbestandsmerkmals anknüpfen („ausdrückliche Anknüpfung"),
- Regelungen, Entscheidungen und tatsächliches Staatshandeln, denen Unterscheidungen zugrunde liegen, die auf einer vorgelagerten Ebene oder in nicht ausdrücklich formulierten Entscheidungsmaximen enthalten sind („unausgesprochene und versteckte" Anknüpfungen),
- Regelungen, Entscheidungen oder tatsächliches Staatshandeln, die Unterscheidungen nicht an das Merkmal selbst knüpfen, aber an synonyme Begriffe oder spezifische Begleitmerkmale, die nur (wenn auch nicht immer) bei den Trägern des Merkmals auftreten („Anknüpfung an Synonyme und spezifische Begleitmerkmale") und
- Regelungen, die an Kriterien anknüpfen, die zwar besonders häufig oder typischer Weise, aber nicht ausschließlich bei einer Gruppe von Merkmalsträgern vorkommen („mittelbare Unterscheidungen").

Anhand der vorgenannten Fallgruppen lässt sich aufzeigen, dass Rechtsakte, auch wenn sie nicht ausdrücklich an beide Merkmale anknüpfen, dennoch Unterschei-

427 Vgl. nur §§ 611a BGB, 1626a Abs. 2 BGB, Mutterschutzgesetz, Bundesgleichstellungsgesetz, §§ 104–105a, 827, §§ 1896 ff. (Betreuungsrecht) BGB, §§ 174a Abs. 2, 174c Abs. 1, 179 Abs. 1 StGB, §§ 186, 191a GVG; § 10 SGB I sowie die meisten Regelungen der Rehabilitation im Besonderen Teil des SGB IX u.a.

428 Übersicht bei *Sachs*, HbdStR, § 126 Rz. 29 ff.; sowie eingehender *ders.*, Grenzen, S. 349 f.

dungen anhand dieser Merkmale zur Folge haben können, von denen behinderte Frauen nachteilig getroffen werden.

Beispiel 1: In einigen Wohnheimen für behinderte Menschen ist es bis heute üblich, den Abschluss eines Heimvertrages mit einer behinderten Frau davon abhängig zu machen, dass sich diese „in ihrem eigenen Interesse" verpflichtet, für die Dauer ihres Aufenthalts, d.h. auch ohne konkreten Bedarf, hormonell zu verhüten. Diese Rehabilitationseinrichtungen knüpfen damit die Erbringung staatlicher Leistungen bei behinderten Frauen (insbesondere Eingliederungshilfe nach §§ 53 ff. SGB XII) an andere Bedingungen als bei behinderten Männern.

Die „Verhütung" als Bedingung für den Abschluss eines Heimvertrages knüpft nicht an die tatsächliche Schwangerschaft als einer „spezifischen Begleiterscheinung", sondern unmittelbar an das Merkmal des Geschlechts an. Das Vorliegen der Behinderung hingegen ist eine auf vorgelagerter Ebene geregelte, versteckte Bedingung, denn die Leistungen dieser Einrichtungen richten sich ausschließlich an behinderte Menschen mit Rehabilitationsbedarf.

Beispiel 2: Frau M. ist mehrfach behindert und seit 15 Jahren im Arbeitsbereich einer Werkstatt für behinderte Menschen beschäftigt, als sie 1999 schwanger wird. Die Geschäftsführung kündigt ihr den Werkstattvertrag mit der Begründung, dass Frau M. beginnend ab dem neunten Monat und als Mutter eines Kleinkindes nicht mehr in der Lage sein wird, das erforderliche Mindestmaß an wirtschaftlich verwertbarer Arbeitsleistung (§ 54 Abs. 2 S. 1 SchwbG) zu erbringen. Gem. § 54a Abs. 2 i.V.m. Abs. 1 SchwbG sei die Werkstatt deshalb nicht verpflichtet, sie weiter zu rehabilitieren. Als arbeitnehmerähnliche Person könne sie sich auch nicht auf das Mutterschutzgesetz berufen.

Bis zum Außerkrafttreten des SchwbG[429] und der Neuregelung des Werkstättenrechts in §§ 136 ff. SGB IX war die Rechtsstellung der dort rehabilitierten behinderten Menschen stark umstritten. § 54a Abs. 1 SchwbG[430] vermochte nicht zur Klarheit beizutragen. Darin hieß es: „Behinderte im Arbeitsbereich anerkannter Werkstätten stehen, wenn sie nicht Arbeitnehmer sind, zu den Werkstätten in einem arbeitnehmerähnlichen Verhältnis, soweit sich aus dem zugrunde liegenden Sozialleistungsverhältnis nichts anderes ergibt."

Nach Auffassung der h.M. bildete das arbeitnehmerähnliche Rechtsverhältnis den Regelfall, den Status als Arbeitnehmer sollten nur diejenigen behinderten Beschäftigten erlangen, deren Tätigkeit mangels Förderungsbedarf ausnahmsweise keinen rehabilitativen Charakter hat.[431] Das Verbot der Kündigung während der Schwangerschaft (§ 9 MuSchG) galt daher in der Regel nicht, jedenfalls nicht unmittelbar, für die Werkstattbeschäftigten.

Die Kündigung der Frau M. wurde vorliegend mit dem Wegfall des erforderlichen Mindestmaßes an verwertbarer Arbeitsleistung begründet. Auftrag der Werkstätten war es gem. § 54 Abs. 1 SchwbG, schwerbehinderten Menschen eine Ausbildung und Beschäftigung zu bieten und es ihnen zu ermöglichen, ihre Leistungsfä-

429 Stichtag: 1.7.2001.

430 *SchwbG* i.d.F. der Bekanntmachung vom 16.7.1992 (BGBl. 1992 I, S. 1340).

431 *Dörner*, SchwbG § 54b Rz. 6; zu Abgrenzungsschwierigkeiten im Einzelfall *Jacobs*, ZfSH/SGB 1998, 203.

higkeit und Persönlichkeit (weiter)zuentwickeln. Gemäß dieser normativen Zielsetzung diente das erforderliche Mindestmaß an verwertbarer Arbeitsleistung in § 54 Abs. 2 SchwbG folglich als Maßstab für das vorhandene und förderbare Potenzial einer Person, die behinderungsbedingt, d.h. längerfristig in ihrer Leistungsfähigkeit eingeschränkt ist. Die Leistungsfähigkeit von Frau M. vor der Schwangerschaft entsprach offensichtlich dem erforderlichen Mindestmaß. Hier stand nach Auffassung der Werkstatt nur zu befürchten, dass Frau M. dieses Mindestmaß vorübergehend wegen der fortgeschrittenen Schwangerschaft oder in der anschließenden Phase der Kinderbetreuung nicht mehr erfüllen könnte. Der behauptete Wegfall des Mindestmaßes ihrer verwertbaren Arbeitsleistung steht nicht im Zusammenhang mit der Behinderung, der eigentliche Grund der Kündigung ist vielmehr die Schwangerschaft. Diese ist eine spezifische Fähigkeit, d.h. ein Merkmal, dass nur (wenn auch nicht immer) Frauen auszeichnet. Die Kündigung knüpft somit an das weibliche Geschlecht an.[432]

Beispiel 3: § 1905 BGB regelt die Sterilisation einwilligungsunfähiger Erwachsener. Sie berechtigt den hierfür bestellten gesetzlichen Betreuer (unter engen Voraussetzungen), anstelle einer auf Dauer einwilligungsunfähigen Person in deren Sterilisation einzuwilligen. Voraussetzung hierfür ist aber u.a. die konkrete Gefahr einer Schwangerschaft, die nicht in anderer Form abgewendet werden kann, sowie die Prognose, dass diese Schwangerschaft eine Lebens- oder ernsthafte Gesundheitsgefahr für die Schwangere bedeuten würde (§ 1905 Abs. 1 Nr. 3 und 4 BGB). Die im Vorfeld verfassungsrechtlich aus gutem Grund kontrovers diskutierte Vorschrift ist behinderungs- und geschlechtsneutral gefasst („einwilligungsunfähiger Erwachsener"). Behinderte Frauen kritisierten sie jedoch von Anbeginn an als eine „sehr geschlechtsspezifische Diskriminierung behinderter Frauen."[433]

Tatsächlich ergibt sich eine Anknüpfung an das Merkmal der Behinderung aus der Zusammenschau mit § 1896 Abs. 1 S. 1 BGB. Gem. § 1896 Abs. 1 S. 1 kann eine gesetzliche Betreuung nur für Volljährige angeordnet werden, die aufgrund einer psychischen Krankheit oder einer körperlichen, geistigen oder seelischen Behinderung ihre Angelegenheiten ganz oder teilweise nicht besorgen können. Die genannte Teilgruppe der psychisch Erkrankten fällt jedoch nicht in den Anwendungsbereich des § 1905 BGB. Dieser setzt die dauerhafte Einwilligungsunfähigkeit der Betroffenen voraus. Selbst wenn psychisch kranke Menschen zum fraglichen Zeitpunkt nicht einwilligungsfähig sein sollten, ergibt sich bereits aus der Bezeichnung der psychischen Erkrankung, dass es sich bei dem Krankheitszustand und der damit verbundenen Einwilligungsunfähigkeit mit hoher Wahrscheinlichkeit um einen vorübergehenden Zustand handelt. Anderenfalls läge der Fall einer seelischen Behinderung i.S.d. § 2 Abs. 1 SGB IX vor. Als dauerhaft einwilligungsunfähig i.S.d. § 1905 Abs. 1 BGB können daher nur Menschen mit (seelischer oder geistiger) Behinderung eingestuft werden.[434] In der dauerhaften Einwilligungsunfähigkeit

432 A.A. wohl *Podlech*, Gehalt und Funktionen, S. 92, der Unterscheidungen wegen einer Schwangerschaft nicht als Unterscheidungen wegen des Geschlechts wertet.

433 *Lux*, Frauen-Körper-Politik, S. 9 (13).

434 Ebenso *Hoffmann*, Sterilisation, S. 98 f.

handelt es sich um ein Merkmal, das nur, wenn auch nicht notwendig, behinderten Menschen zugeschrieben werden kann, d.h., § 1905 enthält eine Anknüpfung an spezifische Begleitmerkmale einer Behinderung.

§ 1905 BGB ist bewusst geschlechtsneutral gehalten. Aus den Gesetzesmaterialien ergibt sich, dass der Gesetzgeber auch die Sterilisation eines einwilligungsunfähigen Mannes nach § 1905 BGB für möglich erachtet hat.[435] Eine konkrete Schwangerschaft ist bei einem Mann aber nicht denkbar. Seine Sterilisation setzt also voraus, dass bei seiner Partnerin eine konkrete Schwangerschaftsgefahr und die Prognose einer Lebens- und Gesundheitsgefahr besteht und ihm dies zugerechnet werden kann (sog. vikariierende Zurechnung). Über diese Konstruktion sollen dem männlichen Sexualpartner entsprechend seiner anteiligen Verantwortung an einer Schwangerschaft auch gleichermaßen die damit verbundenen Lasten der Verhütung auferlegt werden.[436] Andere Meinungen in der Literatur erachten die vikariierende Zurechnung vorliegend als unzulässig, da es sich in der Einwilligung in die Sterilisation um eine Entscheidung handelt, die ein Dritter anstelle des Betroffenen vornimmt und die sich gem. § 1902 Abs. 2 und 3 BGB alleine an dessen (mutmaßlichen) Wohl und Wünschen zu orientieren hat.[437]

Welcher der Auffassungen der Vorzug zu geben ist, ist an dieser Stelle nicht zu entscheiden. In der gerichtlichen Praxis kann jedoch festgestellt werden, dass Sterilisationen nach § 1905 BGB zu rund 91%, d.h. ganz überwiegend an Frauen durchgeführt werden.[438]

Hält man vorliegend die Sterilisation von Männern nach § 1905 BGB generell für rechtswidrig, so wäre der Eingriff notwendig an das Risiko, in eigener Person schwanger zu werden und damit an die weibliche Geschlechtszugehörigkeit geknüpft. Dann handelt es sich wiederum um einen Fall der Anknüpfung an spezifische Begleitmerkmale. Erachtet man hingegen auch bei Männern den Eingriff grundsätzlich als zulässig, so bleiben dennoch in tatsächlicher Hinsicht, d.h. mittelbar überwiegend Frauen von der Rechtsfolge betroffen.

Die Beispiele 1–3 belegen, dass Regelungen und Rechtsakte auch ohne ausdrückliche Benennung beider Merkmale in unterschiedlicher Weise spezifische Auswirkungen auf behinderte Frauen entfalten können. Regelungen, die für den Adressatenkreis der behinderten und von Behinderung bedrohten Menschen einheitliche Rechtsfolgen anordnen, können bei den von der Regelung betroffenen Frauen und Männern unterschiedliche Auswirkungen entfalten, wenn die Rechtsfolge an Bedingungen geknüpft wird, die ausschließlich oder überwiegend nur von einem der bei-

435 BT-Drs. 11/4528, S. 79 (143).

436 BT-Drs. 11/4528, S. 79 (143).

437 *Hoffmann*, Sterilisation, S. 108 f.; *Knittel,* Betreuungsgesetz, Rz. 15 zu § 1905.

438 BT-Drs. 13/3822 (Bericht der Bundesregierung über praktische Auswirkungen der im Betreuungsrecht enthaltenen Regelungen zur Sterilisation, 1998). Dort heißt es weiterhin: *„die Betroffenen waren in der Regel weiblich, ledig, geistig behindert. (...) Es waren alle Altersgruppen vertreten, wobei die Zahl der 18-24jährigen überwog. Die Anregung zur Sterilisation ging überwiegend von Angehörigen aus."*

den Geschlechter erfüllt werden. Regelungen, die dem Schutz von (werdenden) Müttern dienen, können behinderte Schwangere aus dem Schutzbereich ausschließen, wenn spezifische Beschäftigungsverhältnisse schwerbehinderter Menschen nicht von dem Gesetz erfasst werden (einseitig anknüpfende einheitliche Regelungen).

2. Die verschränkte Diskriminierung als Kausalitätsproblem

Kommt es zur Wechselwirkung zwischen den Kategorien, so lassen sich die daraus entstehenden nachteiligen Rechtsfolgen nicht mehr entweder nur auf das Geschlecht oder nur auf die Behinderung zurückführen. Das nachfolgende Beispiel belegt anschaulich, dass sie sich auch nicht allein als „additive" Diskriminierung, d.h. als Addition einer geschlechtsspezifischen Benachteiligung *plus* einer behinderungsspezifischen Benachteiligung erfassen lassen.[439]

> Frau C. ist stark sehbehindert und hat einen Schwerbehindertenausweis. Sie bewirbt sich auf die Stelle eines/einer Abteilungsleiters/-leiterin. Hinsichtlich ihrer fachlichen Qualifikation wäre sie die geeigneteste Kandidatin. Dennoch erhält sie vom Personalchef folgende Absage: „Eigentlich wollten wir die Stelle mit einem Mann besetzen. Unsere Mitarbeiter tun sich schwer, eine Frau als Vorgesetze zu akzeptieren. Da hätten wir in Ihrem Fall aufgrund Ihrer hervorragenden Qualifikation ja gerade noch eine Ausnahme gemacht. Aber das hätte Ihnen einen 150%igen statt 100%igen Einsatz abverlangt. Und den können wir von einer Schwerbehinderten nicht verlangen."

Will Frau C. beim Arbeitsgericht geltend machen, dass sie durch diese Ablehnung diskriminiert werde, kann sie sich sowohl auf das Diskriminierungsverbot nach § 611a BGB (Diskriminierung wegen des Geschlechts) als auch auf § 81 Abs. 2 SGB IX (Diskriminierung wegen der Schwerbehinderung) berufen. Die Besonderheit liegt vorliegend in der Tatsache, dass zur Begründung der Ablehnung das Zusammentreffen beider Merkmale in einer Person herangezogen wurde. Das Verhältnis von § 611a BGB und dem Diskriminierungsschutz Schwerbehinderter wurde in der Literatur bislang (vor Inkrafttreten des § 81 Abs. 2 SGB IX) nur als normativer Zielkonflikt problematisiert, der sich ergibt, wenn bei gleicher fachlicher Eignung zwischen einem schwerbehinderten Bewerber und einer nichtbehinderten Bewerberin zu entscheiden war.[440] Doch in welchem Verhältnis stehen diese Vorschriften, wenn beide Merkmale in einer Person zusammentreffen? Da beide Vorschriften eine gesetzliche Ausprägung der Lehre von der mittelbaren Drittwirkung des Art. 3 GG darstellen, kann die Berücksichtigungsfähigkeit zweier Merkmale zunächst auf verfassungsrechtlicher Ebene untersucht werden.

439 Zur additiven Diskriminierung oben § 3 E I.
440 *Vetter*, VBlBW 2000, S. 213 ff.

a) „wegen seines Geschlechts“ und „wegen seiner Behinderung“

Art. 3 Abs. 3 GG verbietet die Benachteiligung, im Falle des S. 1 auch die Bevorzugung *wegen* der dort aufgeführten Katalogmerkmale. Fraglich ist, ob lediglich die Benachteiligung bzw. Bevorzugung wegen einer einzelnen Kategorie verboten ist oder aber verschränkte Diskriminierungen vom Schutzbereich des Art. 3 Abs. 3 GG umfasst sind. Der Wortlaut „wegen seines Geschlechts“, „wegen seiner Abstammung“ bzw. „wegen seiner Behinderung“ benennt die Katalogmerkmale jeweils als einen unzulässigen Grund, nicht aber als den ausschließlichen Grund für eine Ungleichbehandlung. Sprachliche Hinweise auf das Verhältnis der aufgezählten Merkmale zueinander können sich daher nur aus der spezifischen Systematik ihrer Enumeration ergeben.

Eine Enumeration kann abschließend ausgestaltet sein, d.h., dass die Rechtsfolge für andere als die aufgeführten Tatbestände nicht gelten soll. Bei nicht abschließenden Aufzählungen hingegen kann die angeordnete Rechtsfolge unter bestimmten Voraussetzungen auch für andere als die aufgeführten Tatbestände gelten. Art. 3 Abs. 3 GG ist seinem Wortlaut nach eine abschließende Aufzählung. Benachteiligungen aufgrund von Kategorien, die der Verfassungsgeber nicht in Abs. 3 aufgeführt hat, sind daher am allgemeinen Gleichheitssatz nach Art. 3 Abs. 1 GG zu messen.[441] Dies würde auch für verschränkte Diskriminierungen gelten, sofern sie nicht bereits durch die enumerativ aufgeführten Diskriminierungsverbote des Art. 3 Abs. 3 GG erfasst werden.

Eine enumerative Regelung kann vorsehen, dass

- eine bestimmte Rechtsfolge nur eintritt, wenn ein bestimmter Lebenssachverhalt alle in der Regelung enumerativ aufgeführten Tatbestände erfüllt (Tatbestandsmerkmale) oder
- eine bestimmte Rechtsfolge bereits eintritt, wenn der Lebenssachverhalt mindestens einen der in der Regelung aufgeführten Tatbestände erfüllt (Tatbestandsalternativen).

Eine Ungleichbehandlung nach Art. 3 Abs. 3 S. 1 und S. 2 GG muss nicht auf alle der alternativ aufgeführten Kategorien, sondern auf lediglich eine dieser Kategorien zurückzuführen sein, um eine Benachteiligung oder Bevorzugung darzustellen. Die Enumeration liefert jedoch keinen Anhaltspunkt für die Annahme, wonach eine verbotene Ungleichbehandlung nur dann vorliegt, wenn diese auf *höchstens* eine der aufgeführten Kategorien zurückzuführen ist. Wenn das Vorliegen einer einzelnen von mehreren Bedingungen ausreicht, um eine bestimmte Rechtsfolge eintreten zu lassen, so lässt das Vorliegen mehrerer dieser Bedingungen die Rechtsfolge nicht

441 *Sachs*, Verfassungsrecht II, S. 247; *Heun*, in: Dreier, GG I, Rz. 126 zu Art. 3; a.A. *vM/K/S*, Grundgesetz Bd. I, S. 208; insoweit nicht eindeutig *Kannengießer*, in: Schmidt-Bleibtreu/Klein, Rz. 40 zu Art. 3.

entfallen. Vielmehr wird hieraus logisch zu schließen sein, dass die Rechtsfolge dann *erst recht* gelten muss.[442]

b) „wegen"

Die Präposition „wegen" verlangt jedoch eine gesteigerte Beziehung zwischen der Benachteiligung oder Bevorzugung und der einzelnen Kategorie. Welche Anforderungen an diese Beziehung gestellt werden, ist von zentraler Bedeutung für die sachliche Eingrenzung des Anwendungsbereichs des Art. 3 Abs. 3 GG. Dies mag die Vielfalt und Unübersichtlichkeit der verschiedenen Interpretationsansätze erklären, die dem Versuch geschuldet sind, unter bestimmten Voraussetzungen – z.B. beim Mutterschutz – eine Differenzierung nach einzelnen Kategorien des Art. 3 Abs. 3 S. 1 GG doch für verfassungsgemäß erklären zu wollen.[443]

Nachfolgend werden zunächst die wichtigsten Interpretationsansätze des Begriffes „wegen" skizziert. Des Weiteren soll herausgearbeitet werden, ob nach diesen Interpretationen Art. 3 Abs. 3 GG nicht nur die Benachteiligung wegen eines, sondern auch mehrerer Merkmale verbietet.

(1) Kausalitätserfordernis

Der Begriff „wegen" wird im Bereich der unmittelbaren Benachteiligung bislang überwiegend als Kausalitätserfordernis gedeutet.[444] Auf unterschiedlichem Wege wird nach der Ursächlichkeit des Merkmals für die Diskriminierung gefragt. Den kleinsten gemeinsamen Nenner der unterschiedlichen Interpretationsmodelle bildet das Erfordernis einer äquivalenten Kausalität, angelehnt an die Formel der conditio sine qua non.[445] Danach kann eine Benachteiligung i.S.d. Art. 3 Abs. 3 GG nur gegeben sein, wenn das Vorliegen eines Katalogmerkmals nicht hinweggedacht werden kann, ohne dass die benachteiligende Folge einer staatlichen Handlung oder Maßnahme entfiele.

442 Hierfür finden sich in den einfachen Gesetzen zahlreiche Beispiele. So kann gem. § 112 Abs. 1 StPO gegen den Beschuldigten Untersuchungshaft nur angeordnet werden, wenn einer der in Abs. 2 oder § 112a StPO enumerativ aufgeführten Haftgründe der Flucht-, Verdunklungs- oder Wiederholungsgefahr vorliegt. Liegt mehr als einer dieser Haftgründe vor, so lässt dies die Rechtsfolge nicht entfallen, die Ermächtigung zur Anordnung der Verhaftung muss vielmehr erst recht gelten.

443 Vgl. nur *Binder-Wehberg*, Ungleichbehandlung von Mann und Frau, S. 27.

444 *Dürig,* in: M/D, Rz. 133 ff. zu Art. 3 Abs. 3; *Osterloh*, in: Sachs-GG, Rz. 239 ff. zu Art. 3; *Rüfner*, in: Dolzer/Vogel/Graßhof, BK-GG, Rz. 558 ff. zu Art. 3; *Eckertz-Höfer*, AK-GG, Rn. 103 ff. zu Art. 3.

445 *BVerfGE* 2, 266 (268); *BVerfGE* 3, 58 (158 f.); *BVerfGE* 5, 17 (22); *Sachs*, HbdStR § 126 Rn. 32.

Im Falle der Bewerbung von Frau C. auf die Stelle der Abteilungsleiterin hat der Personalchef das Zusammentreffen beider Katalogmerkmale als Ablehnungsgrund genannt. Nach der reinen Äquivalenztheorie sind beide Merkmale kausal für den Eintritt der Rechtsfolge. Keines der Merkmale kann hinweggedacht werden, ohne dass nicht auch die Folge – Ablehnung als Bewerberin – entfiele. Eine Anknüpfung der Ablehnung an mehrere Merkmale ist eine Anknüpfung immer – auch – an das Geschlecht bzw. immer – auch – an die Behinderung und damit äquivalent.

Die Äquivalenztheorie ist durch die gleichwertige Berücksichtigung aller in Betracht kommender Ursachen gekennzeichnet. Gerade in der Gleichwertigkeit aller Ursachen findet sie vorliegend aber auch ihre Grenzen: In der Rechtswirklichkeit gibt es in der Regel ein – wie Dürig es bezeichnet – ganzes Gestrüpp in sich verschlungener Kausalketten.[446] Die Notwendigkeit einer Eingrenzung auf rechtlich wesentliche Zusammenhänge, d.h. auf eine gesteigerte Beziehung zwischen dem Merkmal und dem Eintritt der Rechtsfolge, ist also offensichtlich.

(2) Eingrenzungskriterien

(a) Das Katalogmerkmal als eigentlicher oder einziger Grund der Ungleichbehandlung

Verschiedene Stimmen haben sich darum bemüht, den Begriff der adäquaten Kausalität einzuengen, indem sie versuchen, unter den zahlreichen Ursachen einer Rechtsfolge den eigentlichen oder gar einzigen Grund der Ungleichbehandlung herauszufinden.[447] 1977 stellte das BVerfG in einer Entscheidung zum FRG fest, eine Regelung verstoße nur dann gegen das Gleichberechtigungsgebot, wenn sie alleine und unmittelbar an den Unterschied der Geschlechter anknüpfe.[448] Da die Ungleichbehandlung von Frauen durch die Rentenbemessungsgrundlagen des Gesetzes aber nicht nur an deren Geschlecht, sondern auch an davon unabhängige fremdrechtliche Prinzipien anknüpfe, sei ein Kausalzusammenhang zu verneinen. Lässt man wie hier das BVerfG oder verschiedene Vertreter der Literatur also nur Differenzierungen gelten, die allein bzw. gerade und nur auf einem einzigen Merkmal beruhen, muss das Zusammentreffen zweier oder mehrerer Merkmale und deren ursächliche Wechselwirkung notwendig zur Ablehnung einer Benachteiligung sowohl aufgrund des einen als auch des anderen Merkmals führen.

Im Fall der Bewerberin C. hätte alleine die negative Zuschreibung an ihr Geschlecht zwar zu einer höheren Erwartung an ihre Leistung geführt („aber das hätte Ihnen einen 150%igen statt 100%igen Einsatz abverlangt"), nicht aber zu ihrer Ablehnung. Ein schwerbehinderter männlicher Bewerber hätte sich aufgrund seiner Behinderung mit Zweifeln an seiner Leistungsfähig-

446 *Dürig,* in: M/D, Rz. 154 zu Art. 3.
447 *Sacksofsky*, Gleichberechtigung, S. 142; *Dürig,* in: M/D, Rz. 154 zu Art. 3.
448 *BVerfGE* 43, 213 (226).

keit konfrontiert gesehen, von ihm wäre jedoch nur ein 100%iger Einsatz verlangt worden, den nach Meinung des Arbeitgebers auch Schwerbehinderte erbringen können. Erst das Zusammentreffen der bereits jeweils für sich negativen Zuschreibungen an die Bewerberin, wegen ihres Geschlechts und wegen ihrer Behinderung, führen tatsächlich zu der negativen Folge der Ablehnung. Keines der Merkmale ist somit der eigentliche oder einzige Grund der Ablehnung.

Die Frage nach dem eigentlichen oder einzigen Grund ist aber auch hinsichtlich ihrer Eignung zum Nachweis einer einfachen Benachteiligung angezweifelt worden. Die Auswahl des eigentlichen Merkmals folgt nicht etwa den Regeln der Logik, sondern erfordert vielmehr eine wertende Betrachtung. Dürig fordert deshalb, die Bezeichnung der Kausalität, die naturwissenschaftliche Exaktheit suggeriert, durch den Begriff der Finalität zu ersetzen.[449]

(b) Finalität

Die Interpretation des Wortes „wegen“ als Finalitätserfordernis fokussiert die willensmäßige Ziel- oder Zweckrichtung einer Regelung. Verboten sind demzufolge nur Ungleichbehandlungen, die von den handelnden Staatsorganen angestrebt wurden. Das Finalitätserfordernis fragt, ob die Ungleichbehandlung von Trägern verschiedener Merkmale beabsichtigt oder nur eine bloße Nebenfolge einer ganz anders intendierten Regelung ist.[450]

Die Frage nach dem beabsichtigten Zweck und der unbeabsichtigten Folge wird jedoch in fast allen Fällen wiederum eine ganze Kette von unterschiedlichen sachbezogenen Erwägungen zu Tage fördern. Bewusst oder unbewusst lassen sich zudem fast immer sachliche und nicht unmittelbare Erwägungen für eine Ungleichbehandlung anführen. Benachteiligungen von Frauen und behinderten Menschen sind in der Regel nie damit begründet worden, dass man die Betroffenen benachteiligen wolle.[451] So erklärte das Bundesarbeitsgericht 1955 zwar schematische Klauseln in Tarifverträgen, nach denen Frauen trotz gleicher Arbeit lediglich einen bestimmten Prozentsatz der tariflichen Löhne der Männer erhielten, für gleichheitswidrig, verwies die Tarifpartner aber statt dessen auf die Möglichkeit, bestimmten tatsächlichen Unterschieden durch sachbezogene Eingruppierungen Rechnung zu tragen.[452] In Folge wurden die vor allem von Frauen ausgeübten Tätigkeiten vorzugsweise den Leichtlohngruppen zugeordnet, die höhere Entlohnung von Männern hingegen über

449 *Dürig,* in: M/D, Rz. 154 zu Art. 3.

450 Das BVerfG stützte sich in *BVerfGE* 19, 119 (126); 39, 334 (368) auf das Finalitätserfordernis, hat diese Rechtsprechung dann aber im Nachtarbeitsurteil *BVerfGE* 85, 191, 206 ausdrücklich aufgegeben – vgl. auch *BVerfGE* 89, 276 (288 f.); 97, 35 (43) und 97, 186 (197). In der Literatur eingehender *Dürig,* M/D, Rz. 154 zu Art. 3; *Sacksofsky*, Gleichberechtigung, S. 142.

451 So zutreffend *Sacksofsky*, Gleichberechtigung, S. 145; zum Merkmal der Behinderung zahlreiche Beispiele bei *Davy,* Das Verbot der Diskriminierung wegen einer Behinderung, S. 7 (24 ff.).

452 *BAG* vom 15.1.1955, in: NJW 55, 684 (687).

Leistungsprämien und soziale Zulagen abgesichert. Die Abwertung der Frauenarbeit wurde nicht beseitigt, sondern lediglich auf subtilerem Wege fortgeführt.[453]

Alleine anhand der Frage nach der beabsichtigten Folge lässt sich eine gesteigerte Beziehung zwischen Merkmal und Rechtsfolge nicht nachweisen und damit auch die Benachteiligungsverbote des Art. 3 Abs. 3 GG nicht sachgerecht begrenzen.[454] Damit gleicht die Problematik der der äquivalenten Kausalität.

Verschiedene Auffassungen haben deshalb versucht, das Finalitätserfordernis wiederum auf diejenigen Benachteiligungen zu beschränken, in denen die Unterscheidung wegen eines Merkmals den alleinigen oder ausschlaggebenden Zweck der Regelung darstellt.[455] Wie oben anhand der Frage nach dem eigentlichen oder einzigen Grund dargestellt, lässt sich eine Benachteiligung aufgrund mehrerer Merkmale dann aber nicht mehr feststellen.[456]

(c) Striktes Anknüpfungsverbot

Zur Ermittlung der geforderten gesteigerten Beziehung zwischen Merkmal und Benachteiligung ist im Rahmen der Kausalitäts- und Finalitätstheorien immer eine wertende Auswahl zwischen möglichen Ursachen und Regelungszwecken erforderlich. Hierdurch verlieren diese Interpretationsmodelle jedoch an formaler Struktur. Beide Wege interpretieren Art. 3 Abs. 3 S. 1 GG als Differenzierungsverbot, das es grundsätzlich verbietet, rechtliche Differenzierungen mit der Behauptung einer natürlichen oder funktionalen Verschiedenheit der jeweiligen Trägerinnen oder Träger des Merkmals zu begründen. Gleichzeitig haben sie dieses Verbot aus unterschiedlichen Erwägungen immer wieder durchbrochen, um bestimmte merkmalsspezifische Differenzierungen, insbesondere die Regelungen zum Mutterschutz, weiterhin begründen zu können.

Sachs kritisiert, dass sich hinter dem „aussageschwachen Verweis auf andere Kriterien, die statt der zur Anknüpfung von Folgen verwendeten verbotenen Merkmale ‚eigentlich' maßgeblich sind", häufig nichts anderes als der Rückgriff auf Beweggründe oder Zielsetzungen des handelnden Staatsorganes verberge.[457] Er versucht, der Interpretation des Art. 3 Abs. 3 GG klarere Konturen und damit eine möglichst hohe Effektivität zu verleihen, indem er das Wort „wegen" als striktes Anknüpfungsverbot und die Art. 3 Abs. 2 S. 1 und Abs. 3 S. 1 und 2 GG als strikte Unter-

453 *Appel/Fisahn/Hess-Grunewald et al.,* Handbuch zur Gleichstellung der Geschlechter im Arbeitsrecht, S. 51, Rz. 88.

454 So auch *Sacksofsky*, Gleichberechtigung, S. 143.

455 In diese Richtung argumentiert u.a. *BVerfGE* 39, 334 (368).

456 Ungeachtet dessen erscheinen die Finalitätserwägungen aber auch grundlegend problematisch: Art. 3 GG stellt gemäß Art. 1 Abs. 3 GG ein Korrektiv staatlichen Handelns und damit auch des einfachen Gesetzgebers dar. Dessen erklärtes Motiv für eine Regelung kann dann jedoch nicht Maßstab für die verfassungsrechtliche Überprüfung dieser Regelung sein.

457 *Sachs,* HbdStR § 126 Rn. 69; *ders.,* Grenzen S. 390 ff.; 428 ff.

scheidungsverbote interpretiert, die jede Anknüpfung an die dort genannten Katalogmerkmale verbieten. Zwar findet sich auch an anderer Stelle in Literatur und Rechtsprechung immer wieder die Aussage, die in Art. 3 Abs. 1 GG genannten Merkmale dürften nicht Anknüpfungspunkt für differenzierende Regelungen sein, wann eine Regelung tatsächlich an ein Merkmal anknüpft, blieb dabei aber meist unklar.[458] Sachs hat deshalb zunächst anhand der bereits oben dargestellten Fallgruppen herausgearbeitet, wann und in welcher Form Regelungen und Rechtsakte Unterscheidungen anhand der Katalogmerkmale vornehmen können.

Eine gleichheitswidrige Unterscheidung liegt auch seiner Auffassung nach immer, aber auch nur dann vor, wenn das Katalogmerkmal conditio sine qua non für den Eintritt der Rechtsfolge ist. Conditio sine qua non sind zunächst alle Merkmale notwendig, an die eine Norm unmittelbar anknüpft. Daneben können aber auch nicht ausdrücklich in der Norm benannte Merkmale adäquat kausale Bedingung für den Eintritt der Rechtsfolge sein. Sachs' Auffassung zufolge sind auch indirekte Anknüpfungen ungeachtet ihrer tatsächlichen – positiven oder negativen – Auswirkungen auf die Gruppe der Merkmalsträger verboten. Im Fall der mittelbaren Benachteiligung, in der ein bestimmter Adressatenkreis nicht notwendig und ausschließlich, aber doch besonders häufig oder typischerweise von den negativen Folgen einer Regelung getroffen wird, ist das Merkmal hingegen nicht adäquat kausal für den Eintritt der Rechtsfolge. Fälle der mittelbaren Diskriminierung sollen Sachs zufolge daher nicht von den besonderen Gleichheitsgarantien erfasst sein.

Sachs' Verständnis vom strikten Differenzierungs-, im Sinne eines formalen Anknüpfungsverbots zielt damit auf eine rein formale, d.h. rechtsaktbezogene Gleichheit.

Mit der zunehmenden sprachlichen Neutralität von Rechtsnormen läuft ein solch formales Differenzierungsverbot als Gleichstellungskonzept jedoch leer. Seit Mitte der 1970er Jahre sind explizite Differenzierungen zum Nachteil von Frauen weitgehend aus der Rechtsordnung verschwunden[459], explizite Differenzierungen zum Nachteil von behinderten Menschen (z.B. in Form verschiedener berufsordnungsrechtlicher Zugangsbeschränkungen) wurden durch das Bundesbehindertengleichstellungsgesetz (BGG) weitgehend beseitigt.

Wenn Regelungen derzeit noch ausdrücklich an das Merkmal Geschlecht oder Behinderung anknüpfen (z.B. in Form von Sozialleistungen, des besonderen Kündigungsschutzes während der Schwangerschaft oder bei Schwerbehinderung), so dient diese Differenzierung dem Schutz und der Gleichstellung von Frauen oder behinderten Menschen, d.h. der Kompensation oder Beseitigung ihrer faktischen Benachteiligung. Ein striktes formalrechtliches Gleichheitskonzept könnte folglich nur noch die gesellschaftliche Dominanz von nichtbehinderten Menschen männlichen Geschlechts zementieren, nicht aber zur Beseitigung der noch immer festzustellenden

458 Vgl. *BVerfGE* 57, 335 (342); *BVerfGE* 85, 191 (206); *Jarass*, in: ders./Pieroth, GG, Rz. 41 zu Art. 3.

459 *Sacksofsky*, Gleichberechtigung, S. 91.

Diskriminierung derjenigen, die weiblich und bzw. oder behindert sind, beitragen.[460] Es wurde bereits dargelegt, dass diese Diskriminierungen jedoch gegenwärtig vor allem auf Rechtsnormen und -akte zurückzuführen sind, die scheinbar merkmalsneutral, jedoch von der männlichen Lebens- und Erfahrungswelt geprägt und auf die Bedürfnisse, persönlichen Fertigkeiten und Lebenslagen nichtbehinderter junger Menschen ausgerichtet sind.[461]

Ein effektiver Rechtsschutz für die nach Art. 3 Abs. 3 GG als besonders vulnerabel einzustufenden Bevölkerungsgruppen wird nur gewährleistet, wenn das Recht auf Gleichberechtigung nicht nur aktbezogene Gleichheit umfasst, sondern auf die soziale Wirklichkeit erstreckt wird. Um auch die tatsächlichen Auswirkungen einer Rechtsnorm erfassen zu können, müssen daher auch mittelbare Diskriminierungen in Art. 3 Abs. 3 GG einbezogen werden. Damit wird der Anwendungsbereich der Norm erweitert, dies führt zur Gefahr von Umgehungen. Dieser Gefahr muss durch eine am Normzweck orientierte Interpretation der Vorschrift als relatives Diskriminierungsverbot begegnet werden. Vorteil einer solchen Auslegung ist, dass Widersprüche zwischen dem Gemeinschaftsrecht und nationalem Gleichheitsrecht vermieden werden. Die Auslegung erlaubt unter engen Voraussetzungen auch eine vorübergehende positive Diskriminierung, d.h. die aktbezogene Differenzierung zugunsten von Frauenförderprogrammen oder Schwerbehindertenquoten, sofern diese der Überwindung faktischer Benachteiligungen dienen und sich als rechtmäßig und verhältnismäßig erweisen.[462]

(d) Begründungsverbot

Podlech interpretiert die besonderen Gleichheitsgarantien in Art. 3 GG als Begründungsverbote. Seiner Auffassung zufolge sind Art. 3 Abs. 2 und 3 S. 1 GG keine strikten Differenzierungsverbote. Sie verbieten es vielmehr nur, etwaige Differenzierungen mit den dort genannten Merkmalen zu begründen. Die rechtliche Anknüpfung an die Katalogmerkmale ist folglich durchaus zulässig, sofern sich die Differenzierung ohne Rückgriff auf das Merkmal begründen lässt.[463] Nicht nachvollziehbar ist seine Auffassung, wonach eine Regelung, der zufolge lediglich SchülerInnen Koch- und Handarbeitsunterricht erhalten, nicht in deren Geschlecht begründet sein soll.[464] Schlink hat im Interesse eines effektiven Rechtsschutzes den Ansatz Podlechs weiterentwickelt, indem er das Begründungsverbot auf die Begründung einer Ungleichbehandlung mit spezifischen Wertungen, die mit dem Merkmal einhergehen, erstreckt hat.[465] Beide Ansätze des Begründungsverbots beschränken den ver-

460 *Sacksofsky*, ZRP 2001, 413 (414).
461 Vgl. oben § 3 A und B.
462 *Fuchsloch*, Das Verbot der mittelbaren Geschlechtsdiskriminierung, S. 299.
463 *Podlech*, Gehalt und Funktionen, S. 94.
464 *Podlech*, Gehalt und Funktionen, S. 94 ff., krit. *Sacksofsky*, Gleichberechtigung, S. 147.
465 *Schlink*, Der Staat 15 (1976), S. 335 (350).

fassungsrechtlichen Schutz vor Diskriminierung auf intentionale Benachteiligungen durch gezielte Ausgrenzung und Abwertung. Dieser Schutz ist wichtig, aber nicht ausreichend. Oben wurde dargelegt, dass die vielfältigen Formen der strukturellen Diskriminierung wegen des Geschlechts und der Behinderung selten auf intentionalen Handlungen der beteiligten Entscheidungsträger beruhen, sondern auf unbewussten Annahmen und unreflektierten Normalitätskonstruktionen. Um einen effektiven Rechtsschutz zu gewährleisten, muss daher auch nichtintentionalen Formen der Diskriminierung Rechnung getragen werden. Dies vermag die Lehre vom Begründungsverbot nicht zu leisten.

(e) Logische Vergleichbarkeit

Auch die Lehre vom Begründungsverbot verlangt eine gesteigerte Beziehung zwischen der Begründung einer Ungleichbehandlung und dem Katalogmerkmal. Podlech hat den bereits beschriebenen Kausalitäts- und Finalitätserwägungen hierzu das Modell der logischen Vergleichbarkeit gegenübergestellt. Danach ist die für die besonderen Gleichheitsgarantien erforderliche gesteigerte Beziehung zwischen Katalogmerkmal und Begründung der Ungleichbehandlung anhand des folgenden Prüfungsrasters (von ihm als Regel 12.3 gekennzeichnet) zu ermitteln:

> „Ist die kennzeichnende Klasse einschließlich der behandelten Klasse und der Restklasse festgestellt, so erfolgt die Prüfung des Art. 3 Abs. 2 und 3 GG in folgender Reihenfolge:
>
> Nur wenn die behandelnde Klasse und die Restklasse durch Merkmale getrennt sind, die in Art. 3 Abs. 2 und 3 GG genannt sind, liegt ein Fall dieser Absätze vor.
>
> Liegt eine solche Trennung vor, ist diese Differenzierung genau dann wegen Verstoßes gegen Art. 3 Abs. 2 und 3 GG unzulässig, wenn die Merkmale, nach denen differenziert wird, zugleich Grund der Differenzierung sind.
>
> Ist die Differenzierung nicht schon nach der Regel 12.3.2 unzulässig, so hängt die Zulässigkeit oder Unzulässigkeit von den allgemeinen für die verfassungsrechtliche Gleichheit aufgestellten Kriterien ab.“[466]

Podlechs Prüfungsraster zufolge soll eine Ungleichbehandlung wegen eines Katalogmerkmals nur dann vorliegen, wenn sich die zu vergleichenden Gruppen (zu behandelnde Klasse und Restklasse) tatsächlich *nur* in diesem Katalogmerkmal unterscheiden. Ist das Katalogmerkmal zwar notwendiges, aber nicht hinreichendes Merkmal, so fehlt es nach Regel 12.3.1 von vornherein an der für die gleichheitsrechtliche Beurteilung nach Art. 3 GG notwendigen Vergleichbarkeit der zu regelnden Sachverhalte.

So soll es auch den Regelungen zum Mutterschutz an einer relevanten Vergleichbarkeit fehlen. Das Mutterschutzgesetz ordne spezifische Rechtsfolgen für werden-

466 *Podlech*, Gehalt und Funktionen, S. 95 f.

de, stillende Mütter und Wöchnerinnen an, soweit sie in einem Arbeitsverhältnis stehen.

„Die gekennzeichnete Klasse dieser Klasse ist die Klasse aller Zivilpersonen, soweit diese in einem Arbeitsverhältnis stehen. Die Restklasse der gleichbehandelten Personen ist die Klasse aller Zivilpersonen in einem Arbeitsverhältnis, soweit sie nicht werdende oder stillende Mütter oder Wöchnerinnen sind, einschließlich aller anderen weiblichen Personen."[467]

Da die Zugehörigkeit zum weiblichen Geschlecht hierbei weder ein klassenbildendes Merkmal noch einen der Gründe für die Zulässigkeit der durch das Mutterschutzgesetz angeordneten Differenzierungen liefere, treffe die Regelung überhaupt keine Unterscheidungen zwischen Frauen und Männern.[468]
Auf den ersten Blick scheint Podlechs Prüfungsraster durchweg geeignet, auf einfachem Wege gerade die Sachverhalte aus dem Anwendungsbereich des Unterscheidungsverbotes nach Art. 3 Abs. 3 S. 1 GG herauszulösen, in denen nach überwiegender Meinung eine unterschiedliche Behandlung geboten und erforderlich scheint (Mutterschutz). Sachs hat die Überlegungen Podlechs aufgegriffen und will sie in modifizierter Form nutzen, um auch im Rahmen seiner Lehre vom strikten Differenzierungsverbot die verbleibenden Zweifelsfälle zu lösen. Vom Differenzierungsverbot will er ausnahmsweise diejenigen Fälle ausnehmen, bei denen ein solches Verbot angesichts der „natürlichen" und damit logischen Unvergleichbarkeit der jeweiligen Personengruppen willkürlich wäre.[469]

Sowohl hinsichtlich des von Podlech entwickelten als auch des von Sachs modifizierten Klassensystems stellt sich jedoch die Frage, welche Unterscheidungen dann aber überhaupt noch dem Anwendungsbereich der besonderen Gleichheitssätze unterliegen sollen. Das Recht bedient sich überall und notwendig der Differenzierung und Typisierung von Personen und Sachverhalten. Einfache Gesetze regeln bestimmte Lebensbereiche, Personenverhältnisse und betreffen hier immer nur eine Teilgruppe aller Frauen und Männer, sei es als Gruppe der Verheirateten, der Erwerbstätigen, der Eigentümer oder der Wahlberechtigten. Sacksofsky kritisiert zutreffend, dass ein Klassifizierungssystem zur Ermittlung der vergleichbaren Sachverhalte dann aber kein Problem der logischen Vergleichbarkeit, sondern der wertenden Auswahl dessen ist, was man vergleichen möchte: „Denkt man beispielsweise an ein Verbot der Erwerbstätigkeit, welches nur verheiratete Frauen trifft, so unterscheiden sich auch hier die ungleichen behandelten Personengruppen nicht (allein) in dem Merkmal ‚Geschlecht'."[470] Wann immer eine Regelung für bestimmte, aber nicht für alle Frauen eine Unterscheidung vornimmt, die auch an das Geschlecht anknüpft, ließen sich diese aus dem Gleichberechtigungssatz „hinausdefinieren".

467 *Ebda.*, S. 92.
468 *Ebda.*, S. 92.
469 *Sachs*, Grenzen, S. 492.
470 *Sacksofsky*, Gleichberechtigung, S. 150.

Auch Regelungen oder Rechtsakte, die nicht alle Frauen bzw. nicht alle behinderten Menschen, sondern vielmehr behinderte Frauen nachteilig treffen, wären damit von vornherein dem Anwendungsbereich der besonderen Gleichheitsgarantien entzogen.

(3) Zwischenergebnis: Die mangelnde Eignung monokausaler Formeln

Formeln, wonach eine unmittelbare oder indirekte Ungleichbehandlung nur dann vorliegt, wenn diese eigentlich oder nur auf dem Vorliegen einer einzelnen Kategorie beruht bzw. diese Kategorie den Hauptzweck der Unterscheidung darstellt, sind zum Nachweis einer verschränkten Diskriminierung ungeeignet. Es stellt sich die Frage, ob sich verschränkte Diskriminierungen überhaupt mit Hilfe monokausaler Formeln nachweisen lassen. Voraussetzung wäre, dass sie sich additional, d.h. als „doppelte Diskriminierung" im Sinne einer Diskriminierung wegen des Geschlechts plus der Behinderung beschreiben und ebenso prüfen ließen.

Trägt man im Fall der abgelehnten Bewerberin C. der genauen Begründung des Arbeitgebers Rechnung, wird deutlich, dass dies nicht der Fall ist. Der Versuch, die Rechtsfolge (Ablehnung der Bewerberin) streng nach Merkmalen getrennt zunächst nach § 611a BGB (alleine) auf eine Diskriminierung wegen des Geschlechts als sodann nach § 81 Abs. 2 SGB IX (alleine) auf eine Diskriminierung wegen der Schwerbehinderung zurückzuführen, scheitert.

Bereits die behinderungsneutrale Aussage: „Ein Mann mit der fachlichen Qualifikation der Bewerberin wäre umgehend eingestellt worden, eine Frau mit ihrer Qualifikation wäre unter der Bedingung eingestellt worden, 150% Einsatz zu erbringen", ist falsch. Eine Frau mit ihrer Qualifikation wäre vielmehr nur unter den Bedingungen eingestellt worden, dass sie a) 150% Einsatz zu erbringen hat und b) nicht schwerbehindert ist.

Anders gesagt: nach Auffassung des Arbeitgebers kann die Bewerberin eine an ihr Geschlecht geknüpfte Bedingung wegen ihrer Schwerbehinderung nicht erfüllen. Sobald innerhalb der Gruppe aller Männer oder aller Frauen bei Vorliegen einer Behinderung eine weitere Differenzierung vorgenommen wird, lassen sich generelle Aussagen über die Oberkategorie „Männer und Frauen" nicht mehr machen.

Weder das Geschlecht noch die Behinderung reichen folglich als einziges Anknüpfungsmerkmal aus, um die ungleiche Behandlung im Hinblick auf die Rechtsfolge, d.h. die Ablehnung der Bewerberin, logisch zu erklären. Als Vergleichsgruppen müssen vielmehr sowohl behinderte männliche Bewerber als auch nichtbehinderte Bewerberinnen herangezogen werden, es findet eine Kumulation beider Kategorien statt.

Damit erweist sich aber auch die von Podlech entwickelte Formel zur logischen Vergleichbarkeit[471] ebenso wie deren Modifikation von Sachs[472] als ungeeignet zum Nachweis einer mehrdimensionalen Diskriminierung, denn sie basieren ebenfalls auf

471 *Podlech*, Gehalt und Funktionen, S. 92.
472 *Sachs*, Grenzen, S. 394 ff.

der Konstruktion monokausaler Ketten, wie sie vorliegend nicht geknüpft werden können.

3. Alternative Gleichheitskonzepte

Die dargestellten Grenzen der bisherigen Interpretationsansätze der besonderen Gleichheitsgarantien haben im Anschluss an die Rechtstheorie MacKinnons[473] vor allem Vertreterinnen der feministischen Rechtswissenschaften veranlasst, das Differenzierungsverbot als geeignete Interpretationslinie grundlegend in Frage zu stellen. Das Differenzierungsverbot, so die Kritik, werten die Differenz als Ursache sozialer und rechtlicher Ungleichheit, nicht als deren Folge. Das Erfordernis der Vergleichbarkeit zwingt marginalisierte Bevölkerungsgruppen, sich stets an dem Maßstab messen zu lassen, den die dominierenden Gruppen als Norm definiert haben.

Sacksofskys und Baers asymmetrische Interpretationen der geschlechtsbezogenen Gleichheitssätze als Dominierungs- oder Hierarchisierungsverbote[474] verzichten deshalb auf das Erfordernis der Anknüpfung an das individuelle Merkmal. Ausgangspunkt bildet die Überlegung, dass die einzelne Frau nicht aufgrund ihrer persönlichen Merkmale und Eigenschaften diskriminiert wird, sondern aufgrund ihrer Zugehörigkeit zur Gruppe der Frauen.[475] Im Rahmen asymmetrisch konzipierter Gleichheitskonzepte genügt es zur Feststellung einer gruppenspezifischen Diskriminierung, dass eine Norm die zu schützende Gruppe unmittelbar oder mittelbar besonders nachteilig trifft.[476] Nun beruhen aber verschränkte Diskriminierungen behinderter Frauen weder alleine auf ihrer Zugehörigkeit zur Gruppe der Frauen, noch auf ihrer Zugehörigkeit zur Gruppe der Männer. Für gruppenbezogene Grundrechtsinterpretationen besteht eine besondere Anforderung also darin, die Interessen einzelner gesellschaftlicher Gruppen zu beschreiben, ohne dabei mehrdimensionale Diskriminierungen fortzuschreiben.[477] Um die Diskriminierungserfahrungen der Menschen an den Schnittstellen sichtbar zu machen, bedarf es vielmehr einer weiteren Ausdifferenzierung innerhalb dieser geschützten Gruppen. Bei der Ermittlung des Gruppeninteresses sind deshalb mögliche Differenzen innerhalb der Gruppe aufgrund von Lebensalter, Kultur, Behinderung, sexueller Identität u.a. und die entlang dieser Achsen verlaufenden Dominanzverhältnisse angemessen zu berücksichtigen. Möglicherweise wird sich am Ende ein kleinster gemeinsamer Nenner als gemeinsames und mithin „typisches" Interesse der jeweiligen Gruppe „der Frauen" oder „der Behinderten" herausarbeiten lassen. Doch können sich die Interessen verschiedener Teilgruppen freilich auch diametral entgegenstehen und damit eine Typi-

473 *MacKinnon,* Difference and Dominance: On Sex Discrimination, S. 276.
474 *Sacksofsky*, Grundrecht, S. 312.
475 *Sacksofsky*, Grundrecht, S. 360; *Baer*, Würde oder Gleichheit, S. 231.
476 *Sacksofsky*, Grundrecht, S. 361.
477 Ebenso *Sacksofsky,* Die blinde Justitia: Gender in der Rechtswissenschaft, S. 403 (424).

sierung als gemeinschaftliches frauen- oder behinderungsspezifisches Interesse unmöglich machen.

4. Grenzen der besonderen Gleichheitsgarantien?

Auf den ersten Blick scheint es, als seien im Falle verschränkter Diskriminierungen die Grenzen der besonderen Gleichheitsgarantien erreicht. Um eine Gleich- oder Ungleichbehandlung von Personen feststellen zu können, müssen sich Gleichheitssätze notwendig der Typisierung und Kategorisierung bedienen. Die Gleichheitsfeststellung beurteilt eine Gruppe von Menschen in einer bestimmten rechtserheblichen Lage als gleich, indem sie eine Gemeinsamkeit ihrer Mitglieder betont, durch die sie sich von anderen Personen unterscheiden. Die verbleibenden mannigfaltigen Differenzen innerhalb der kategorisierten Gruppe müssen hierzu aber ausgeblendet werden. Gleichheitsrecht, so ließe sich folgern, verspricht keine Einzelfallgerechtigkeit, sondern folgt einem relativen Gleichheitskonzept.

Aus ähnlichen Erwägungen heraus wies ein US-amerikanisches Bezirksgericht noch 1977 die Klage einer Gruppe von schwarzen Frauen gegen ihren Arbeitgeber wegen Diskriminierung ab.[478] In *DeGraffenreid v. General Motors* hatten die Klägerinnen dargelegt, dass die von General Motors im Zuge einer Massenentlassung vorgenommene Sozialauswahl zur Kündigung fast aller schwarzen Mitarbeiterinnen des Unternehmens geführt hatte. Das Gericht prüfte die Kündigungen im Hinblick auf eine Diskriminierung wegen des Geschlechts als auch der „Rasse" und kam aufgrund der dargelegten Problematik monokausaler Gleichheitskonzeptionen zum Ergebnis, dass es sich weder um eine Frauen-, noch um eine Rassendiskriminierung handele. Schwarze Frauen, so das Gericht, könnten sich aber nicht erfolgreich darauf berufen, als „schwarze Frauen" diskriminiert zu werden. Damit würde eine neue „Super-Kategorie" eingeführt, die vom rechtlich gewährleisteten Diskriminierungsschutz nicht mehr gedeckt sein könne:

> „The plaintiffs are clearly entitled to a remedy if they have been discriminated against. However they should not be allowed to combine statutory remedies to create a new 'super-remedy' which would give them relief beyond what the drafters of the relevant statutes intended. Thus, this lawsuit must be examined to see if it states a cause of action for race discrimination, sex discrimination, or alternatively either, but not a combination of both. (…) The legislative history surrounding Title VII does not indicate that the goal of the statute was to create a new classification of 'black women' who would have greater standing than, for example, a black male. The prospect of the creation of new classes of protected minorities, governed only by the mathematical principles of permutation and combination, clearly raises the prospect of opening the hackneyed Pandora's box.[479]

478 *DeGraffenreid v. General Motors* 558 F.2d 480 and 145 (8th Cir. 1977), zit. bei *Crenshaw*, Demarginalizing the Intersections of Race and Sex, S. 383.

479 *DeGraffenreid v. General Motors* 558 F.2d 480 and 145 (8th Cir. 1977), zit. bei *Crenshaw*, Demarginalizing the Intersections of Race and Sex, S. 383 (384 f.).

Um mehrdimensionale Diskriminierungen in den Schutzbereich eindimensional konzipierter Diskriminierungsverbote einbetten zu können, müssen Letztere, wie das Gericht richtig feststellt, kombiniert zur Anwendung kommen. Dies erfordert es, bestimmten Differenzen innerhalb der Gruppe der Frauen und der Schwarzen Rechnung zu tragen. Es bedeutet aber ebenso, einer großen Anzahl anderer Personen an den Schnittstellen dieser und anderer Kategorien gesondert Rechnung zu tragen: behinderten Frauen, schwarzen Katholiken oder – da die Kombinationen sich natürlich beliebig erweitern lassen – schwarzen behinderten Muslima. Für das Gericht öffnet sich hier Pandoras Büchse – es sieht die Grenzen dessen, was Gleichheitsrecht leisten kann, für erreicht.

In den besonderen Gleichheitsgarantien des Grundgesetzes haben die Mütter und Väter des Grundgesetzes festgelegt, welche Menschen sie aufgrund ihrer Zugehörigkeit zu einer bestimmten Gruppe dem besonderen Diskriminierungsschutz der Verfassung unterstellen wollen. Es galt, die Mitglieder bestimmter vulnerabler Bevölkerungsgruppen in besonderer Weise vor Abwertung, Ausgrenzung und Verfolgung zu bewahren. Dies muss für alle Mitglieder innerhalb der geschützten Bevölkerungsgruppen gleichermaßen gelten. Ein Diskriminierungsschutz muss außerdem für alle durch die verschiedenen Merkmale gekennzeichneten Gruppen gleichermaßen gewährleistet sein.

Diese Gruppen stehen jedoch nicht getrennt nebeneinander. Sie bilden zahllose Schnittmengen. Die größte Schnittmenge bildet das weibliche Geschlecht. In der Geschichte und Gegenwart wurden weibliche Mitglieder bestimmter Minderheiten stets in spezifischer Form diskriminiert und verfolgt. Die Zwangssterilisationen jüdischer und behinderter Frauen unter der Herrschaft des Nationalsozialismus, die in den nachfolgenden Jahrzehnten weitergeführten Sterilisationen an behinderten Frauen, die Massenvergewaltigungen in Bosnien, Ruanda und anderen Ländern geben ein Zeugnis davon. Es wurde dargelegt, dass diese Formen der Diskriminierung jedoch in der eindimensionalen Analyse der Geschlechter-, Rassen- und Behindertendiskriminierung und den hierauf aufgebauten Gleichheitskonzeptionen und -politiken stets ausgeblendet blieben.

Der Diskriminierungsschutz derjenigen, die sich innerhalb der Schnittmengen der geschützten Bevölkerungsgruppen bewegen und damit oft in besonders gravierender Form von Ausgrenzung, Entwürdigung und Entrechtung betroffen sind, kann deshalb nicht an dem gleichheitsrechtlichen Erfordernis der Typisierung scheitern. Hiergegen spricht auch die Systematik der Enumeration. Der Schutz, den der Verfassungsgeber Menschen im Hinblick auf Diskriminierungen wegen des Geschlechts und ihrer Behinderung gewähren wollte, muss für diejenigen, die mehrdimensional von diesen Diskriminierungen betroffen sind, erst recht gelten. Anderenfalls ließen sich selbst Regelungen zur Zwangssterilisation jüdischer und behinderter Frauen als gleichheitsrechtlich unbedenklich qualifizieren. Sofern die Differenzierung aufgrund eines Katalogmerkmals nur dann verboten sein soll, wenn das Vorliegen eines Merkmals den eigentlichen und einzigen Grund oder ausschlaggebenden Zweck einer Unterscheidung darstellt, drohen die besonderen Gleichheitsgarantien in ihrer Funktion zum Schutz von rechtlich und gesellschaftlich besonders benachteiligten

Bevölkerungsgruppen – folglich gerade für die weiblichen Mitglieder von Minderheiten – leerzulaufen.

Alternative Gleichheitskonzepte wie das Dominierungsverbot oder Hierarchisierungsverbot bieten hier vielversprechende neue Ansätze für eine wirkungsvollere Grundrechtsinterpretation. Allerdings besteht bei der Formulierung von Gruppeninteressen ein besonderes Risiko, Diskriminierungen sog. Minderheitenfrauen fortzuschreiben. Bisher bildeten für gruppenspezifische Diskriminierungserfahrungen der „Frauen" stets die Interessen nichtbehinderter Frauen, für die Diskriminierungserfahrungen der „Behinderten" stets die Interessen behinderter Männer den Maßstab. Je stärker man Differenzen innerhalb einer Gruppe Rechnung trägt, umso schwieriger wird es, noch ein einheitliches Gruppeninteresse zu definieren. Unabhängig davon, welcher Interpretationslinie gefolgt wird, lässt sich feststellen:

Die Berücksichtigung mehrdimensionaler Diskriminierungen im Rahmen der besonderen Gleichheitsgarantien führt weder zu einer quantitativen Ausweitung des zu schützenden Personenkreises, noch zur Einführung einer „Super-Kategorie". Behinderte Frauen sollen keinen zusätzlichen Schutz, sondern lediglich einen im Vergleich mit nichtbehinderten Frauen und behinderten Männern gleichwertigen Schutz vor geschlechts- und behinderungsspezifischer Diskriminierung erhalten. Die zur Erfassung mehrdimensionaler Diskriminierungen erforderliche Berücksichtigung von Unterschieden innerhalb der Gruppen „Frauen" oder „Behinderte" beschränkt sich auch weiterhin nur auf behinderungsspezifische und geschlechtsspezifische Differenzen. Sie macht allerdings eine differenziertere Vergleichsgruppenbildung erforderlich: Um spezifische Nachteile behinderter Frauen erkennen zu können, muss ihre Situation mit der nichtbehinderter Frauen als auch der behinderter Männer verglichen werden. Die Prüfung der Interessenlagen von Teilgruppen ist dem gegenwärtigen Gleichheitsrecht jedoch keineswegs fremd. Gleichheitsrecht befasst sich stets mit den Anliegen von Teilgruppen in einer bestimmten Lebenslage oder einem bestimmten rechtlichen Kontext, seien es weibliche Teilzeitkräfte, Ehemänner oder behinderte Auszubildende.

5. Lösungsvorschläge zur gleichheitsrechtlichen Prüfung verschränkter Diskriminierungen

Es wurde bereits festgestellt, dass sich das Problem eindimensionaler Konzeptionen von Geschlechter- und Behindertendiskriminierung im Recht gegenwärtig nicht abschließend mittels der Loslösung der Kategorien von der Person, d.h. durch eine rein gesellschaftsbezogene Deutung von Geschlecht und Behinderung, lösen lässt. Noch kann nicht darauf verzichtet werden, zwischen Frauen und Männern, behinderten und nichtbehinderten Menschen als Gruppen wie auch als Einzelpersonen zu differenzieren, um Unterschiede zwischen diesen sichtbar zu machen. Solange eine Differenzierung erforderlich erscheint, um soziale Unterschiede sichtbar zu machen, muss weiterhin an eine bestimmte Gruppe von Merkmalsträgern, aber auch an die einzelne Person innerhalb der Gruppe angeknüpft werden.

Den mannigfaltigen Verschränkungen zwischen den Kategorien lässt sich daher nur Rechnung tragen, indem die Verletzung aller möglicherweise betroffenen Gleichheitsgarantien inzident geprüft wird. D.h., im Falle behinderter Frauen ist eine Diskriminierung wegen der Behinderung inzident im Rahmen des Art. 3 Abs. 2 und Abs. 3 S. 1 GG zu prüfen oder aber im Rahmen des Art. 3 Abs. 3 S. 2 GG inzident zu untersuchen, ob der Rechtsakt nicht nur an die Behinderung, sondern auch an das Geschlecht unterschiedliche Rechtsfolgen knüpft.

Im Falle der Bewerberin C. als einem Beispiel der unmittelbaren mehrfachen Anknüpfung führt dies zu folgender Prüfung:

Wäre eine Frau mit C.'s Qualifikation nur unter den Bedingungen eingestellt worden, dass sie a) 150% Einsatz zu erbringen hat und b) nicht schwerbehindert ist, so kann im Rahmen der Gleichheitsprüfung zunächst im Hinblick auf das Geschlechterverhältnis festgestellt werden, dass der potenzielle Arbeitgeber die Einstellung der Bewerberin an andere Bedingungen knüpft als die Einstellung eines männlichen Bewerbers. Die Prüfung ergibt gleichzeitig, dass das Geschlecht aber nicht den einzigen Differenzierungsgrund bildet.

In einem nächsten Schritt ist zu fragen, ob die weitere Differenzierung auf merkmalsneutralen Kriterien beruht. Anders als bei monokausalen Konzeptionen ist nicht nur zu prüfen, ob diese Kriterien geschlechtsneutral sind. Entscheidend ist vielmehr, ob sie generell merkmalsneutral sind. Da nach Auffassung des potenziellen Arbeitgebers vorliegend die Bewerberin eine an ihr Geschlecht geknüpfte Bedingung (vermeintlich) wegen ihrer Schwerbehinderung nicht erfüllen kann, liegt eine behinderungsspezifische Anknüpfung vor.

Dies leitet in die inzidente Untersuchung, ob C. wegen ihrer Behinderung benachteiligt wird. Inzident bedeutet hier die Prüfung einer Ungleichbehandlung innerhalb der Gesamtgruppe der Frauen. Zu fragen ist also nicht, ob C. als Behinderte im Vergleich mit der Gruppe aller Nichtbehinderten ungleich behandelt wird, sondern ob sie als behinderte Frau im Vergleich mit nichtbehinderten Frauen ungleich behandelt wird.

F Strategien zur Herstellung tatsächlicher Gleichberechtigung

Oben (§ 3 B) wurde festgestellt, dass die Förderung der tatsächlichen Gleichberechtigung es erfordert, verstärkt aus der Perspektive marginalisierter Gruppen zu fragen, inwieweit gegenwärtige gesellschaftliche Vorstellungen von „Normalität" einseitig die Sichtweisen und Interessenlagen dominierender Gruppen widerspiegeln.[480]

480 Instruktiv hierzu: *Young*, Justice and the Politics of Difference, 1990; *Maihofer*, Geschlecht als Existenzweise, 1995.

I. Gender Mainstreaming

Als Instrument für eine solche Analyse des Normalitätsverständnisses aus der Perspektive beider Geschlechter wurde auf der Dritten Weltfrauenkonferenz in Nairobi im Jahr 1985 erstmals die Strategie des Gender Mainstreaming vorgestellt.[481]

Gender Mainstreaming betrachtet die Chancengleichheit der Geschlechter als Querschnittsaufgabe in allen Politikbereichen, d.h. auch in denjenigen Bereichen, die auf den ersten Blick keinen geschlechtsspezifischen Bezug haben. Die einseitige Orientierung an einem männlichen Verständnis als der universalen Sichtweise, die Marginalisierung der Frauenperspektive zu Partikularinteressen, die am Rande der allgemeinen Politik als „Frauenfrage" abgehandelt werden (oder auch nicht), soll überwunden werden.[482] Ziel des Gender Mainstreaming ist es, unterschiedliche Perspektiven und Lebenslagen der Geschlechter in allen Politik- und Arbeitsfeldern einzubeziehen, um so auf eine gleichberechtigte Verteilung von gesellschaftlichen Ressourcen und Partizipationsmöglichkeiten hinzuwirken. Um das Ziel zu erreichen, können sowohl geschlechtsindifferente als auch geschlechtsspezifische (Förder-) Maßnahmen geeignet und erforderlich sein.[483] Gender Mainstreaming stellt hierzu spezifische Analysemethoden und Verfahrensvorgaben zur Reorganisation, Verbesserung, Entwicklung und Evaluation von Entscheidungsprozessen innerhalb von Politik und Verwaltung und anderen staatlichen und nichtstaatlichen Organisationen zur Verfügung.[484]

Die Europäische Union hat die Strategie des Gender Mainstreaming im Amsterdamer Vertrag adaptiert (Art. 2 und Art. 3 Abs. 2 EG-Vertrag). Auf deutscher Ebene wurde Gender Mainstreaming 2000 in der Gemeinsamen Geschäftsordnung der Bundesministerien (GGO) normativ verankert. § 2 GGO erklärt die Gleichstellung von Frauen und Männern zum durchgängigen Leitprinzip, das bei allen politischen, normgebenden und verwaltenden Maßnahmen der Bundesministerien gefördert werden soll.[485] Die Ressorts haben hierzu ihre (geplanten) Maßnahmen aus geschlechterbezogener Perspektive darauf zu hinterfragen, ob diese aufgrund der möglicherweise unterschiedlichen Ausgangsbedingungen unterschiedliche Auswirkungen auf die Geschlechter entfalten.

481 *Schweikert,* Alles Gender – oder?, S. 83.

482 *Baer*, Gender Mainstreaming als Operationalisierung des Rechts auf Gleichheit, S. 43; *Schweikert,* Alles Gender – oder?, S. 83.

483 *Baer*, Gender Mainstreaming als Operationalisierung des Rechts auf Gleichheit, S. 61.

484 *Stiegler*, Wie Gender in den Mainstream kommt, S. 19.

485 Vgl. auch die weiteren Vorgaben zur Umsetzung in §§ 42 Abs. 5, 44 Abs. 1 und 45 Abs. 1 i.V.m. Anl. 8 Nr. 9a GGO.

II. Managing Diversity

Das Konzept des Managing Diversity wurde von der US-amerikanischen Wirtschaft entwickelt.[486] Es wird auch in Deutschland von einer wachsenden Zahl von Konzernen und Unternehmen (z.B. Lufthansa) praktiziert und gegenwärtig von Teilen der Berliner Senatsverwaltung erprobt („Berlin – Stadt der Vielfalt"). Diversity bezeichnet die Vielfalt der kulturellen und sozialen Bezüge von Menschen, bedingt durch Geschlecht, ethnische Herkunft, Religion, Alter, sexuelle Identität und Orientierung. Behinderung und Nichtbehinderung werden noch vergleichsweise selten als eigene Kategorie berücksichtigt, sind aber natürlich entsprechend berücksichtigungsfähig. Managing Diversity bezeichnet die Vielfalt von Unterschieden und Gemeinsamkeiten, die Menschen als Mitglieder der Gruppen von „Frauen" und „Männern", „Ausländern," „Nichtbehinderten", „Muslime" und „Schwarzen" ebenso trennt wie verbindet.

Unternehmen haben begonnen, diese Vielfalt nicht mehr als Problem, sondern als Chance zu sehen, die es gezielt zu fördern und zu „managen" gilt, da sich hieraus wertvolle Synergieeffekte erzeugen und für das Unternehmen nutzbar machen lassen. Die verschiedenen Hierarchieebenen und Abteilungen eines Unternehmens werden hierzu gezielt vielfältig besetzt. Vor allem die oberen Hierarchieebenen werden in den USA bislang von weißen US-Amerikanern, in der BRD von deutschen Männern mittleren Alters dominiert. In ihrer homogenen Zusammensetzung repräsentieren die Führungskräfte weder die Beschäftigungs- noch die Bevölkerungsstruktur, gleichwohl gelten alle anderen Teile der Belegschaft traditionell als Minderheit und als die „anderen." Als die „anderen" werden sie in ihrer Qualifikation tendenziell ab- und damit unterbewertet und oft unterqualifiziert beschäftigt. Managing Diversity durchbricht diese Dynamik, senkt nachweisbar die Personalkosten und steigert gleichzeitig die Produktivität und Wettbewerbsfähigkeit von Unternehmen.[487] Vielfältig zusammengesetzte Gruppen von Entscheidungsträgerinnen und -trägern, so konnte festgestellt werden, lösen Probleme zwar langsamer als homogene Gruppen, kommen aber zu kreativeren und tragfähigeren Lösungen. Sie spiegeln die Vielfalt der Zielgruppen und -märkte besser wider und garantieren daher im Vergleich mit homogenen Gruppen die bessere Zielgruppenorientierung und ein höheres Innovationspotenzial.

Je nach Lebensalter, Geschlecht, körperlicher Konstitution, sprachlicher Fähigkeiten und kulturellem Hintergrund können sich die Interessen potenzieller Zielgruppen deutlich voneinander unterscheiden. Je besser ein Team diese Vielfalt widerspiegelt, umso höher sind die Chancen, einen großen Kundenkreis zu erreichen.

Hier überschneidet sich Managing Diversity mit der Strategie des „Design for All". Autobauer setzen z.B. gezielt weibliche Fachkräfte in der Entwicklung neuer

486 Hierzu und den nachfolgenden Ausführungen eingehend *Krell*, Managing Diversity, S. 41 ff.

487 Vgl. hierzu den Bericht der *Europäischen Kommission, Generaldirektion Beschäftigung und Soziales*, Kosten und Nutzen personeller Vielfalt (2004), unter www.stop-discrimination.info.

Fahrzeugtypen ein, um die wachsende Zahl weiblicher Kfz-Halterinnen zu erreichen. Fachkräfte mit einer behinderungsbedingten Beeinträchtigung können wertvolles Know-how bei Entwicklung benutzerfreundlicherer Produkte und behindertengerechter Informationstechnologien liefern.[488] Vielfältig besetzte Entscheidungsgremien können schneller und flexibler auf Umweltveränderungen reagieren, weil sie einem geringeren Konformitätsdruck unterliegen. Ebenso wie im Gender Mainstreaming bildet die gleichwertige Berücksichtigung der unterschiedlichen Perspektiven von Menschen ein zentrales Strukturelement des Diversity Management. Normalität wird nicht mehr alleine aus der Perspektive einer kleinen dominierenden Gruppe definiert, sondern um das Wissen und die Erfahrung all derjenigen erweitert, die gemeinhin als die „anderen“ galten, weil sie weiblich, jung, alt, lesbisch, behindert oder ausländischer Herkunft sind.

III. Bedeutung beider Strategien zur Überwindung mehrdimensionaler Diskriminierungen

Gender Mainstreaming ist eine gleichheitspolitische Strategie, die der Analyse vorgefundener Ungleichheit dient und auf deren Überwindung zielt. Managing Diversity hingegen beansprucht nicht, vorgefundene soziale Ungleichheit an der Wurzel zu bekämpfen, sondern fokussiert traditionell die ökonomischen Gesichtspunkte der vorgefundenen Ungleichheit. Es bezeichnet, wie Krell feststellt, ein Integrationskonzept, das gleichstellungsrechtlich geboten ist und sich auch als ökonomisch vorteilhaft erwiesen hat.[489] Ein wichtiger und gleichheitspolitisch nicht zu unterschätzender Effekt des Managing Diversity ist folglich, dass es volkswirtschaftliche Argumente für die Förderung von Frauen, behinderten Menschen und kulturellen Minderheiten liefert und diese damit jedenfalls partikulär vom althergebrachten Stigma des Sozialromantismus zu befreien vermag. Die besondere Attraktivität des Managing Diversity in Bezug auf mehrdimensionale Diskriminierungen liegt darin, dass es grundsätzlich alle Differenzen als gleichwertig erachtet und damit den Achsen der Differenz und mithin auch den Frauen an den Schnittstellen verschiedener Kategorien besser Rechnung zu tragen vermag. Dieser horizontale Ansatz erweist sich in der Analyse mehrdimensionaler Diskriminierungen als notwendig und erforderlich, denn die verschiedenen Kategorien von Geschlecht, „Rasse“, Behinderung, Religion oder sexuelle Identität sind stets gleichzeitig wirksam und müssen deshalb zu Beginn einer Analyse von sozialer und rechtlicher Ungleichheit stets als gleichwertige Ursachen in Betracht gezogen werden. Der horizontale Ansatz hat aber auch Nachteile: Mögen das Geschlecht, die „Rasse“, Behinderung etc. stets *gleichzeitig*

488 Viele moderne elektronische Geräte sind für eine wachsende Zahl älterer Menschen kaum noch nutzbar. Das Gerät oder seine Tasten sind zu klein, die Digitalanzeige ist für Sehbehinderte schwer lesbar, die Bedienung ist durch vielfältige Funktionen kompliziert gestaltet.

489 *Krell*, Managing Diversity, S. 43.

wirksam sein, so wirken sie doch nicht notwendig *gleichermaßen.* Je nach Gesellschaftsform, Kultur, sozialem und rechtlichem Kontext kann die Hautfarbe, das Geschlecht, eine Behinderung oder die Religion für den Status eines Menschen an Bedeutung gewinnen oder verlieren. Die horizontale Aneinanderreihung verschiedener Diskriminierungsgründe birgt das Risiko, dass die Bedeutung einzelner Gleichstellungspolitiken relativiert und hierdurch vor allem die Tragweite der Geschlechterdiskriminierung verkannt wird.[490] Aus den genannten Gründen bildet Managing Diversity im Vergleich zum Gender Mainstreaming trotz seines horizontalen Ansatzes nicht etwa das weitreichendere oder bessere Konzept. Es kann Gender Mainstreaming nicht ersetzen, sondern allenfalls um weitere Aspekte und Kategorien von Diskriminierung erweitern. Zur Überwindung von mehrdimensionalen Diskriminierungen müssen beide Konzepte nutzbar gemacht werden.

G Fazit

Art. 3 Abs. 2 und 3 GG verpflichten den Staat, tatsächlichen geschlechtsspezifischen und behinderungsspezifischen Unterschieden Rechnung zu tragen. Er ist sowohl in Bezug auf den einzelnen Rechtsakt als auch im Hinblick auf dessen Wirkungen grundsätzlich gehalten, sich merkmalsneutral zu verhalten. Das Grundgesetz verbietet sowohl die unmittelbare als auch die mittelbare Diskriminierung wegen des Geschlechts und der Behinderung. Das Diskriminierungsverbot erfasst auch diejenigen Formen der mehrdimensionalen Diskriminierung, die sich nicht monokausal auf das ein oder das andere Merkmal zurückführen lassen (verschränkte Diskriminierung).

Der Staat darf sich nicht beliebig mit vorgefundener tatsächlicher Ungleichheit abfinden. Er hat sich gem. Art. 3 Abs. 2 S. 2 GG für die tatsächliche Gleichberechtigung der Geschlechter einzusetzen. Seine objektiv-rechtliche Verantwortung für die Herstellung einer Chancengleichheit für behinderte Menschen wird aus dem Sozialstaatsprinzip abgeleitet. Das Gleichstellungsgebot erfordert es insbesondere, hierarchisch geprägte Denkweisen, Strukturen und Verfahren zu überwinden. Hierzu liefern sowohl die Konzepte des Gender Mainstreaming und des Managing Diversity hilfreiche Instrumente. Diese gilt es, auch für behinderte Frauen fruchtbar zu machen.

Im letzten Kapitel soll der Frage nachgegangen werden, ob und wie diese Maßgaben zur Förderung der Gleichberechtigung behinderter Frauen im Rahmen des SGB IX bestmöglich umgesetzt werden können.

490 *Stiegler*, Geschlechter in Verhältnissen, S. 28.

§ 4 Die Berücksichtigung der Belange behinderter Frauen im SGB IX

Das Neunte Sozialgesetzbuch „Rehabilitation und Teilhabe“ (SGB IX) ist das erste Bundesgesetz, das behinderte Mädchen und Frauen ausdrücklich als Zielgruppe benennt und ihre gleichberechtigte Rehabilitation und Teilhabe zur zentralen Zielsetzung erklärt. Nach dem Willen des Gesetzgebers sollen mit dem SGB IX insgesamt drei gleichstellungspolitische Ziele verwirklicht werden:

- die Beseitigung geschlechtsspezifischer Nachteile für Frauen in der Rehabilitation und Teilhabe,
- der Abbau der Benachteiligung behinderter und von Behinderung bedrohter Menschen gegenüber Nichtbehinderten,
- die gleichmäßigere Verteilung der Leistungen innerhalb der Gesamtgruppe behinderter Menschen, unabhängig von Behinderungsart und -ursache.

Diese drei Zielsetzungen stehen nicht unabhängig voneinander, sondern überschneiden sich in vielfacher Hinsicht.

Im Rahmen dieser Arbeit interessiert, ob die gleichstellungsrechtlichen Ziele und Instrumente des SGB IX auch dem Risiko einer mehrdimensionalen Benachteiligung Rechnung tragen. Wird das SGB IX dem Verfassungsauftrag zur Verhinderung bzw. dem Abbau mehrdimensionaler Diskriminierungen gerecht? Wie sind die einzelnen Normen im Lichte dieses Verfassungsauftrages auszulegen? Ist das SGB IX auch in rechtpolitischer Hinsicht geeignet, die Gleichberechtigung behinderter Frauen zu fördern?

Zur Beantwortung dieser Fragen sollen zunächst die allgemeinen Zielsetzungen des SGB IX näher beleuchtet werden.

A Allgemeine Zielsetzung der Rehabilitation und Teilhabe behinderter Frauen

Gem. § 1 S. 1 SGB IX erhalten behinderte und von Behinderung bedrohte Menschen Rehabilitationsleistungen, um ihre Selbstbestimmung und gleichberechtigte Teilhabe am Leben in der Gesellschaft zu fördern, Benachteiligungen zu vermeiden oder ihnen entgegenzuwirken. Dabei ist gem. S. 2 den besonderen Bedürfnissen behinderter und von Behinderung bedrohter Frauen und Kinder Rechnung zu tragen.

Aus den Materialien ergibt sich, dass der Gesetzgeber mit der Neuformulierung der gesetzlichen Rehabilitationsziele seinem behindertenpolitischen Paradigmenwechsel Ausdruck verleihen wollte:

„Im Mittelpunkt der politischen Anstrengungen stehen nicht mehr die Fürsorge und Versorgung behinderter Menschen, sondern ihre selbstbestimmte Teilhabe am gesellschaftlichen Leben und die Beseitigung der Hindernisse, die ihrer Chancengleichheit entgegenstehen."[491]

Der Gesetzgeber versteht das SGB IX als ein sozialrechtliches Instrument zur aktiven gesellschaftlichen Integration behinderter Menschen und als Umsetzung des Benachteiligungsverbotes gem. Art. 3 Abs. 3 S. 2 GG.[492] Er hat darüber hinaus die Rehabilitationsträger in § 1 S. 2 SGB IX aber auch zur geschlechtergerechten Umsetzung ihres gesetzlichen Auftrags verpflichtet.

I. Berücksichtigung der „besonderen Bedürfnisse" behinderter Frauen (§ 1 S. 2 SGB IX)

Bis zum Inkrafttreten des SGB IX wurden mögliche Unterschiede in der Rehabilitationssituation von Frauen und Männern kaum zur Kenntnis genommen.[493] Nun fordert aber § 1 S. 2 SGB IX die Rechtsanwender dazu auf, festzustellen, welche „besonderen" Bedürfnisse behinderte Frauen von behinderten Männern unterscheiden. Die Kommentarliteratur wertet § 1 S. 2 SGB IX überwiegend als Reaktion des Gesetzgebers auf die „doppelte" Benachteiligung behinderter Frauen.[494] Der konkrete Bedeutungs- und Regelungsgehalt der Vorschrift wird allerdings unterschiedlich interpretiert.

Mrozynski bezweifelt, dass es sich in den in § 1 S. 2 SGB IX angesprochenen besonderen Bedürfnissen behinderter Frauen überhaupt um rehabilitationsrelevante Bedarfslagen handelt.[495] Die Regelung spreche vor allem Bedürfnisse an, „die nicht unmittelbar mit der Maßnahme der Rehabilitation als solcher zusammenhängen, also eher die Lebensbedürfnisse betreffen."[496] Gleichzeitig räumt er ein, dass die Trennung der Rehabilitation von der Lebenssituation praktisch unmöglich ist. Welche grundlegende Schlussfolgerung er aus dieser Überlegung zieht, bleibt offen. Als von der Rehabilitation trennbare und mithin rehabilitationsfremde Anliegen erachtet er im Ergebnis aber offensichtlich die in § 33 Abs. 2 SGB IX verankerte Pflicht der

491 BT-Drs. 14/2913 – Interfraktioneller Entschließungsantrag „Die Integration von Menschen mit Behinderungen ist eine dringliche politische und gesellschaftliche Aufgabe", der vom Bundestag am 19.5.2000 einstimmig angenommen wurde.

492 Vgl. BT-Drs. 14/5074 (Ziff. A I.1. der Begründung des Regierungsentwurfs SGB IX) sowie BT-Drs. 14/2913 (Interfraktioneller Entschließungsantrag).

493 Ausnahmen bildeten das Rechtsgutachten von *Degener,* Behinderte Frauen in der beruflichen Rehabilitation; 1994 sowie im Schwerbehindertenrecht die Beiträge von *Rieß,* Zur Situation schwerbehinderter Frauen auf dem Arbeitsmarkt, 1993; *Wachholz,* Geschlechtsbezogene Störungen im Schwerbehindertenrecht, br 1993, S. 25 ff.

494 *Haines,* in: LPK-SGB IX, Rz. 13 zu § 1; *Welti,* in: HK-SGB IX, Rz. 16 f. zu § 1; *Neumann,* in: ders., Handbuch SGB IX, § 6 Rz. 3; *Wilmerstadt*, Die Kodifikation des Rehabilitationsrechts, S. 61 (69).

495 Vgl. hierzu und zu den folgenden Ausführungen *Mrozynski*, SGB IX Teil 1, Rz. 23 zu § 1.

496 Ebda.

Rehabilitationsträger, behinderten Frauen gleiche Chancen im Erwerbsleben zu sichern sowie wohnortnahe und in Teilzeit nutzbare Leistungen zur beruflichen Teilhabe zu erbringen. Es sei auch nicht sinnvoll, die noch immer stabile Rollenaufteilung zwischen Mann und Frau nun gerade in der Rehabilitation aufbrechen zu wollen.

Haines zufolge soll das SGB IX gerade einem solchen sozialen Wandel des Geschlechterverhältnisses Rechnung tragen. Ziel des § 1 S. 2 SGB IX sei es, die traditionelle Orientierung der Rehabilitation an den Erfahrungen und Bedürfnissen überwiegend männlicher Kriegs- und Arbeitsopfer zu durchbrechen, in dem die bislang vernachlässigten Bedürfnisse von Frauen und Kindern einbezogen werden.[497]

Bieritz-Harder hat die „besonderen Bedürfnisse" behinderter Frauen nach § 1 S. 2 SGB IX in einem Gutachten von 2001 eingehender untersucht.[498] Sie wertet die Regelung als einfachgesetzliche Konkretisierung des Art. 1 Abs. 1 GG, d.h. der Pflicht des leistenden Staates, mit seinen Leistungen bei der Situation derer anzusetzen, denen dieses Handeln gelten soll. § 1 S. 2 SGB IX betone und konkretisiere diesen Grundsatz für die Rehabilitation in Bezug auf die Kinder und Frauen und deren besondere Bedürfnisse. Auch Art. 12 Abs. 1 GG misst sie eine besondere Bedeutung zu: Wenn Berufsbildungs- und Berufsförderungswerke vorrangig typische Männerberufe anbieten, werde hierdurch die Freiheit der Berufswahl von Frauen beeinträchtigt.[499]

Die Ausführungen von *Neumann* weisen in eine ähnliche Richtung.[500] Er problematisiert als besondere Bedarfslagen von Frauen insbesondere die Nicht- und Missachtung ihres Rechts auf sexuelle Selbstbestimmung gem. Art. 2 Abs. 1 i.V.m. Art. 1 Abs. 1 GG und betont hier einerseits die Schutzpflicht der Rehabilitationsträger in Bezug auf sexualisierte Übergriffe in der Rehabilitation, andererseits das Erfordernis, behinderte Frauen gezielt in ihrem Selbstbewusstsein zu stärken.

Stellt § 1 S. 2 SGB IX also eine einfachgesetzliche Konkretisierung des Rechts auf Menschenwürde nach Art. 1 Abs. 1 GG und des allgemeinen Persönlichkeitsrechts nach Art. 2 Abs. 1 i.V.m. Art. 1 Abs. 1 GG dar? Bieritz-Harder und Neumann ist zuzustimmen, dass der leistende Staat bereits aus Art. 1 Abs. 1 GG heraus verpflichtet ist, den individuellen Menschen und mithin auch geschlechtsbedingte Unterschiede zwischen den Menschen im Blick zu haben und an deren konkreter Lebenssituation anzusetzen.[501] Doch bestehen Bedenken, ob die aus einem solchen Individualisierungsgrundsatz abzuleitende Garantie gleicher Würde geeignet und ausreichend ist, den Differenzen, wie sie sich aus dem Geschlechterverhältnis ergeben können, Rechnung zu tragen. Denn das Verständnis von menschlicher Würde erweist sich keineswegs als universal und geschlechtsneutral. Was als Wesen des

497 Hierzu und zu den folgenden Ausführungen *Haines,* in: LPK-SGB IX, Rz. 13–18 zu § 1.

498 *Bieritz-Harder*, „Besondere Bedürfnisse" behinderter Frauen, S. 11 ff.

499 *Bieritz-Harder*, wie vor.

500 *Neumann,* in: ders., Handbuch SGB IX § 6 Rz. 3 f.

501 *Bieritz-Harder,* „Besondere Bedürfnisse" behinderter Frauen, S. 12; *Neumann,* in: ders., Handbuch SGB IX, § 6 Rz. 1.

Menschen und mithin als menschliche Würde angesehen wird, schreibt Maihofer, sei immer auch historisches Ergebnis einer bestimmten Vorstellung von Würdigkeit und bestimmter gesellschaftlicher Macht- und Kräfteverhältnisse gewesen.[502] Eine These, die Baer in ihrer eingehenden Untersuchung des Schutzes der Würde von Frauen bestätigt findet. Am Beispiel der sexuellen Belästigung zeigt sie auf, dass Art. 1 Abs. 1 GG stets vor allem die bürgerliche Privatsphäre vor Eingriffen des Staates geschützt, damit aber Frauen in dem ihnen zugewiesenen Bereich von Ehe und Familie vor Angriffen auf ihre Würde schutzlos gestellt hat. Das Bild vom selbstbestimmten autonomen, frei handelnden Menschen blende zudem aus, dass gerade Frauen in einer geschlechtshierarchischen Gesellschaft nicht beliebig aus freiem Willen heraus handeln und entscheiden können.[503]

(Drohende) sexuelle Gewalt hat in jeder Gesellschaft disziplinierende Funktion und Wirkung auf das Leben von Frauen. Zudem fungieren Frauen in den meisten Gesellschaften als Symbolträgerinnen (patriarchaler) religiöser und kultureller Normen und können deshalb in ihrem Verhalten und Auftreten besonders strengen Maßregelungen unterworfen sein. Weil die Würde kulturell geprägt und definiert wird, besteht in patriarchalen Kulturen immer die Gefahr, dass Würdeverletzungen, wie Frauen sie erfahren, mit religions- und kulturspezifischen Besonderheiten gerechtfertigt werden.[504] Die Betonung der Individualität von Würde bietet daher keine ausreichende Gewähr für eine gleichwertige Berücksichtigung der Belange von Frauen im SGB IX. Vielmehr ist stets ergänzend aus gleichheitsrechtlicher Perspektive zu fragen, ob die Bedürfnisse von Frauen und Männern in Bezug auf die Selbstbestimmung und Teilhabe unterschiedlich gelagert und daher auch unterschiedlich zu berücksichtigen sind.

Aus diesem Grunde ist *Welti* zu folgen, der § 1 S. 2 SGB IX als Umsetzung des verfassungsrechtlichen Auftrages der Geschlechtergleichstellung im Rehabilitations- und Teilhaberecht interpretiert.[505] Zur Durchsetzung der Gleichberechtigung von Frauen und Männern und zur Beseitigung der bestehenden Nachteile sei es notwendig, bislang vernachlässigte frauenspezifische Belange zu berücksichtigen. Es gelte, eine Tradition zu überwinden, in der männliche Lebensverläufe und Bedarfslagen den Maßstab dafür bildeten, was als notwendige oder sinnvolle Maßnahme der Rehabilitation und Teilhabe gilt.[506] Die einseitige Orientierung der Ziele, Mittel und Einrichtungen der Rehabilitation an männlichen Lebenslagen müsse hierzu überwunden werden. § 1 S. 2 konkretisiere damit zugleich das Verbot der mittelbaren

502 *Maihofer,* Gleichheit nur für Gleiche?, S. 351 (359).

503 *Baer,* Würde oder Gleichheit?, S. 190 ff.; *Stern,* Staatsrecht III/1, S. 21 Fn. 85

504 *Stern,* Staatsrecht III/1, S. 21 Fn. 85; *Benhabib*, Kulturelle Vielfalt und demokratische Gleichheit, S. 59.

505 *Welti,* in: HK-SGB IX, Rz. 16–17 zu § 1.

506 *Welti,* wie vor; ebenso *Haines,* in: LPK-SGB IX, Rz. 13 zu § 1.

Benachteiligung von Frauen in der Rehabilitation.[507] Handelt es sich also in § 1 S. 2 SGB IX um eine Konkretisierung der staatlichen Pflicht zur Gleichbehandlung der Geschlechter und zur Förderung der Geschlechtergerechtigkeit (Art. 3 Abs. 2 und Abs. 3 S. 1 GG), so bedeutet dies, dass die Leistungsträger die Lebenslagen, Interessen und Bedürfnisse behinderter Frauen und Männer im gesamten Regelungsbereich des SGB IX gleichwertig zu berücksichtigen haben. Im Interesse einer folgenbezogenen, d.h. tatsächlichen Gleichheit sind die Begriffe der Selbstbestimmung und Benachteiligung mithin stets aus der Perspektive beider Geschlechter zu definieren. Die Regelung des § 1 S. 2 SGB IX beruht auf der Einsicht des Gesetzgebers, dass eine gleichwertige Einbeziehung beider Perspektiven bislang nicht erfolgte, sondern vielmehr aus den Bedürfnissen von behinderten Männern auf die allgemeinen Interessenlagen von behinderten Menschen geschlossen wurde. § 1 S. 2 SGB IX bildet das Korrektiv dieser geschlechterhierarchischen Sichtweise. Er schreibt fest, dass jede Entscheidung darüber, wie die Rehabilitation und Teilhabe behinderter Menschen gemäß S. 1 auszugestalten ist, sich gleichermaßen an den Interessen- und Bedarfslagen von Frauen wie Männern zu orientieren hat. Je nachdem, ob die Interessen der Geschlechter im Einzelfall tendenziell ähnlich oder aber unterschiedlich gelagert sind, ist ihre tatsächliche Gleichberechtigung durch eine einheitliche oder differenzierende Regelung anzustreben.

Die Formulierung des § 1 S. 2 SGB IX ist allerdings insoweit unglücklich, als er von den „besonderen“ Bedürfnissen behinderter Frauen spricht. § 1 S. 2 SGB IX können mithin drei Aussagen entnommen werden: erstens die Feststellung, dass es behinderte und von Behinderung bedrohte Frauen und Kinder gibt. Zweitens konstatiert S. 2, dass Frauen und Kinder besondere Bedürfnisse haben. Drittens bestimmt er, dass diesen besonderen Bedürfnissen bei der gesetzlichen Aufgabenerfüllung nach S. 1 Rechnung zu tragen ist.

Aus der Gesamtschau beider Sätze ergibt sich somit folgende Aussage: Es gibt behinderte und von Behinderung bedrohte Menschen (S. 1) und innerhalb dieser Gruppe Frauen und Kinder, die besondere Bedürfnisse haben (S. 2). Damit setzt sich die Gruppe der in S. 1 genannten Personen aus Menschen mit regulären und besonderen Bedürfnissen zusammen. Bezogen auf das Geschlechterverhältnis heißt dies, dass behinderte und von Behinderung bedrohte Männer anders als Frauen ausschließlich reguläre und keine besonderen Bedürfnisse haben können. Der Ausdruck „besondere“ rekurriert folglich nicht auf geschlechtsspezifische, sondern ausschließlich auf frauenspezifische Bedürfnisse. Er erhebt damit die Bedürfnisse von Männern zum Maßstab, an dem sich ablesen lässt, welche Bedürfnisse von Frauen nicht mehr als normal, sondern als besonders anzusehen sind. Die Formulierung des § 1 S. 2 SGB IX reproduziert damit eben jenes geschlechtshierarchische Denken, das

507 *Welti*, wie vor. Als zentrale Themen des S. 2 nennt Welti beispielhaft die Berücksichtigung von Erziehungsaufgaben und Familienpflichten, die doppelte Benachteiligung behinderter Frauen am Arbeitsmarkt sowie die besonderen Schutzpflichten der Rehabilitationsträger angesichts des Risikos von Frauen, bei der Inanspruchnahme von Teilhabeleistungen sexualisierte Gewalt zu erfahren.

mit Hilfe der Norm überwunden werden soll: die Gleichsetzung vom Menschen mit dem Mann, die es erforderlich macht, Frauen gesondert zu erwähnen, um sie mitdenken zu können, sowie die Marginalisierung der Rehabilitationsbedürfnisse von Frauen zur geschlechtsspezifischen Besonderheit.

Hier offenbart sich wieder die Problematik eindimensionaler Konzeptionen von Geschlecht und Behinderung: Behinderungsbedingte Bedarfe von Frauen werden zu frauenspezifischen Problemen. Folgt man Mrozynski, müssten sie damit als rehabilitationsfremd erachtet und in die Zuständigkeit der Frauenpolitik verwiesen werden.[508] Dort ließe sich dann aber mit einer gleichgelagerten Argumentation anführen, dass es sich bei behinderungsspezifischen Problemen nicht um Geschlechterthemen handeln kann.

Soweit § 1 S. 2 SGB IX die Bedürfnisse von Frauen zur Besonderheit erklärt, kann daraus zwar noch nicht auf die Verfassungswidrigkeit der Vorschrift geschlossen werden, eine Umformulierung der Vorschrift wäre aber rechtspolitisch wünschenswert.[509] Dies gilt umso mehr, als im Rahmen von Gender Mainstreaming gerade die Gleichwertigkeit der Lebenslagen und Bedürfnisse der Geschlechter betont werden muss und die Rehabilitationsträger das SGB IX nach Maßgabe des Gender Mainstreaming umzusetzen haben. Diese Pflicht ist aus der Gesetzgebungsgeschichte der Norm abzuleiten. Grundlage des am 4.4.2001 im Bundestag verabschiedeten SGB IX bildete ein am 17.1.2001 im Bundeskabinett beschlossener Gesetzesentwurf der Bundesregierung (BR-Drs. 49/01).[510] Eine zentrale Zielsetzung der Gesetzesinitiative lautete, im Rehabilitationsrecht zukünftig auch geschlechtstypischen Belastungssituationen von Frauen Rechnung zu tragen.[511] § 2 GGO verpflichtete das federführende Bundesministerium für Arbeit und Sozialordnung, dieses Ziel nach den Grundsätzen des Gender Mainstreaming umzusetzen.[512] § 1 S. 2 SGB IX erhebt mithin das Gender Mainstreaming zum zentralen Leitprinzip für das gesamte Rehabilitationsrecht.[513]

Dies führt zu folgendem Ergebnis: § 1 S. 1 SGB IX ist im Hinblick auf das Ziel „Förderung der Selbstbestimmung“ als sozialgesetzliche Konkretisierung des Art. 2 Abs. 2 i.V.m. Art. 1 Abs. 1 GG und als Garantie der weiteren speziellen Freiheitsrechte zu interpretieren. Mit der Zielsetzung „Benachteiligungen zu vermeiden oder ihnen entgegenzuwirken“ hat der Gesetzgeber Art. 3 Abs. 3 S. 2 GG umgesetzt. § 1 S. 2 SGB IX verpflichtet die Rehabilitationsträger, bei der Umsetzung der vorbezeichneten Ziele die bisherige androzentristische Sicht zu revidieren und den Le-

508 Vgl. die obigen Ausführungen.

509 Die Formulierung könnte z.B. lauten: „Dabei wird geschlechts- und altersspezifisch unterschiedlichen Bedürfnissen und hier insbesondere den Bedürfnissen von Frauen und Kindern gleichwertig Rechnung getragen.“

510 Eingehender zum Gesetzgebungsverfahren *Haines,* in: LPK-SGB IX, Rz. 17 ff. der Einleitung.

511 Ziff. A II.7. der Begründung des Regierungsentwurfs zum SGB IX, BT-Drs. 14/5074; *Haines,* in: LPK-SGB IX, Rz. 13 zu § 1.

512 § 2 GGO i.d.F. vom 26.7.2000, zum Gender Mainstreaming oben § 3 F I.

513 So im Ergebnis wohl auch *Haines,* in: LPK-SGB IX, § 33 Rz. 16 ff.

benslagen, Interessen und Bedürfnissen von Frauen in der Rehabilitation gleichwertig Rechnung zu tragen (Art. 3 Abs. 2 und Abs. 3 S. 1 GG). Die Rehabilitationsträger haben sich zur Umsetzung dieses gesetzlichen Auftrages des Gender Mainstreaming zu bedienen.

B Anforderungen an eine geschlechtergerechte Gewährung und Ausgestaltung der Leistungen

Die Strategie des Gender Mainstreaming zielt darauf ab, die unterschiedlichen Lebenssituationen von Frauen und Männern bei allen staatlichen Maßnahmen gleichermaßen zu berücksichtigen. Dies setzt zunächst das Wissen um mögliche Differenzen und die sich hieraus möglicherweise ergebenden unterschiedlichen Auswirkungen der geplanten Maßnahmen auf die Geschlechter voraus. Das erste Grundprinzip von Gender Mainstreaming lautet folglich, dass die vorgefundenen Rahmenbedingungen und die Auswirkungen einer geplanten Maßnahme grundsätzlich geschlechtsdifferenziert zu analysieren sind, z.B. durch geschlechtsspezifische Kosten-Nutzen-Analysen und im Wege geschlechtsspezifischer Datenerhebungen.[514]

§§ 66 S. 1 und 131 Abs. 1 Nr. 2 SGB IX verpflichten die Bundesregierung, die Daten zur Lage (schwer)behinderter Menschen geschlechtsspezifisch zu erheben und jeweils gesondert über die Lage von behinderten Frauen und Männern und der Entwicklung ihrer Teilhabe zu berichten. Auch die Arbeit der Integrationsfachdienste ist geschlechtsdifferenziert zu evaluieren (§ 114 Abs. 1 S. 3 SGB IX).

Die Rehabilitationsleistungsträger wurden verpflichtet, Interessenvertretungen behinderter Menschen, darunter speziell Interessenvertretungen behinderter Frauen in die Entwicklung ihrer gemeinsamen Empfehlungen (§§ 13 Abs. 6 Nr. 1 S. 1; 19 Abs. 1 S. 3; 20 Abs. 3) einzubeziehen. Sie sind an der Beratung behinderter Frauen in den gemeinsamen Servicestellen zu beteiligen (§ 22 Abs. 1 S. 5). Die Servicestellen, die Integrationsfachdienste und die von den Rehabilitationsleistungsträgern vertraglich verpflichteten Rehabilitationsdienste und -einrichtungen werden verpflichtet, einen angemessenen Anteil behinderter, insbesondere schwerbehinderter Frauen zu beschäftigen (§§ 23 Abs. 3 S. 3, 112 Abs. 3 S. 2 und 21 Abs. 1 Nr. 6).

Grundsätzlich ist gem. § 9 Abs. 1 S. 2 SGB IX bei der Entscheidung über die Leistungen und deren Ausführungen auf die persönliche Lebenssituation, das Alter, das Geschlecht, die Familie und ähnliche Faktoren Rücksicht zu nehmen. Dabei ist den besonderen Bedürfnissen behinderter Eltern bei der Erfüllung ihres Erziehungsauftrags Rechnung zu tragen (§ 9 Abs. 1 S. 3). § 1 S. 2 und § 9 gelten für alle Leistungsbereiche des SGB IX, d.h. sowohl für die medizinische Rehabilitation, die Teilhabe am Arbeitsleben, für unterhaltssichernde und ergänzende Leistungen, die Leistungen zur Teilhabe am Leben in der Gesellschaft und das Schwerbehindertenrecht.

514 Eingehender *Stiegler*, Wie Gender in den Mainstream kommt, S. 19 (29).

Im Gesetz finden sich weitere Regelungen, die geschlechtstypischen Belastungssituationen behinderter Frauen in der Rehabilitation Rechnung tragen sollen.

Diese Belastungssituationen wurden in den vorangegangenen Kapiteln bereits herausgearbeitet. Trotz der unterschiedlichen Lebensverläufe behinderter Frauen gibt es zentrale Themen: ihre kumulative Benachteiligung auf dem Arbeitsmarkt und im Rahmen der staatlichen Arbeitsförderung, ihre hohe Vulnerabilität im Bereich der Sexualstraftaten und die mangelnde staatliche Unterstützung behinderter Elternteile. Trägt das SGB IX tatsächlich zum Abbau dieser Nachteile bei?

I. Chancengleichheit im Erwerbsleben

§ 33 Abs. 2 SGB IX sichert behinderten Frauen gleiche Chancen im Erwerbsleben zu. Rehabilitatives Instrument für die Chancengleichheit im Erwerbsleben bilden die Leistungen zur Teilhabe am Arbeitsleben. Unter § 2 III. wurde dargelegt, dass behinderte Frauen solche staatlichen Fördermaßnahmen aber seltener in Anspruch nehmen (können). Der Gesetzgeber will mit § 33 Abs. 2 SGB IX darum spezifische Ansätze verankern, „um den besonderen, typischen Problemsituationen von Frauen Rechnung zu tragen, wie sie sich insbesondere aus der Wahrnehmung der Familienaufgaben und – damit zusammenhängend – einer unterbrochenen Erwerbsbiografie ergeben."[515] Als spezifische Ansätze hat der Gesetzgeber im SGB IX vor allem das Angebot von „durch in der Zielsetzung geeignete, wohnortnahe und auch in Teilzeit nutzbare" Leistungen zur Teilhabe am Arbeitsleben verankert. Ergänzend hierzu werden Frauen und Männern mit Erziehungspflichten gem. § 54 SGB IX bei Maßnahmen der medizinischen oder beruflichen Rehabilitation im Bedarfsfall auch die Kosten einer Haushaltshilfe oder Kinderbetreuung anteilig erstattet.

1. Zugang zu den Leistungen

Im Hinblick auf die Zugangsvoraussetzungen zu den Leistungen der beruflichen Teilhabe hat die Reform des Rehabilitationsrechts für behinderte Frauen allerdings keine Verbesserungen gebracht. Das SGB IX wurde in das bisherige System der sozialen Sicherung und in das gegliederte System der Rehabilitation integriert. Die Voraussetzungen für die Leistungen zur Teilhabe richten sich gem. § 7 S.2 SGB IX weiterhin nach den für die einzelnen Rehabilitationsträger geltenden Leistungsgesetzen. Je nach Sozialversicherungsstatus können sich damit die Rehabilitationschancen der Einzelnen deutlich voneinander unterscheiden. Frauen erfüllen aufgrund ihrer geringeren Erwerbschancen und ihrer stärkeren Konzentration auf Familienpflichten seltener die Voraussetzungen für den Bezug von Sozialversicherungsleistungen. Damit können sie auch seltener bzw. weniger Leistungen der beruflichen

515 So die Begründung BT-Drs. 14/5076 zu § 33 Abs. 2.

Teilhabe beanspruchen als behinderte Männer. Dies gilt insbesondere für Maßnahmen der Aus- und Weiterbildung und unterhaltssichernden Leistungen nach § 45 Abs. 2 SGB IX, ohne die es den meisten behinderten Menschen nicht möglich sein dürfte, Berufsbildung in Anspruch zu nehmen.

Frauen sind aufgrund ihrer niedrigeren Erwerbsbeteiligung in geringerem Umfang als Männer gesetzlich unfallversichert. Bei den weiblichen Versicherten tritt auch der Versicherungsfall vergleichsweise selten ein.[516] In den Berufen, die die Arbeitsunfalls- und Berufskrankheitsstatistiken anführen (z.B. Baugewerbe, Bergbau), sind Frauen geringer vertreten. Sie arbeiten zudem häufiger in Teilzeit, sodass das Risiko, während der Arbeitszeit zu verunfallen oder krankheitsauslösenden Faktoren ausgesetzt zu sein, zeitlich geringer ist. Der Bereich der Hausarbeit, in dem Frauen in besonderem Maße verletzungs- und unfallgefährdet sind, wird von der gesetzlichen Unfallversicherung nicht abgedeckt.[517]

Auch die gesetzliche Rentenversicherung gewährt Leistungen der beruflichen Rehabilitation mehrheitlich an Männer.[518] Frauen erfüllen seltener als Männer die zum Bezug rentenrechtlicher Teilhabeleistungen erforderliche 15-jährige Wartezeit des § 11 Abs. 1 Nr. 1 SGB VI. Auf die Wartezeit werden zwar gem. § 51 Abs. 1 und 4 SGB VI alle Kalendermonate mit Beitrags- und Ersatzzeiten angerechnet. Kindererziehungszeiten sind aber nur in den ersten drei Lebensjahren des Kindes als Beitragszeiten berücksichtigungsfähig (§ 56 SGB VI).[519]

Die Agentur für Arbeit ist deshalb generell, für behinderte Frauen aber im Besonderen, der bedeutsamste Träger der Teilhabe am Arbeitsleben. Die Leistungen können grundsätzlich auch an Nichtversicherte gewährt werden, §§ 97 ff. SGB III. Damit können auch Berufseinsteigerinnen und -rückkehrinnen Leistungen erhalten. Während der Dauer einer behindertengerechten Berufsausbildung, Weiterbildung oder Umschulung sind sie aber in der Regel auf ergänzende Leistungen zur Unterhaltssicherung angewiesen. § 160 SGB III knüpft die Gewährung von Übergangsgeld jedoch grundsätzlich an eine Vorbeschäftigungszeit. Behinderte Antragsteller müssen innerhalb der letzten drei Jahre mindestens zwölf Monate sozialversicherungsrechtlich beschäftigt gewesen und einen Anspruch auf Arbeitslosengeld oder anschließende Arbeitslosenhilfe gehabt haben (§§ 160–161 SGB III). Diese dreijährige Rahmenfrist gilt allerdings nicht für behinderte Berufsrückkehrerinnen und Berufsrückkehrer (§ 161 Abs. 2 S. 1 SGB III). Damit haben behinderte Frauen mit Familienpflichten einen verbesserten Zugang zu Übergangsgeld der Arbeitsagenturen. Übergangsgeld kann auch im Anschluss an eine abgeschlossene Berufsausbildung mit anerkanntem Abschluss gewährt werden (§ 163 SGB III). Keinen An-

516 Vgl. hierzu und den nachfolgenden Angaben *Bundesverband der Unfallkassen*, Unfallstatistik 2004, S. 20.

517 Sind Frauen zu Hause als Pflegepersonen (§ 19 SGB XI) mit der Pflege eines Angehörigen befasst, ist diese Tätigkeit aber nach § 2 Abs. 1 Nr. 17 SGB VII versichert.

518 *BMGS*, Bericht der Bundesregierung über die Teilhabe behinderter Menschen 2004, S. 124 (Frauenanteil liegt unter 30%).

519 Die Beiträge für Kindererziehungszeiten trägt der Bund (§ 177 Abs. 1 SGB VI).

spruch auf Übergangsgeld erwerben diejenigen behinderten Frauen, die aus anderen Gründen erwerbslos und Teil der „stillen Reserve“ sind und innerhalb der Rahmenfrist von Unterhalts- oder Fürsorgeleistungen gelebt haben. Hierzu zählen häufig geburts- und frühbehinderte Frauen, welche oft besondere Schwierigkeiten haben, nach der Ausbildung eine Beschäftigung auf dem Ersten Arbeitsmarkt zu finden.

Diese Frauen werden mithin häufig auf die einkommens- und vermögensabhängigen Leistungen der Träger der Grundsicherung für Arbeitssuchende und der Eingliederungshilfe (§ 53 SGB XII) angewiesen sein.

Das SGB IX verbessert nicht den Zugang behinderter Frauen zu den Leistungen der Teilhabe am Arbeitsleben. Innerhalb des bestehenden Systems der sozialen Sicherheit vermag das SGB IX keine Chancengleichheit herzustellen. Mrozynski weist zu Recht darauf hin, dass ein Ausgleich der Nachteile von Frauen, insbesondere ihre unterbrochene Erwerbsbiografie, nur durch die Gleichstellung von Familien- und Erwerbsarbeit erfolgen kann.[520]

Die Nachteile der Frauen beim Zugang zu Aus- und Weiterbildungen werden dadurch weiter verschärft, dass sich die Höhe des Übergangsgeldes nach dem bisher erzielten Erwerbseinkommen richtet. Diejenigen, die innerhalb des berücksichtigungsfähigen Zeitraums keine Erwerbseinkünfte erzielt haben (z.B. Berufsrückkehrerinnen), erhalten gem. § 48 SGB IX 65% des tariflichen Durchschnittsgehalts, das ihrer bisherigen Tätigkeit und beruflichen Fähigkeit entspricht. Geschlechts- und behinderungsspezifische Entgeltdiskriminierungen setzen sich also regelmäßig bei der Berechnung des Übergangsgeldes fort.[521]

2. Ausgestaltung der Leistungen

Gem. § 33 Abs. 2 SGB IX ist die Chancengleichheit behinderter Frauen im Erwerbsleben insbesondere durch in der beruflichen Zielsetzung geeignete, wohnortnahe und auch in Teilzeit nutzbare Angebote zur Teilhabe am Arbeitsleben zu sichern. Mit dieser Maßgabe wollte der Gesetzgeber den Forderungen der Rehabilitationsforschung (oben § 2 III.) und der Interessenvertretungen behinderter Frauen im Hinblick auf eine geschlechter- und familiengerechte Ausgestaltung von beruflichen Rehabilitationsmaßnahmen entsprechen.

Die Vorschrift macht deutlich, dass die „Frauenförderung“ des SGB IX vor allem auf eine bessere Vereinbarkeit von beruflicher Rehabilitation und Familienpflichten zielt. In Anbetracht der faktischen Doppelbelastung der Frauen und der Tatsache, dass behinderte Frauen und Männer bislang in der Rehabilitation nahezu überhaupt nicht als Eltern wahrgenommen wurden und es dort kaum Teilzeitangebote gibt,

520 *Mrozynski*, SGB IX, Teil 1, Rz. 8 zu § 33. Das kann seiner Auffassung nach auch durch Modifizierung der Voraussetzungen für die Beitragszeitenerfüllung gewährleistet werden (§§ 160 Ziff. 1, 161 Abs. 1 Ziff. 2; 124 Abs. 3. Ziff. 2 SGB III).

521 Vgl. oben § 2 A II.

stellt die bessere Berücksichtigung ihrer familiären Situation einen Fortschritt dar. Es mutet jedoch äußerst anachronistisch an, dass § 33 SGB IX ausschließlich das Interesse behinderter Frauen an der Vereinbarkeit von Beruf und Familie fokussiert.[522] In Bezug auf wohnortnahe und in Teilzeit wahrnehmbare Angebote erscheint diese aktbezogene Geschlechterdifferenzierung sachlich nicht gerechtfertigt und in ihrer Wirkung problematisch. Es ist dem Sozialgesetzgeber verfassungsrechtlich untersagt, die funktionale Arbeits- und Rollenverteilung der Geschlechter unmittelbar oder mittelbar zu zementieren. Regelungen, die auf die bessere Vereinbarkeit von Familie und Beruf gerichtet sind, sind deshalb grundsätzlich auf beide Elternteile zu richten. Männer mit familiären Verpflichtungen benötigen ebenfalls wohnortnahe und in Teilzeit wahrnehmbare Angebote. Die Formulierung des § 33 Abs. 2 SGB IX legt den Rehabilitationsträgern aber nahe, vor allem Frauen wohnortnahe Teilzeitangebote zu unterbreiten und ist deshalb nicht mit Art. 3 Abs. 2 S. 1 und Art. 3 Abs. 3 S. 1 vereinbar. Die Vorschrift ist verfassungswidrig und der Gesetzgeber aufgefordert, in Abs. 2 Instrumente der Frauenförderung sprachlich deutlich von denen der Familienförderung zu trennen und beiden Geschlechtern die bessere Vereinbarkeit von Beruf und Familie in gleicher Form zu ermöglichen.

Ein wichtiger Aspekt zur Durchsetzung der beruflichen Chancengleichheit der Geschlechter hat leider nur Eingang in die Gesetzesbegründung zu § 33 Abs. 4 gefunden. Danach haben die Rehabilitationsleistungsträger bei der Auswahl der richtigen beruflichen Fördermaßnahme und der Beurteilung der Eignung, Neigung und bisherigen Tätigkeit der Leistungsberechtigten auch die Kindererziehung und die damit erworbenen Kompetenzen positiv zu berücksichtigen, „soweit sie im Hinblick auf die Leistung von Bedeutung sein können".[523] Es wäre rechtspolitisch wünschenswert gewesen, diese für eine geschlechtergerechte Eignungsbeurteilung wichtige Maßgabe direkt in den Gesetzestext aufzunehmen.

In § 36 SGB IX hat der Gesetzgeber klargestellt, dass die Arbeitsschutzgesetze und die Gesetze zur Gleichberechtigung der Geschlechter auch in den Einrichtungen der beruflichen Rehabilitation zu beachten sind. Damit ist insbesondere geklärt, dass sich behinderte Frauen in der Rehabilitation auf das Mutterschutzgesetz berufen[524] und ebenso (wie behinderte Männer auch) Elternzeit in Anspruch nehmen können.

Zusammenfassend ist festzustellen: Das SGB IX bringt punktuell wertvolle Verbesserungen für die Förderung der beruflichen Teilhabe behinderter Frauen. Dem Bedarf behinderter Frauen an zukunftsträchtigen, wohnortnahen oder in Teilzeit absolvierbaren Ausbildungsangeboten wird Rechnung getragen. Die Rehabilitationsleistungsträger werden in Folge die Rehabilitation verstärkt aus den zentralisierten Sondereinrichtungen der beruflichen Rehabilitation auslagern müssen, um in Zusammenarbeit mit örtlichen Betrieben wohnortnahe Maßnahmen zu ermöglichen.

522 Ähnlich *Mrozynski*, SGB IX, Teil I, Rz. 10 zu § 33.
523 BT-Drs. 14/5074, S. 44 zu § 33.
524 Vgl. oben § 3 E II.1.

Durch diese Veränderungen werden die Angebote besser an die Bedarfe von Frauen und Männern mit Familienpflichten angepasst. Das SGB IX verbessert jedoch nicht den sozialversicherungsrechtlichen Zugang behinderter Frauen zu den Teilhabeleistungen. Frauen bleiben weiterhin verstärkt von Leistungen der Sozialhilfe abhängig.

Da sie aufgrund ihres im Vergleich mit anderen Erwerbspersonen niedrigen oder fehlenden Erwerbseinkommens nur geringfügige Übergangsgeldansprüche erwerben, ist bei behinderten Frauen das Risiko besonders groß, dass sie im Interesse ihrer wirtschaftlichen Sicherung eher auf niedrigqualifizierte und -entlohnte Tätigkeiten ausweichen, als sich beruflich weiterzuqualifizieren.

Nachfolgend soll ein weiteres Hemmnis in der beruflichen Rehabilitation beleuchtet werden: das erhöhte Risiko behinderter Frauen, im Kontext der Rehabilitation und Teilhabe Opfer von sexueller Belästigung und Gewalt zu werden.

II. Der Schutz der sexuellen Selbstbestimmung in der Rehabilitation

Im Rahmen der Pflicht, die Selbstbestimmung behinderter Menschen bei der Leistungserbringung zu achten und zu fördern, erlangt das Recht behinderter Frauen auf sexuelle Selbstbestimmung besondere Bedeutung. Dies gilt umso mehr, als Frauen, die in Rehabilitationseinrichtungen leben, nachweislich doppelt so häufig von sexualisierter Gewalt betroffen sind, wie Frauen außerhalb dieser Einrichtungen. Auch männliche Einrichtungsbewohner erleben häufiger sexuelle Gewalt als ihre nichtbehinderte Vergleichsgruppe.[525] Erkennbar bergen die Einrichtungsstrukturen für die Bewohnerinnen und Bewohner ein besonderes Risiko, Opfer einer Straftat gegen die sexuelle Selbstbestimmung zu werden. Mit dem Strafgesetzgeber ist aber davon auszugehen, dass auch in ambulanten Rehabilitations- und Pflegeverhältnissen ein erhöhtes Risiko für behinderte Menschen besteht, Opfer einer Gewalt- bzw. Sexualstraftat zu werden (vgl. § 174c StGB).

Ob und in welchem Umfang der Staat aufgefordert ist, seine Bürgerinnen und Bürger durch Gesetze und mit Hilfe der Verwaltung vor Straftaten Privater zu schützen, ist umstritten. Das BVerfG und weite Teile der Literatur leiten aus dem objektiv-rechtlichen Gehalt der Grundrechte, namentlich des Art. 2 Abs. 2 S. 1 GG und Art. 1 Abs. 1 GG die Pflicht des Staates ab, „sich schützend und fördernd vor das Leben zu stellen, d.h., es auch vor rechtswidrigen Eingriffen von Seiten anderer zu bewahren."[526] An diesem Gebot haben sich nach Auffassung des Gerichts alle staatlichen Organe entsprechend ihren besonderen Aufgaben auszurichten. Es besteht aber wohl auch weitgehend Einigkeit, dass die staatlichen Organe in eigener und freier Verantwortung darüber entscheiden, welche Schutzmaßnahmen zweckdienlich

525 *Zemp,* Praxis der Kinderpsychologie und Kinderpsychiatrie 8/02, S. 618.

526 So *BVerfGE* 46, 140 (Schleyer-Entführung) im Anschluss an die erste Schwangerschaftsabbruch-Entscheidung *BVerfGE* 39, 1 (40); *BVerfGE* 56, 54 (78); für die Literatur: *Jarass/ Pieroth*, GG, Rz. 70 zu Art. 2 m.w.N.

und geboten sind, d.h., wie sie ihre Verpflichtung zu einem effektiven Schutz erfüllen.[527] Alleine aus dem Recht behinderter Frauen auf Gleichberechtigung und dem objektiv-rechtlichen Gehalt ihrer Grundrechte lassen sich mithin noch keine konkreten Pflichten des Staates ableiten, dem Risiko der sexuellen Gewalt auf eine bestimmte Art und Weise zu begegnen.

Der Entscheidungsspielraum bei der Wahl geeigneter Schutzmaßnahmen zugunsten behinderter Frauen vor sexueller Gewalt in der Rehabilitation kann allerdings aus zwei Gründen beschränkt sein:

Erstens hat sexuelle Gewalt neben dem individuellen Verhalten des Täters bzw. der Täterin auch strukturelle Ursachen. Gewähren die Rehabilitationsträger ihre Leistungen so, dass diese für behinderte Frauen mit einem erhöhten Risiko sexueller Übergriffe verbunden sind, verschwimmt die Grenze zwischen der Schutz- und Abwehrfunktion der Grundrechte. Ist die Abwehrfunktion der Grundrechte tangiert und eine geschlechtergerechte Leistungserbringung zu gewährleisten, kann sich ein allgemeiner Schutzauftrag des Staates also zu konkreten Handlungspflichten des Rehabilitationsträgers verdichten.

Zweitens wirken sich sexuelle Belästigungen, tätliche Übergriffe und die Angst vor sexueller Gewalt in aller Regel negativ auf die Wirksamkeit einer Rehabilitationsmaßnahme aus. Aus der Pflicht des Staates, Sozialleistungen geschlechtergerecht zu gestalten, erwächst deshalb die Notwendigkeit, geschlechtstypischen Rehabilitationshemmnissen von Frauen zu begegnen und sie bestmöglich zu beseitigen.

Ein praktisches Beispiel soll dies verdeutlichen: In ihrer Untersuchung der Umsetzung des SGB IX in Bezug auf die berufliche Teilhabe behinderter Frauen stellt die Sozialforschungsstelle Dortmund/Schön den Fall einer jungen Frau im Rollstuhl dar, die vom Arbeitsamt das Angebot erhielt, eine Ausbildung in einem Berufsbildungswerk zu absolvieren.[528] Im Interview schilderte die junge Frau ihr Unbehagen in Anbetracht der geplanten Unterbringung im Berufsbildungswerk. Angesichts des Risikos sexueller Übergriffe bedeutet es wohl für die meisten Frauen eine besondere psychische Belastung und reelle Gefahr, wenn sie in einem nicht abschließbaren Heim- oder Internatszimmer nächtigen sollen bzw. müssen, welches jeder Mitbewohner oder Mitarbeiter ungehindert betreten kann.

Ob bewusst oder unbewusst – das Wissen um die Gefahr sexueller Belästigungen und tätlicher Übergriffe prägt das Denken und Handeln von Frauen. Unsichere Rehabilitationsbedingungen können die Rehabilitationsbereitschaft der Frauen minimieren oder aufheben. Dem wurde bislang bei der Ausgestaltung von Rehabilitationsangeboten zu wenig Rechnung getragen.

Die Rehabilitationsleistungsträger sehen bislang die Prävention und Intervention bei sexueller Gewalt als ausschließliche Aufgabe und Kompetenz der Polizei und Strafjustiz an. Ermittlungsbehörden und Strafgerichte können jedoch nicht auf ge-

527 *BVerfGE* 39, 1 (44); *BVerfGE* 46, 140.

528 Anschaulich hierzu die Berichte der Rehabilitandinnen in *SFS Dortmund/Schön*, Berufliche Teilhabe von Frauen mit (unterschiedlichen) Behinderungen, S. 48.

waltfördernde Strukturen in den Rehabilitationsdiensten und -einrichtungen Einfluss nehmen oder in anderer Form als durch bloße Aufklärung präventiv zum Schutz behinderter Frauen tätig werden. Übergriffe gegen behinderte Mädchen und Frauen gelangen zudem selten zur Kenntnis der Strafermittlungsbehörden, weil die Betroffenen, ihre Angehörigen und die Fachkräfte der Behindertenhilfe Verdachtsmomente häufig nicht an die Polizei weiterleiten und keine Strafanzeige stellen.[529]

Somit stellt sich die Frage nach der Pflicht und den Handlungsmöglichkeiten der Rehabilitationsträger, sexualisierten Übergriffen auf behinderte Frauen und Männer im Kontext der Leistungserbringung wirksam vorzubeugen oder sie konkret vor (wiederholten) Übergriffen zu schützen.

1. Schutzpflichten der Rehabilitationsleistungsträger

Eine erste Auseinandersetzung mit den Präventions- und Interventionspflichten liefert Degener, die Interventionspflichten aus einer rehabilitationsrechtlichen Fürsorgepflicht der Leistungsträger und -erbringer ableitet.[530]

Bieritz-Harder hat diesen Ansatz im Rahmen einer vom Bundesministerium für Familie, Senioren, Frauen und Jugend geförderten Expertise „Schutzpflichten der Rehabilitationsleistungsträger gegenüber den Rehabilitationsleistungsempfängerinnen in Bezug auf sexualisierte Gewalt“ weiterverfolgt. Sie schließt zunächst aus dem Sozialstaatsprinzip des Art. 20 GG auf die Pflicht des Staates – und hier in erster Linie des einfachen Gesetzgebers –, korrigierend einzugreifen, um die eingeschränkten Selbstschutzmöglichkeiten behinderter Menschen wirksam zu kompensieren.[531] Wo Dritte den unbedingten Anspruch von Frauen, in ihrer Würde und Integrität geachtet zu werden, negieren, sie mittels sexueller Gewalt als rechtlos behandeln oder faktisch in die Rechtlosigkeit zwingen, sieht Bieritz-Harder unter Rückgriff auf die Schutzpflichtdogmatik den Staat aus Art. 2 Abs. 1 GG und Art. 1 Abs. 1 GG heraus verpflichtet, schützend einzugreifen. Diese Schutzpflicht umfasst ihrer Auf-

529 Die Fachkräfte in den Einrichtungen und Diensten reagieren auf Verdachtsmomente oft mit Abwehrmustern, wie sie auch im Kontext des familiären sexuellen Kindesmissbrauchs häufig anzutreffen sind. Die eigene Wahrnehmung (bzw. die des Opfers) wird angezweifelt, klare Anzeichen von Grenzüberschreitungen bagatellisiert, dem Opfer die Verantwortung zugeschoben und vermutet, dass es den Übergriff provoziert habe. Fachkräfte begründen ihr Untätigbleiben zumeist mit dem (rechtlich jedoch vielfach unzutreffenden) Vorwand, sie seien aus Gründen des Sozialdatenschutzes zum Schweigen verpflichtet. Auch hier werden es eher Ohnmachtsgefühle und Loyalitätskonflikte sein, die sie hindern, gegen den meist persönlich bekannten Täter vorzugehen (*Fegert/Wolff*, Sexueller Missbrauch durch Professionelle in Institutionen, S. 225).

529 *Bieritz-Harder,* Schutzpflichten des Rehabilitationsleistungsträgers, S. 199 ff.

529 *Bieritz-Harder,* Schutzpflichten des Rehabilitationsleistungsträgers, S. 199 (203 ff.).

530 *Degener,* Behinderte Frauen in der beruflichen Rehabilitation, Rechtsgutachten, S. 25; *dies.*, Mit dem Sozialrecht gegen sexualisierte Gewalt? In: Zinsmeister, Sexuelle Gewalt gegen behinderte Menschen, S. 89 ff.

531 *Bieritz-Harder,* Schutzpflichten des Rehabilitationsleistungsträgers, S. 199 ff.

fassung nach auch die Pflicht, einer Negierung des Achtungsanspruchs präventiv entgegenzutreten.[532]

Eine solche Schutzpflicht des Rehabilitationsleistungsträgers gegenüber einer Leistungsempfängerin wird jedenfalls dann zu bejahen sein, wenn diese im Kontext der Leistungserbringung von sexueller Gewalt bedroht und betroffen ist, es sich in dem Täter oder der Täterin also beispielsweise um den Hausmeister der WfbM, den Heimleiter oder um eine Mitbewohnerin handelt. Hier trifft den Rehabilitationsleistungsträger die Verantwortung für die Ausführung der Leistung und die fachliche Eignung der hiermit beauftragten Leistungserbringer (§§ 19 ff. SGB IX):

> „Die Gefahr, dass die Leistungsberechtigte sexualisierter Gewalt und damit der Gefahr der Verletzung ihres sexuellen Selbstbestimmungsrechts ausgesetzt wird, entsteht ja erst dadurch, dass der Sozialleistungsträger die Leistungen nicht selbst erbringt, sondern die Leistungserbringung Dritten überlässt. (...) Deshalb ist der Sozialleistungsträger gehalten, bereits im Vorfeld durch organisatorische Vorkehrungen dafür Sorge zu tragen, dass die Möglichkeit einer Realisierung dieser Gefahr gering bleibt."[533]

Der Rehabilitationsleistungsträger hat demnach bereits bei der Auswahl fachlich geeigneter Dienste und Einrichtungen nach § 19 Abs. 4 SGB IX darauf zu achten, die Angebotsstruktur so auszugestalten, dass das Risiko von Grenzverletzungen in der Rehabilitation möglichst gering gehalten werden kann. Der Schutz der persönlichen Integrität und Sicherheit der Teilnehmerinnen und Teilnehmer hat als Merkmal der Struktur- und Leistungsqualität in der Qualitätsentwicklung entsprechende Beachtung zu finden und sollte in der Evaluation der Einrichtungen und Dienste regelmäßig überprüft werden. Hiermit korrespondiert die in § 21 Abs. 3 SGB IX verankerte Pflicht der Rehabilitationsleistungsträger, Verträge mit fachlich nicht geeigneten Diensten oder Einrichtungen zu kündigen.

Das SGB IX und die für die Rehabilitationsträger geltenden Leistungsgesetze enthalten jedoch keine konkreten Maßgaben zum Umgang mit der sexuellen Selbstbestimmung und ihrem Schutz in den Einrichtungen und Dienste. Die Leistungserbringer sehen sich daher rechtlich nicht für verpflichtet an, sexueller Gewalt gegen behinderte Frauen und Männer präventiv vorzubeugen und gegen die Täter vorzugehen. Diese Pflichten können aber zumindest teilweise anderen Gesetzes entnommen werden.

532 *Bieritz-Harder,* Schutzpflichten des Rehabilitationsleistungsträgers, S. 199 (203 ff.), kritisch zur Eignung des Menschenwürdekonzepts als Recht gegen sexuelle Diskriminierung: *Baer,* Würde oder Gleichheit?, S. 190 ff.

533 *Bieritz-Harder,* Schutzpflichten des Rehabilitationsleistungsträgers, S. 199 (214 f.).

2. Präventions- und Interventionspflichten der Leistungserbringer

a) Einrichtungen zur Förderung der Teilhabe am Arbeitsleben

In der Bundesrepublik bilden die rund 700 existierenden Werkstätten für behinderte Menschen (WfbM) zusammen mit den Berufsbildungswerken (BbW) und Berufsförderungswerken (BfW) die wichtigsten Einrichtungen zur Förderung der Teilhabe am Arbeitsleben. Die dort auszubildenden oder beschäftigten behinderten Menschen („Teilnehmerinnen und Teilnehmer“) haben keinen Arbeitnehmer/innen-Status. Ob sie sich dennoch auf das Gesetz zum Schutz der Beschäftigten vor sexueller Belästigung am Arbeitsplatz (Beschäftigtenschutzgesetz) berufen können, war lange Zeit unklar.

Mit Inkrafttreten des SGB IX zum 1.7.2001 wurde diese Frage geklärt: Gemäß § 36 S. 3 SGB IX und § 138 Abs. 4 SGB IX finden die Arbeitsschutzgesetze sowie die Gesetze zur Gleichberechtigung von Männern und Frauen in den Einrichtungen der beruflichen Rehabilitation entsprechende Anwendung. Hierzu zählt auch das Beschäftigtenschutzgesetz. Es trat 1994 als Art. 10 des 2. Gleichberechtigungsgesetzes als Arbeitsschutzgesetz in Kraft.[534] Das Beschäftigtenschutzgesetz zielt erkennbar auf den Schutz von „klassischen“ Arbeitnehmerinnen und Arbeitnehmern in der freien Wirtschaft und im öffentlichen Dienst. Viele der Regelungen sind nicht ohne weiteres 1:1 auf die Rehabilitationseinrichtungen übertragbar.[535] Dies gilt insbesondere, wenn es sich in dem Belästiger um einen schwerbehinderten Werkstattmitarbeiter handelt. Dieser hat gem. § 137 i.V.m. § 136 Abs. 2 SGB IX einen Anspruch darauf, in der Werkstatt seines Einzugsgebietes rehabilitiert zu werden. Rechtsgrundlage der Beschäftigung in der Werkstatt bildet in der Regel kein Arbeits-, sondern ein privatrechtlicher Werkstattvertrag (§ 139 Abs. 3 SGB IX).

Die Kündigung des Werkstattvertrags ist gesetzlich nicht geregelt. § 137 Abs. 2 SGB IX verpflichtet die Werkstatt, behinderte Menschen in der Werkstatt zu beschäftigen, solange die Aufnahmevoraussetzungen nach Abs. 1 vorliegen. Nach ganz h.M. kann ein Werkstattvertrag von der Werkstatt daher nur gekündigt werden, wenn der oder die Beschäftigte die Aufnahmevoraussetzungen des § 136 Abs. 2 SGB IX nicht mehr erfüllt oder aber ein Umstand eintritt, der die Werkstatt gemäß § 136 Abs. 2 S. 2 SGB IX berechtigt hätte, den Vertragsabschluss mit der Person zu verweigern.[536] Im Zusammenhang mit sexueller Belästigung interessiert hier das Recht der Werkstatt, die Aufnahme eines Leistungsberechtigten in eine Werkstatt abzulehnen, wenn trotz einer der Behinderung angemessenen Betreuung eine erhebliche Fremdgefährdung zu erwarten ist.

534 BGBl. I 1994, S. 1406 (1412).

535 Zur bisherigen Rechtslage *Bieritz-Harder*, Schutzpflichten, in: Zinsmeister, Sexuelle Gewalt gegen behinderte Menschen, S. 199 (222); *ExpertInnendiskussion Teil III,* in: Zinsmeister, wie vor, S. 103 ff.

536 Vgl. nur *Haines/Jacobs,* in: LPK-SGB IX zu § 137 Rz. 15 und § 139 Rz. 36; *Vater,* in: HK-SGB IX zu § 137 Rz. 7.

Von einer erheblichen Fremdgefährdung soll nach den Werkstattempfehlungen der Bundesarbeitsgemeinschaft der überörtlichen Träger der Sozialhilfe auszugehen sein, wenn das Verhalten eines behinderten Menschen eine beständige, ernstliche Gefahr für Gesundheit und Leben anderer behinderter Menschen oder nichtbehinderter Mitarbeiter der Werkstatt oder für Sachen darstellt und deswegen der geordnete Betrieb der Werkstatt ernsthaft gestört ist.[537] Die zusätzliche Maßgabe, wonach die Gefahr beständig sein und zu einer Betriebsstörung führen muss, findet im Gesetz jedoch keinen Rückhalt. Im Interesse des Schutzes der gefährdeten Personen sind auf diese Zusatzkriterien zu verzichten.

Sexuelle Belästigungen i.S.d. § 2 Abs. 2 Nr. 1 BSchutzG, die einen Straftatbestand nach §§ 174 ff. StGB erfüllen, werden in der Regel immer als Fremdgefährdung zu qualifizieren sein. Sexuelle Anzüglichkeiten und Witzeleien, das Aufhängen von Pin-ups in den Betriebsräumen oder absichtliche, aber nur flüchtige Berührungen u.ä. Grenzverletzungen werden wohl nach allgemeiner Auffassung nicht als „gefährlich" einzustufen sein, weil sie niemanden körperlich unmittelbar verletzen. Gleichwohl sind sie durchweg geeignet und darauf gerichtet, die hiervon betroffenen – zumeist weiblichen – Beschäftigten in ihrer Ehre zu verletzen. Sie stellen mithin eine latente Gefahr für deren psychische Integrität dar und bergen mithin auch das Risiko psychosomatischer Erkrankungen und „innerer" Kündigungen. Wird man also bei sexuellen Witzeleien und dem Aufhängen von Pin-ups durchweg auch das Risiko einer latenten Fremdgefährdung anerkennen müssen, so wird es gleichwohl häufig an der verlangten Erheblichkeit der Fremdgefährdung fehlen.

Ein wirksamer Schutz vor sexueller Belästigung erfordert es jedoch, auch geringfügige Grenzverletzungen möglichst frühzeitig und entschieden zurückzuweisen. Das Beschäftigtenschutzgesetz verpflichtet die Arbeitgeber darum, auch gegen geringfügigere Belästigungen konsequent vorzugehen, sofern sie vorsätzlich ehrverletzend sind, und dafür Sorge zu tragen, dass sich diese nicht wiederholen. Als geeignete arbeitsrechtliche Maßnahme wird bei nicht strafbaren Formen der sexuellen Belästigung i.d.R. die Abmahnung, ggf. auch eine Umsetzung oder Versetzung anzusehen sein. Missachtet der belästigende Arbeitnehmer (wiederholt) eine entsprechende Abmahnung, so können auch permanente sexistische „Witzeleien" oder das Zeigen pornografischer Bilder eine verhaltensbedingte Kündigung rechtfertigen.

Sieht man mit der rehabilitationswissenschaftlichen Literatur eine verhaltensbedingte Kündigung des Werkstattvertrages nur bei Wegfall der Rehabilitationspflicht aus § 137 Abs. 2 SGB IX für zulässig an, so wäre die Kündigung des Werkstattvertrages wegen sexueller Belästigung nur unter engeren Voraussetzungen möglich als die Kündigung eines Arbeitsvertrages.[538]

Dies hätte zur Folge, dass behinderte und nichtbehinderte Werkstattbeschäftigte in ihrem Schutz vor sexueller Belästigung durch behinderte Menschen in der WfbM

537 Werkstattempfehlungen Ziff. 3.2.2. der Bundesarbeitsgemeinschaft der überörtlichen Träger der Sozialhilfe.

538 So auch *Haines/Jacobs*, LPK-SGB IX zu § 139 Rz. 36.

gegenüber Beschäftigten, die auf dem ersten Arbeitsmarkt sexuelle Belästigung erfahren, schlechter gestellt würden. Das Verhalten der Täter würde unterschiedlich sanktioniert, je nachdem, ob sie als Arbeitnehmer oder als arbeitnehmerähnliche Teilnehmer einer Werkstatt beschäftigt werden. Für die Werkstattbeschäftigten wäre damit aber kein dem Beschäftigungsschutzgesetz entsprechender Rechtsschutz vor sexueller Belästigung mehr gewährleistet.

Mit der für Mitte 2006 geplanten Eingliederung des Beschäftigtenschutzgesetzes in ein Allgemeines Gleichbehandlungsgesetz wird sich das Schutzniveau für Beschäftigte des ersten Arbeitsmarktes und in den Einrichtungen der beruflichen Rehabilitation möglicherweise nochmals ändern. Eine eingehende Analyse des zukünftigen Schutzniveaus wird erst mit Abschluss des Gesetzgebungsverfahrens möglich sein. Um die Wertungswidersprüche der bisherigen Rechtslage zwischen dem Beschäftigungsschutzgesetz und § 137 Abs. 2 i.V.m. § 136 Abs. 2 S. 2 SGB IX zu beseitigen und ein dem Beschäftigungsschutzgesetz entsprechendes Schutzniveau sicherzustellen, sollte der Gesetzgeber im Allgemeinen Gleichbehandlungsgesetz oder im SGB IX eine ausdrückliche Regelung aufnehmen, die sowohl dem besonderen Gefährdungsrisiko der Beschäftigten als auch den Besonderheiten der beruflichen Rehabilitation Rechnung trägt.

b) Wohneinrichtungen der Behindertenhilfe

In Wohneinrichtungen greift das Beschäftigtenschutzgesetz nur zum Schutz der Mitarbeiterinnen und Mitarbeiter vor sexueller Belästigung. Für die Bewohnerinnen und Bewohner hingegen ist das Heim kein Arbeitsplatz.

Der Gesetzgeber hat 2001 zur Bekämpfung der Gewalt gegen Frauen die zivilrechtlichen Rechtsschutzmöglichkeiten vor häuslicher Gewalt gestärkt und ausgeweitet. Das Gewaltschutzgesetz soll sicherstellen, dass im Fall häuslicher Gewalt nicht länger das Recht dem Unrecht zu weichen hat, d.h. nicht länger die von Gewalt betroffenen Frauen und Kinder die Familienwohnung verlassen und in ein Frauenhaus flüchten müssen, sondern die gewalttätigen Lebenspartner und Angehörigen vorübergehend die Nutzung der gemeinsamen Wohnung versagt wird.

Für Heimbewohnerinnen und -bewohner bildet das Heim ihr (wenngleich nicht immer freiwillig gewähltes) Zuhause. Frauen sind hier wie auch in anderen privaten Lebensbereichen (Partnerschaft, Ehe und Familie) häufiger als Männer von Sexualstraftaten betroffen. Die Übergriffe werden von überwiegend männlichen Bewohnern, Mitarbeitern oder Besuchern verübt.[539]

Eine Wohnungszuweisung i.S.d. § 2 Gewaltschutzgesetz setzt einen gemeinsam begründeten und geführten Haushalt voraus. In betreuten Wohngemeinschaften wird solch eine eigenständige gemeinsame Haushaltsführung vielfach zu bejahen sein. Vollstationäre Einrichtungen im Sinne des Heimgesetzes hingegen kennzeichnet,

539 Vgl. oben § 2 A VII

dass hier den Bewohnerinnen und Bewohnern vom Heimträger Wohnraum überlassen, Betreuung und Verpflegung zur Verfügung gestellt oder vorgehalten wird und zwar unabhängig von einem Wechsel und der Zahl der Bewohnerinnen und Bewohner (§ 1 HeimG). Ein Heim zeichnet sich also gerade dadurch aus, dass es die Bewohnerinnen und Bewohner von der Pflicht zur selbständigen Haushaltsführung befreit und die Haushaltsführung unabhängig von der Gemeinschaft der Bewohnerinnen und Bewohner zu gewährleisten ist. § 2 GewSchG findet damit zum Schutz von Einrichtungsbewohnerinnen und -bewohnern durch Wohnungszuweisung keine – jedenfalls keine unmittelbare – Anwendung.

Eine Heimbewohnerin, die von einem Bewohner oder Mitarbeiter belästigt, bedroht oder verletzt wird, kann gleichwohl eine Schutzanordnung nach § 1 GewSchG beantragen mit dem Ziel, dass der Täter weitere Belästigungen bzw. jeglichen Kontakt unterlässt und sich von ihr fernhält. Der § 1 GewSchG zugrunde liegende allgemeine Unterlassungsanspruch hat sich jedoch generell als nicht ausreichend erwiesen, um Frauen wirksam vor Gewalt im sozialen Nahraum zu schützen.[540] Vorliegend erweist es sich vor allem als problematisch, dass im Heimbereich die Rechte der Bewohnerin auf Unterlassung des Kontakts mit dem „Bleiberecht" des Täters kollidieren können. Handelt es sich in dem Täter nicht um einen Besucher der Einrichtung, sondern einen Mitbewohner oder eine Mitarbeiterin, sind diese aufgrund Heim- oder Arbeitsvertrages berechtigt, gegebenenfalls auch verpflichtet, sich im Einzugsbereich der Bewohnerin aufzuhalten und mit ihr in Kontakt zu treten. Eine Heimbewohnerin, die belästigt, bedroht oder von Gewalt betroffen ist, ist folglich zu ihrem wirksamen Schutz innerhalb der Einrichtung meist auf die Mitwirkung der Heimleitung angewiesen.

Damit stellt sich die Frage, ob die Heimleitung rechtlich verpflichtet ist und somit im Zweifelsfall gezwungen werden kann, zum Schutz der Bewohnerin tätig zu werden.

Ziel der Rehabilitation im Heim ist u.a. die Wahrung und Förderung der Selbstbestimmung der Bewohnerin, § 1 S. 1 SGB IX. Die Belange behinderter Frauen sind gleichwertig zu berücksichtigen, § 1 S. 2 SGB IX. Der Rehabilitationsleistungsträger und der Leistungserbringer haben die sexuelle Selbstbestimmung der Bewohnerin zu achten und deren Schutz vor der Missachtung Dritter zu gewährleisten. Für Heime, in denen erwachsene Menschen betreut und gepflegt werden, ergibt sich diese Pflicht auch aus § 11 Abs. 1 HeimG, für Heime, in denen Kinder und Jugendliche leben, aus § 45 Abs. 2 SGB VIII. Die Kostenträger und Einrichtungen sind deshalb auch grundsätzlich verpflichtet, die Leistungsempfängerin vor (weiteren) Übergriffen zu schützen. Diese Pflicht wird zumeist eine strafrechtliche Garantenstellung der verantwortlichen Mitarbeiterinnen und Mitarbeiter einer Einrichtung begründen. Bleiben sie untätig, kann das Unterlassen möglicher und erforderlicher Schutzmaßnahmen gem. § 13 StGB als eigenständiger Tatbeitrag bestraft werden.

540 Eingehend hierzu *Baer*, Würde oder Gleichheit, S. 71; *Schweikert*, Gewalt ist kein Schicksal, S. 332.

Die Schutzpflicht des Einrichtungsträgers wird regelmäßig darauf gerichtet sein, zunächst die Gefahr durch die strikte räumliche Trennung des Tatverdächtigen von der betroffenen Person zu bannen um dann – je nach Schwere des Vorwurfs, Verdachtgrades und der Beweislage – die notwendigen und möglichen arbeitsrechtlichen Sanktionen zu ergreifen. Auch hier kommen Abmahnung, Versetzung oder eine verdachts- oder verhaltensbedingte Kündigung in Betracht.

Ergänzend oder anstelle einer (untätigen) Einrichtungsleitung können zum Schutz von Heimbewohnerinnen und Heimbewohnern heimaufsichtsrechtliche Maßnahmen ergriffen werden. Die Aufsichtsbehörden können die Einrichtungsträger gem. § 18 HeimG (Beschäftigungsverbot) bzw. der nach § 48 SGB VIII (Tätigkeitsuntersagung) anweisen, den tatverdächtigen Mitarbeiter nicht mehr in der Betreuung der Bewohnerinnen und Bewohner einzusetzen oder ihn – falls erforderlich – ganz von der Arbeitspflicht freizustellen.[541] Voraussetzung ist aber zunächst, dass die Heimaufsicht von den Vorfällen informiert ist. Bereits hier schließt sich in der Behindertenhilfe häufig ein Teufelskreis.

Eine Studie in Berliner Wohneinrichtungen von 1995 bis 1997 berichtet, dass die Einrichtungsleiterinnen und -leiter bei jeder vierten geistig behinderten Heimbewohnerin im Alter zwischen 12 und 25 vermuteten oder positiv wussten, dass diese Mädchen bzw. jungen Frauen von sexueller Gewalt betroffen waren.[542] Die Einrichtungsleitungen haben offenbar keinen dieser Fälle gemeldet, denn der Berliner Heimaufsicht wurde zwischen 1991–2001 kein einziger Vorfall sexueller Gewalt in Behindertenhilfeeinrichtungen zugetragen.[543] Die Vermutung, dass die Einrichtungen aufgrund von „Belegungsdruck“ und aus Angst vor negativer Öffentlichkeit Übergriffe negieren, unter den Tisch kehren oder intern zu lösen versuchen, werden durch das Landeskriminalamt Berlin und andere Fachleute bestätigt. Die Einrichtungen stellen in der Regel keine Strafanzeige gegen den tatverdächtigen Mitarbeiter oder Bewohner. Mitarbeiter werden vielmehr häufig mit einem wohlwollenden Zeugnis weggelobt und so in die Lage versetzt, ihre Übergriffe am nächsten Arbeitsplatz fortzusetzen.[544]

Die in § 5 Abs. 10 HeimG verankerte Pflicht eines Heimträgers, zukünftige Bewohnerinnen und Bewohner über ihre Beschwerderechte aufzuklären und ihnen hierbei auch die Anschrift der Heimaufsichtsbehörde auszuhändigen, erweist sich vor diesem Hintergrund als sinnvolle Vorgabe. Zum Schutz besonders vulnerabler Bewohnergruppen, z.B. Frauen mit der Diagnose einer schweren geistigen oder

541 Eingehend zu den arbeitsrechtlichen, aufsichtsrechtlichen und strafrechtlichen Maßgaben die Beiträge von *Burgsmüller/Westerholt/Zinsmeister,* in: Fegert/Wolff: Sexueller Missbrauch durch Professionelle in Institutionen.

542 *Klein/Wawrok,* Sexuelle Gewalt in der Lebenswirklichkeit von Mädchen und Frauen mit geistiger Behinderung, S. 92.

543 *Berliner Senatsverwaltung für Gesundheit, Soziales und Verbraucherschutz*, Bericht zur Lage der behinderten Menschen und der Entwicklung der Rehabilitation in Berlin, 2002.

544 Vgl. die Diskussionsbeiträge von *Sprung,* in: Zinsmeister, ExpertInnendiskussion Teil II und III, S. 71 und 114.

Mehrfachbehinderung, erweist sie sich allerdings als wenig erfolgversprechend und ist generell als nicht ausreichend anzusehen.

Eine umso wichtigere Bedeutung erlangt die Überwachung der Heime durch die Heimaufsichtsbehörden. Die Behörden haben gem. § 15 HeimG mindestens einmal jährlich eine Prüfung durchzuführen und sind befugt, weitere angemeldete oder unangemeldete Prüfungen vorzunehmen. In Bezug auf das Risiko sexueller oder körperlicher Gewalt bewerten Expertinnen und Experten den tatsächlichen Schutz der Bewohnerinnen und Bewohner durch die Heimaufsichtsbehörden jedoch als denkbar schlecht.[545] Viele Aufsichtsbehörden fühlen sich für die Problematik nicht zuständig, die dünne Personaldecke ermöglicht es selbst engagierten Behördenvertretern nur in geringem Umfang, von ihrer in § 15 Abs. 2 Ziff. 4 HeimG verankerten Möglichkeit des persönlichen Gesprächs mit den Bewohnerinnen und Bewohnern oder dem Heimbeirat Gebrauch zu machen.

Handelt es sich in dem Täter oder Tatverdächtigen um einen behinderten Heimbewohner, ist der Träger der Wohneinrichtung ebenfalls aufgefordert, die notwendigen Schutzmaßnahmen zu treffen, um weitere Übergriffe auf eine Bewohnerin oder einen Bewohner zu verhindern. Auch hier werde kurzfristig zunächst faktische Schutzmaßnahmen zu treffen (räumliche Trennung, Krisengespräch), langfristig aber auch rechtliche Sanktionen zu veranlassen sein.

Viele Heimbewohnerinnen und Heimbewohner könnten sich selbst vor Übergriffen schützen, wären sie im Stande, ihre Zimmertüren abzuschließen. Dies wird ihnen aber in vielen Einrichtungen für psychisch und geistig behinderte Menschen nicht ermöglicht. Selbst Badezimmer- und Toilettentüren lassen sich häufig allenfalls vom Personal, nicht von den Nutzern selbst abschließen. So soll es dem Heimpersonal ermöglicht werden, den Raum jederzeit, d.h. auch im Notfall, ungehindert zu betreten. Tatsächlich können die Bewohnerinnen faktisch niemanden hindern, einzutreten.

Hier ist es Aufgabe der Heimaufsichtsbehörde, dafür Sorge zu tragen, dass die Rechte der Bewohnerinnen und Bewohner auf eine geschützte Intimsphäre angemessen berücksichtigt werden.

Frauen ist zu ihrem Schutz die Möglichkeit einzuräumen, zwischen gemischtgeschlechtlichen und reinen Frauenwohngruppen zu wählen. Dieses aus § 9 SGB IX abzuleitende Wahlrecht ist grundsätzlich bei allen behinderten Menschen als berechtigter Wunsch anzuerkennen. Für Frauen entfaltet dieses Recht aber in Anbetracht ihrer höheren Vulnerabilität im Bereich der Sexualstraftaten und aufgrund der Tatsache, dass Gewalt- und Sexualdelikte fast ausschließlich von Männern verübt werden, eine besondere Schutzfunktion.
Dies gilt umso mehr, als die Heimleitung nicht beliebig in die Freiheitsrechte des Täters eingreifen kann, um andere Bewohnerinnen und Bewohner zu schützen.

545 Vgl. die Diskussionsbeiträge von *Westerholt* und *Degener,* in: Zinsmeister, ExpertInnendiskussion Teil III, S. 115 ff. sowie die Beiträge von *Westerholt* und *Schnapka/ Stopel,* in: Fegert/Wolff (Hrsg.), Sexueller Missbrauch durch Professionelle in Institutionen, S. 121 ff. und 172 ff.

Ein Bewohner, der nachts wiederholt in das Zimmer einer Mitbewohnerin eindringt, um sie zu bedrohen und sexuell zu belästigen, kann z.B. von der Heimleitung nicht etwa eingesperrt werden.

Als einzige gesetzliche Eingriffsermächtigung des Einrichtungsträgers regelt § 8 Abs. 3 Nr. 3 HeimG die Kündigung des Heimvertrags wegen der Unzumutbarkeit der Vertragsfortsetzung. Voraussetzung für eine Kündigung ist die gröbliche schuldhafte Vertragsverletzung. Der Nachweis eines schuldhaften Verhaltens kann sich im Falle von Tätern mit einer geistigen oder seelischen Behinderung jedoch als schwierig erweisen. Anders als im Beschäftigtenschutzgesetz ist im Heimgesetz die Kündigung zudem in das Ermessen der Einrichtungsleitung gestellt.

Die Heimaufsicht ist allerdings gem. § 17 HeimG bzw. § 45 Abs. 2 S. 5 SGB VIII ermächtigt, den Heimträger durch Anordnungen und nachträgliche Auflagen zu geeigneten Schutzmaßnahmen zu verpflichten. Nur hierzu bedarf es – wie oben dargelegt – einer Information der Heimaufsichtsbehörde über die bestehende Gefahrenlage.

Ein übergriffiger Bewohner kann nur bei akuter und nicht anders abwendbarer Gefahr ohne oder gegen seinen Willen eingesperrt oder in anderer Form in seiner Freiheit beschränkt werden. Freiheitsberaubende Maßnahmen innerhalb der Einrichtung können vom Vormundschaftsgericht gem. § 1904 Abs. 4 und Abs. 1 BGB nur zum Schutz vor Selbstverletzung und -tötung, nicht aber zum Schutz vor Fremdverletzung angeordnet werden.

Im Fall der Fremdgefährdung kommt allenfalls eine öffentlich-rechtliche Unterbringung des Bewohners nach den landesrechtlichen Gesetzen für psychisch Kranke (PsychKG) in Betracht. Voraussetzung ist eine akut bevorstehende und erhebliche Fremdgefährdung, die sich nicht mit anderen Mitteln abwenden lässt. Als ultima ratio stellt die Unterbringung nach PsychKG in aller Regel eine nur vorübergehende Möglichkeit der Krisenintervention dar.

Bei psychisch kranken Straftätern kann das Strafgericht im Falle einer verminderten Schuldfähigkeit oder Schuldunfähigkeit gem. §§ 63, 64 StGB den Maßregelvollzug durch Unterbringung in einem psychiatrischen Krankenhaus anordnen. Voraussetzung ist allerdings, dass von dem Täter infolge seines Zustands weitere erhebliche rechtswidrige Taten zu erwarten sind und er deshalb als allgemeingefährlich einzustufen ist.

Auf Fachtagungen wird deutlich, dass die Behindertenhilfe über keine angemessenen Betreuungsangebote für seelisch und geistig behinderte Täter verfügt, die nicht allgemeingefährlich sind. Die Rehabilitationsträger müssten eine Form der Betreuung und Unterbringung der Täter gewährleisten, in der sie nicht zur Gefahr für Mitbewohnerinnen und -bewohner werden und in der sie eine angemessene Förderung und Therapie in Anspruch nehmen können. Fehlt es an solchen Angeboten, können die Täter und mit ihnen das Risiko von Übergriffen allenfalls von einer Wohngruppe oder Einrichtung in die nächste verlagert werden.

Behinderten Opfern von sexueller Gewalt stehen gegenwärtig keine Rehabilitationsangebote offen, in denen sie gezielte professionelle Unterstützung zur Verarbeitung der erlebten Gewalt erhalten. Die Fachkräfte der Behindertenhilfe verfügen in der Regel nicht über die notwendige fachliche Qualifikation, um charakteristische Folgen sexueller Gewalt, z.B. posttraumatische Belastungssyndrome, zu erkennen und die Betroffenen qualifiziert zu unterstützen.

Den besten Schutz vor sexuellen Übergriffen erhalten behinderte Menschen langfristig, wenn es ihnen ermöglicht wird, trotz ihres Assistenzbedarfs in selbstgewählten Lebensbezügen zu leben und selbst die Auswahl und Anleitung der sie pflegenden und unterstützenden Fachkräfte zu übernehmen.

c) Ambulante Rehabilitations- und Teilhabeleistungen

Der in § 19 Abs. 2 SGB IX verankerte Vorrang ambulanter vor stationärer Angebote wird in den kommenden Jahren dazu beitragen, dass behinderte Menschen verstärkt in ihrer eigenen Wohnung oder in betreuten Wohnformen Unterstützung erhalten.

Viele Risikofaktoren, die im Heim Gewalt bedingen und fördern können (hohes Maß an Fremdbestimmung, Mangel an Intimsphäre, erschwerter Zugang zu Informationen und externen Anlaufstellen usw.) können durch ambulante Betreuungsangebote minimiert werden. Gleichwohl sind behinderte Frauen auch in ambulanten Angeboten häufig den Übergriffen von Ärzten, Gruppenleiterinnen, Pflegekräften oder den Fahrern der Behindertenfahrdienste ausgesetzt.[546]

Auch ambulante Rehabilitations- und Pflegeverhältnisse können weitreichende Abhängigkeitsverhältnisse schaffen, die mit der Gefahr des Machtmissbrauchs einhergehen. Für manch schwerstpflegebedürftige Frau sind die pädagogischen und pflegerischen Fachkräfte ihre wichtigsten Bezugspersonen, von deren Hilfe sie extrem abhängig ist. Sie kann von den Fachkräften bereits durch die Vorenthaltung notwendiger Hilfestellungen unter Druck und zu einem bestimmten Verhalten genötigt werden. Anders als im stationären Bereich gibt es im Bereich der ambulanten Leistungserbringung keine Aufsichtsbehörde. Die Kontrollverantwortung für die fachgerechte Ausführung liegt mithin alleine bei den Sozialleistungsträgern. Ein erstes Positivbeispiel für die Übernahme dieser Verantwortung liefert das Land Berlin als Träger des Behindertenfahrdienstes „Telebus“. Wiederholt wurden sexuelle Übergriffe von Telebusfahrern auf behinderte Mädchen und Frauen bekannt. Einige der Fahrer hatten einschlägige Vorstrafen. Die Senatsverwaltung hat auf die Übergriffe reagiert. Sie beauftragt mit der Durchführung der Fahrten nur noch Busunternehmen, die sich verpflichten, besondere Sorgfalt auf die Auswahl ihrer Fahrer zu verwenden. Die Unternehmen sind u.a. angewiesen, Bewerber gezielt nach einschlägigen Taten zu fragen.[547]

546 *Zinsmeister*, ExpertInnendiskussion Teil III, S. 103 (114).

547 *Berliner Senatsverwaltung für Gesundheit, Soziales und Verbraucherschutz*, Bericht zur Lage der behinderten Menschen und der Entwicklung der Rehabilitation in Berlin, 2002.

3. Das Recht behinderter Frauen auf weibliche Unterstützungspersonen

Gem. § 9 Abs. 1 SGB IX ist den Wünschen behinderter Menschen im Hinblick auf die Person der Pflegenden und Betreuenden Rechnung zu tragen. Dies gilt für behinderte Frauen wie Männer gleichermaßen. Für behinderte Frauen kann zum Schutz vor Gewalt oder in Anbetracht vorangegangener Gewalterfahrungen der Wunsch, sich nur von Frauen pflegen und betreuen zu lassen, besondere Bedeutung erlangen. Dieser Wunsch ist gem. § 9 Abs. 1 SGB IX grundsätzlich als berechtigt einzustufen und gem. Abs. 3 von den Einrichtungen und Diensten bei der Festlegung der Dienstpläne zu beachten.

Im Rahmen der Eingliederungshilfe (§ 53 SGB XII) ist vom Träger der Sozialhilfe allerdings nicht nur zu beurteilen, ob die Rehabilitationswünsche der Leistungsberechtigten nach § 9 SGB IX berechtigt sind. Im Sozialhilferecht müssen sie vielmehr auch angemessen und verhältnismäßig sein, § 9 Abs. 2 SGB XII.

Der Wunsch behinderter Frauen auf Betreuungs- und Pflegekräfte des eigenen Geschlechts ist grundsätzlich als angemessen anzusehen.

Für die Leistungsträger und -erbringer bedeutet es jedoch einen organisatorischen und ggf. auch finanziellen Mehraufwand. Die Einrichtungen und Dienste, die sich bei der Personalplanung an den individuellen Wünschen der Leistungsberechtigten orientieren, müssen möglicherweise mehr Fachkräfte bereithalten. Die kostengünstigsten Kräfte, Zivildienstleistende, lassen sich nicht mehr beliebig in der Pflege von Frauen einsetzen.

1987 hatte der VGH Kassel zu entscheiden, ob der Träger der Sozialhilfe verpflichtet ist, diese Mehrkosten zu tragen.[548] Eine 23-jährige schwerbehinderte Studentin benötigte täglich 15 Stunden Pflege. Sie lebte in ihrer eigenen Wohnung und wollte nicht in ein Pflegeheim ziehen. Sie wollte sich aber auch nicht von männlichen Zivildienstleistenden pflegen lassen. Der Einsatz weiblicher Pflegekräfte wäre für den Sozialhilfeträger jedoch mit Mehrkosten bei der Hilfe zur Pflege verbunden gewesen. Der VGH entschied, dass es der Klägerin zwar nicht zumutbar ist, sich im Intimbereich von Männern pflegen zu lassen und sie daher nicht generell auf die kostengünstigeren Zivildienstleistenden verwiesen werden könne. Die Mehrkosten für weibliche Pflegekräfte könne sie aber nur bis zu einer Höhe verlangen, die der Kostenträger für ihre Unterbringung im Heim zu zahlen hätte.[549]

Die Entscheidung ist von der Literatur zu Recht kritisiert worden.[550] Die Studentin wurde de facto vor die Entscheidung gestellt, sich gegen ihren ausdrücklichen Wunsch von Männern pflegen zu lassen oder aber ihre Selbständigkeit aufzugeben, um ins Pflegeheim zu ziehen. Auch dort, dies lässt das Gericht unberücksichtigt, sind jedoch männliche Pfleger und Zivildienstleistende tätig und auch dort entschei-

548 *VGH Kassel*, RsDE 1 (1988), S. 89 m. Anm. *Neumann*, S. 93.

549 *VGH Kassel*, RsDE 1 (1988), S. 89 m. Anm. *Neumann, S. 93.*

550 Eingehend für den Bereich des Pflegerechts: *Igl/Dünnes,* Das Recht auf Pflegekräfte des eigenen Geschlechts; für die Rehabilitation: *Bieritz-Harder,* Schutzpflichten der Rehabilitationsleistungsträger, S. 207.

det (wie bei ambulanten Pflegediensten auch) faktisch der Dienstplan darüber, von wem sich die Bewohnerinnen bei der Monatshygiene helfen lassen muss. Die Verweisung einer assistenzbedürftigen Frau auf eine stationäre Betreuungs- und Pflegeeinrichtung anstelle der ambulanten Versorgung durch Zivildienstleistende setzt also voraus, dass diese Einrichtung „Frauenpflege" gewährleistet. Gem. § 13 Abs. 1 S. 4 SGB XII muss es der Betroffenen darüber hinaus aber auch zumutbar sein, ihre selbstgewählten Bezüge und die Möglichkeit, selbstbestimmt ihren Alltag zu gestalten, aufzugeben, um in ein Heim zu ziehen. Ist ihr das nicht zumutbar, so sind die Mehrkosten für ihre ambulante Versorgung auch nicht unangemessen.

Dem Wunsch nach Wahlrecht der Leistungsempfängerinnen und -empfänger sind aber auch Grenzen gesetzt. Für Einrichtungen und Dienste muss ihr Personaleinsatz planbar und finanzierbar bleiben. Spontane Wünsche nach einer bestimmten Pflegeperson können nicht beliebig berücksichtigt werden. Igl und Dünnes zufolge richtet sich die Angemessenheit des Wunsches nach Pflegekräften des eigenen Geschlechts nach Art, Umfang und Dauer des Hilfebedarfs.[551] Bei der Intimpflege ist es ihrer richtigen Auffassung zufolge einer Frau grundsätzlich nicht zumutbar, sich gegen ihren Willen von männlichen Pflegekräften und Zivildienstleistenden pflegen zu lassen. Je langfristiger und umfangreicher der Pflegebedarf ist, je stärker private und intime Lebensbereiche betroffen sind (z.B. Körperpflege, nächtliche Assistenz etc.), umso eher ist dem Bedürfnis der Betroffenen nach Pflegekräften des eigenen Geschlechts zu entsprechen. Da die meisten Pflegehandlungen private und intime Lebensbereiche tangieren, kann der Wunsch einer behinderten Frau nach Pflegekräften des eigenen Geschlechts mithin nur bei wenigen Verrichtungen (z.B. dem Einkauf von Lebensmitteln) unangemessen sein. Ist der Einsatz von Zivildienstleistenden aufgrund deren Geschlechts unzumutbar, ist aber über die Verhältnismäßigkeit der Mehrkosten für weibliche Pflegekräfte nicht mehr zu entscheiden.

Den zentralen Aspekt in der Diskussion um das Recht behinderter Frauen auf „Frauenpflege" bildet meines Erachtens aber nicht das Geschlecht der zu Pflegenden und ihrer Pflegeperson. Bei der geschlechtsspezifischen Pflege für Frauen besteht lediglich der vordringlichste Handlungsbedarf.[552]

Im Grunde geht es vielmehr um die Frage, ob es pflege- und betreuungsbedürftigen Menschen generell zumutbar ist, sich von Menschen unterstützen zu lassen, von denen sie keine Unterstützung wollen. Pflege, Betreuung und die ärztliche Behandlung setzen als Dienstleistung ein besonderes Vertrauensverhältnis voraus. Umso prekärer erscheint es, dass in Deutschland die „Kundinnen und Kunden" dieser Dienstleistungen bisher wenig Einfluss auf die Personalauswahl nehmen können. Die Gründe für den Mangel an Vertrauen können vielfältig sein. Es kann sein, dass Menschen mit Unterstützungsbedarf eine Pflegekraft als unsensibel, grob, anzüglich, grenzverletzend oder gewalttätig erleben. Es kann sein, dass eine Heimbewohnerin

551 *Igl/Dünnes,* Das Recht auf Pflegekräfte des eigenen Geschlechts.

552 Dies gilt umso mehr, als die deutsche Rechtsordnung Frauen in weniger intimen und risikobehafteten Situationen, z.B. bei einer einmaligen körperlichen Untersuchung nach § 81d StPO, ausdrücklich ein Recht auf gleichgeschlechtliche Untersuchungspersonen einräumt.

einen männlichen Pfleger als absolut vertrauenswürdig erlebt, es aber gleichwohl als unzumutbar empfindet, von ihm ausgezogen und gewaschen zu werden. Wird ihrem Wunsch nach einer weiblichen Pflegekraft nicht entsprochen, ist sie faktisch gezwungen, angezogen und ungewaschen zu bleiben oder sich von ihm gegen ihren inneren und erklärten Willen ausziehen und waschen zu lassen. Je langfristiger und umfangreicher ein Hilfebedarf ist, je intensiver der private Lebensbereich betroffen ist, umso stärker sind die Wünsche der Leistungsempfängerinnen und -empfänger bei der Auswahl der Behandlungs-, Betreuungs- und Pflegepersonen zu berücksichtigen. Hierbei kann von ihnen nicht erwartet werden, sachliche Gründe (z.B. Fehlverhalten) für die Ablehnung einer Fachkraft zu nennen. Vertrauen ist nicht beliebig objektivierbar. Wie schwer müsste zudem dieses Fehlverhalten sein, um den Wunsch beachtlich erscheinen zu lassen? Wie soll eine Pflegebedürftige beweisen, dass dem Pfleger bei ihrer Intimpflege regelmäßig der Waschlappen aus der „Hand rutscht"? Den Leistungsberechtigten muss es grundsätzlich möglich sein, die Behandlung, Betreuung oder Pflege durch bestimmte Person abzulehnen, ohne dies näher begründen zu müssen.

4. Übungen zur Stärkung des Selbstbewusstseins § 44 Abs. 1 Nr. 3 SGB IX

§ 44 Abs. 1 Nr. 3 SGB IX führt mit den Übungen erstmals eine frauenspezifische Rehabilitationsleistung ein. Das Gesetz und seine Materialien bringen nur sehr unzureichend zum Ausdruck, welches Ziel die Übungen verfolgen und welche sachlichen Gründe den Gesetzgeber bewogen haben, die Übungen nur für Mädchen und Frauen zu verankern. Unter Ziff. A I.7 der Gesetzesbegründung führt der Gesetzgeber sehr allgemein geschlechtstypische Belastungssituationen und die besonderen Bedürfnisse und Probleme behinderter Frauen an.[553] Die Literatur wertet die Übungen als klare Reaktion des Gesetzgebers auf die Bedrohung behinderter Frauen von sexueller Gewalt.[554] Dessen ungeachtet erscheint die besondere Stärkung des Selbstbewusstseins dieser Zielgruppe aber auch im Hinblick auf die vielen Vorurteile sinnvoll, denen die Mädchen und Frauen in ihrer Ausbildung, bei der Arbeitssuche, im Berufs- und Familienleben begegnen. Für die gesetzgeberische Intention, die Übungen als Leistung zur Vorbeugung gegen sexuelle Gewalt zu verankern, spricht vor allem die Entstehungsgeschichte der Norm. Die „Übungen" gehen zurück auf den Vorschlag von Degener aus dem Jahr 1994. In ihrem Rechtsgutachten zur beruflichen Rehabilitation behinderter Frauen empfiehlt sie, Selbstbehauptungs- und Selbstverteidigungskurse für behinderte Frauen und Männer als ergänzende Leistung in den Rehabilitationssports aufzunehmen, denn …

553 BR-Drs. 49/01.
554 *Bieritz-Harder,* ZfSH/SGB 2001, 648 ff.

„Selbstverteidungs- und Selbstbehauptungskurse gehören zu den wichtigsten Präventionsmaßnahmen gegen sexuelle Gewalt und Belästigung, die die Erreichung des Rehabilitationsziels erheblich gefährden können.“[555]

Mit Degener ist davon auszugehen, dass aber auch behinderte Jungen und Männer einen Bedarf an entsprechenden Präventionsangeboten haben, denn auch sie sind häufiger als nichtbehinderte Jungen und Männer von sexueller Gewalt bedroht. Die Übungen sollten nicht als frauenspezifische Leistung angeboten, sondern lediglich – dies ist für die Durchführung wiederum bedeutsam – geschlechtsgetrennt durchgeführt werden.

5. Andere geeignete Maßnahmen

Um dem Risiko sexueller Übergriffe zu begegnen, können die Leistungsträger durch entsprechende vertragliche Vereinbarungen darauf hinwirken, dass die von ihnen beauftragten Dienste und Einrichtungen geeignete Präventions- und Interventionsmaßnahmen veranlassen. In der Fachliteratur werden insbesondere empfohlen:[556]

- ein offener Umgang mit dem Thema (sexualisierte) Gewalt und die Information behinderter Frauen und Männer über ihre Handlungsmöglichkeiten, Rechte und Pflichten sowie über externe Beratungs- und Unterstützungsangebote,
- die Gewährleistung möglichst sicherer Lebens- und Arbeitsbedingungen, z.B. in Form von abschließbaren Wohn-, Schlaf- und Sanitärräumen,
- der Einsatz von Gleichstellungsbeauftragten und externen Ombudspersonen, an die sich belästigte und gewaltbetroffene Kinder, Frauen und Männer wenden können,
- die Einrichtung eines internen und externen Beschwerdemanagements, um sicherzustellen, dass behinderte Menschen im Ernstfall von der Möglichkeit der Beschwerde Gebrauch machen, im Falle eines Verdachts eine zügige und sachliche Aufklärung erfolgt, das Vorgehen hinreichend dokumentiert, alle erforderlichen Schutzmaßnahme ergriffen und dabei die Rechte aller Beteiligten gewahrt werden,
- die Einrichtung unabhängiger Besuchskommissionen, wie sie in den PsychKG mehrerer Bundesländer gesetzlich verankert sind,
- „Empowerment“ – die Stärkung der Selbstbestimmung behinderter Menschen, die notwendig damit verbunden ist, dass diese auch in niederschwelligen Alltagssituationen ermutigt werden, eigene Bedürfnisse zu äußern und durchzusetzen,

555 *Degener,* Behinderte Frauen in der beruflichen Rehabilitation, S. 26. Das BMFSFJ hat den Vorschlag aufgegriffen und in die Entwicklung des Regierungsentwurfs für das SGB IX eingebracht.

556 *Fegert/Wolff (Hrsg.),* Sexueller Missbrauch durch Professionelle in Institutionen; *Zinsmeister,* Sexuelle Gewalt gegen behinderte Menschen und das Recht.

- die Sensibilisierung und Professionalisierung des Fachpersonals im Erkennen von und im Umgang mit Grenzverletzungen und Gewalt,
- geschlechtsspezifische Angebote, insbesondere Gesprächskreise, in denen sich Frauen und Männer kritisch mit den an sie gestellten gesellschaftlichen Erwartungen und ihren eigenen Männer- und Frauenbildern auseinandersetzen können; geschlechtsspezifische Selbstverteidigungskurse, in denen Menschen mit Behinderungen auch außerhalb des Rehabilitationssports lernen, mit den ihn zur Verfügung stehenden Möglichkeiten ihre Grenzen aufzuzeigen und sich auch gegen körperliche Angriffe zu behaupten (z.B. durch den Einsatz der Fußstütze ihres Rollstuhls, um Schläge abzuwehren); Therapieangebote für die Opfer und Täter von sexueller Gewalt, die sich an den Lebensumständen und Fähigkeiten der Betroffenen orientieren.

6. Zwischenergebnis

In Anbetracht des nachweislich hohen Risikos sexueller Übergriffe in stationären Einrichtungen der Behindertenhilfe erlangt die Pflicht des Staates, die sexuelle Selbstbestimmung behinderter Menschen nicht nur zu achten, sondern auch vor rechtswidrigen Eingriffen Dritter zu schützen, besondere Bedeutung. Gerade in diesen Einrichtungen findet jedoch das Gewaltschutzgesetz nur teilweise, das Beschäftigtenschutzgesetz nur entsprechende Anwendung. Die Analyse der vorhandenen Rechtsinstrumente zeigt, dass sich der einfachgesetzliche Rechtsschutz für behinderte Einrichtungsnutzerinnen und -nutzer auf einem niedrigeren Schutzniveau bewegt als für Menschen außerhalb der Einrichtungen. So bereitet z.B. die entsprechende Anwendung des Beschäftigtenschutzgesetz erhebliche Probleme, wenn es sich in dem mutmaßlichen Belästiger um einen behinderten Rehabilitanden handelt. Noch problematischer gestaltet sich der Rechtsschutz von Heimbewohnerinnen und -bewohnern. Das Heim ist zwar das Zuhause der Heimbewohner, es stellt aber rechtlich keine gemeinsam genutzte Wohnung im Sinne des Gewaltschutzgesetzes dar. Mit dem Recht gewaltbedrohter Bewohnerinnen und Bewohner kann das Recht der Täter, sich als Bewohner oder Mitarbeiter im Heim aufzuhalten, kollidieren. Auch in den Wohneinrichtungen sind behinderte Menschen daher in tatsächlicher und rechtlicher Hinsicht zum Schutz vor sexueller Gewalt auf die aktive Mitwirkung der Einrichtungsleitung und der Leistungsträger angewiesen. Entsprechende Mitwirkungspflichten sind aber weder im SGB IX noch in anderen Sozialgesetzen geregelt. Die Regelungen des Heimgesetzes sind zu allgemein gehalten, als dass sich hieraus konkret geregelte Handlungspflichten und -ermächtigungen für Heimleitungen ableiten ließen. In der Praxis hält sich folglich kaum ein Leistungsträger oder eine Einrichtung der Behindertenhilfe für die Gewaltprävention verantwortlich.

Um behinderten Menschen in Einrichtungen und Diensten gleichwertige Rechtsschutzmöglichkeiten in Bezug auf ihre sexuelle Selbstbestimmung und körperliche Unversehrtheit einzuräumen, erscheint es notwendig, die Handlungspflichten der Rehabilitationsleistungsträger und -erbringer gesetzlich zu konkretisieren. Der Bedarf an geeigneten Maßnahmen zur Gewaltprävention und -intervention besteht nicht nur in der Behindertenhilfe, sondern auch bei den Einrichtungen und Diensten der Kinder-, Jugend- und Altenhilfe. Im Interesse einer einheitlichen Regelung könnte daher in § 17 SGB I folgende allgemeine Maßgabe verankert werden:

> Die Leistungsträger sind verpflichtet, darauf hinzuwirken, dass (...) bei der Ausführung der Leistungen geeignete Vorkehrungen getroffen werden, um die Leistungsberechtigten vor Eingriffen in ihre Privatsphäre, ihre körperliche Unversehrtheit und sexuellen Selbstbestimmung zu schützen.

Heimbewohnerinnen und Heimbewohner müssen Rechtsschutzmöglichkeiten erhalten, die dem Schutzniveau des Gewaltschutzgesetzes entsprechen. Hier könnte es sinnvoll sein, die Heimaufsichtsbehörden durch gesetzliche Vorgaben deutlicher in ihre Kontrollverantwortung zu nehmen und die Wohneinrichtungen und Pflegeheime im Heimgesetz und im SGB VIII zu verpflichten, interne und externe Beschwerdeverfahren zu institutionalisieren.

III. Die besonderen Bedürfnisse behinderter Mütter und Väter

§ 9 Abs. 1 S. 1 SGB IX verpflichtet die Rehabilitationsträger, berechtigte Wünsche der Leistungsempfängerinnen und -empfänger bei der Entscheidung über die Leistungen und bei deren Ausführung zu berücksichtigen. Dabei ist gem. S. 2 auf ihre Familie Rücksicht zu nehmen und gem. S. 3 den besonderen Bedürfnissen behinderter Mütter und Väter bei der Erfüllung ihres Erziehungsauftrages Rechnung zu tragen.

1. Kinderwunsch und Schwangerschaft

Behinderte Frauen berichten, dass ihr Kinderwunsch bei Frauenärztinnen und -ärzten, in Rehabilitationseinrichtungen und bei ihrem persönlichen Umfeld oft auf Bedenken und Ablehnung stößt. Erkennbar begegnen die Frauen Zweifeln, ob sie in der Lage sind, ihr Kind angemessen zu versorgen. Dies gilt nicht nur, aber in besonderem Maße für geistig und mehrfach behinderte Frauen.

Mit der Diagnose „geistig behindert" ist für viele Menschen die Vorstellung von lebenslanger Unreife verbunden, von der Unfähigkeit, eigene Entscheidungen zu treffen, Freundschaften und Liebesbeziehungen einzugehen und Sexualität zu leben.[557] Dies veranlasst die Eltern oft, ihre erwachsenen Kinder bis ins hohe Erwachsenenalter in einem Kindstatus zu halten, in dem sie wenig Raum für eigenständige Entscheidungen, Unternehmungen, selbstgewählte Kontakte und Beziehungen haben („Erziehung zur Unselbständigkeit"). Bei behinderten Frauen wird diese Dynamik in

557 *Achilles,* Was macht ihr Sohn denn da? Geistige Behinderung und Sexualität, S. 9.

vielen Fällen erheblich durch die Angst der Eltern verstärkt, die Tochter könne von (fremden) Männern ausgenutzt, missbraucht und schwanger werden.[558] Die Angst vor sexueller Gewalt bzw. einer Schwangerschaft der Tochter veranlasst viele Eltern, ihre erwachsenen Töchter nicht aus dem familiären Kontrollbereich zu entlassen. Sie vermeiden es, mit ihnen über Liebe, Sexualität und Gewalt zu reden, um „keine schlafenden Hunde zu wecken" und meinen nicht selten, das Problem lösen zu können, indem sie auf die Sterilisation der Tochter drängen bzw. diese hierzu überreden.[559]

Dem Recht behinderter Frauen und Männer, sich eigenverantwortlich für oder gegen ein eigenes Kind zu entscheiden, wird auch im Völkerrecht ein besonderer Stellenwert eingeräumt.[560] Selbst das prognostizierte zukünftige Kindeswohl rechtfertigt es nicht, in die Reproduktionsfreiheit behinderter Frauen und Männer einzugreifen. Dennoch ist es in vielen Wohneinrichtungen gängige Praxis, geistig behinderte Frauen ohne vorherige Sexualaufklärung und ohne Rücksicht auf ihren möglichen Kinderwunsch in Absprache mit den Eltern oder gesetzlichen Betreuerinnen und Betreuern routinemäßig dem Frauenarzt zur Hormonbehandlung mittels einer Dreimonatsspritze vorzustellen. Dieses Vorgehen ist betreuungsrechtlich nicht legitimiert und mithin strafbar. Doch Straftaten wie diese bleiben unerkannt und rechtlich folgenlos, solange diejenigen, die zum Schutz der betroffenen Frauen berufen sind, kollusiv zusammenwirken.

Diese Praxis der Behindertenhilfeeinrichtungen widerspricht ihrem gesetzlichen Auftrag nach §§ 1 S. 1 und 2 und 9 Abs. 4 SGB IX. Das SGB IX verpflichtet die Träger der Wohnheime, die Bewohnerinnen und Bewohner in ihren individuellen Lebensentwürfen zu fördern, und zwar grundsätzlich auch dann, wenn diese auf ein Leben mit Kindern gerichtet sind.

Art. 6 Abs. 1 GG verpflichtet die Verwaltung, alle Hilfen anzubieten und zu erbringen, die erforderlich sind, um den Eltern die persönliche Ausübung des Erziehungsrechts und die Erfüllung ihrer Erziehungspflichten zu ermöglichen, bevor sie zum Schutz des Kindeswohls in das Elternrecht eingreifen. Erst wenn sich auch diese Hilfen als nicht geeignet oder ausreichend erweisen und das Kindeswohl gefährdet ist, kann den Eltern das Sorgerecht für das Kind ganz oder teilweise entzogen und das Kind aus der Familie genommen werden (§§ 1666 und 1666a BGB). Dies gilt grundsätzlich für behinderte wie nichtbehinderte Eltern.[561]

558 Ebda., S. 30 f.

559 *Achilles,* Was macht ihr Sohn denn da? Geistige Behinderung und Sexualität.

560 So haben sich die unterzeichnenden Mitgliedsstaaten der United Nations im International Covenant on Economic, Social and Cultural Rights, Article 10, General Comment No. 5 verpflichtet, sicherzustellen, dass es behinderten Menschen weder durch Gesetze noch in der Praxis erschwert oder verwehrt wird, zu heiraten und eine eigene Familie zu gründen. Um ihre Rechte wahrnehmen zu können, sollen ihnen Beratungsmöglichkeiten zugänglich gemacht werden, in denen sie sich über ihre familiären Rechte und Pflichten informieren können.

561 Hierzu eingehender § 2 B II.1. Eine Besonderheit regelt § 1673 Abs. 1 BGB: Diejenigen Eltern(teile), die aufgrund einer seelischen oder geistigen Behinderung geschäftsunfähig sind,

Nachfolgend soll untersucht werden, welche Leistungspflichten sich hieraus für die Rehabilitationsleistungsträger ergeben.

2. Leistungen für behinderte Mütter und Väter zur Betreuung und Versorgung ihrer Kinder

Die Träger der Rehabilitation haben gem. §§ 9 Abs. 1 S. 3 i.V.m. 19 Abs. 1 SGB IX dafür Sorge zu tragen, dass behinderten Eltern Rehabilitations- und Teilhabeangebote zur Verfügung gestellt werden, die sich mit der Kindererziehung vereinbaren lassen. Hierzu zählen die in §§ 19 Abs. 2 und 33 Abs. 2 SGB IX aufgeführten ambulanten, wohnortnahen oder in Teilzeit wahrnehmbaren Angebote, aber auch spezielle Unterstützungsleistungen, wie z.B. betreute Wohnangebote für Eltern mit einer geistigen Behinderung und ihren Kindern.

Der Hilfebedarf behinderter Eltern wurde bereits unter § 2 A V und VI. und § 2 B II.1. skizziert. Er bezieht sich zum einen auf personelle Hilfen bei der Betreuung und Erziehung der Kinder (Elternassistenz), zum anderen kann er auf bestimmte Hilfsmittel wie z.B. einen Rollstuhlaufsatz für den Kleinkindtransport gerichtet sein.

a) Elternassistenz

Der Bedarf an spezifischen Leistungen kann bereits in der Schwangerschaft eintreten. Manche körperbehinderten Frauen benötigen während der letzten drei Monate einen anderen Rollstuhl oder Assistenz, weil sie durch die Schwangerschaft zusätzlich in ihrer Beweglichkeit eingeschränkt sind. Eine muskelerkrankte Frau ist möglicherweise mit zunehmendem Gewicht nicht mehr in der Lage, alleine Treppen zu steigen oder zu baden; eine Rollstuhlfahrerin kann sich mit wachsendem Bauch nicht mehr Strümpfe und Schuhe anziehen.

Nach § 198 S. 1 RVO haben krankenversicherte Schwangere Anspruch auf häusliche Pflege, soweit diese wegen Schwangerschaft oder Entbindung erforderlich ist. Die Krankenkassen lehnen diese Leistung aber regelmäßig mit der Begründung ab, es handele sich nicht um einen schwangerschaftsbedingten, sondern behinderungsbedingten Hilfebedarf. Faktisch gelingt es daher kaum einer Schwangeren, die erforderlichen Sozialleistungen rechtzeitig vor der Geburt bewilligt zu erhalten.[562]

Tatsächlich entsteht der Bedarf durch das Zusammentreffen einer Behinderung mit der Schwangerschaft. Keine der beiden Faktoren lässt sich wegdenken, ohne dass nicht auch der Bedarf entfiele. Der Hilfebedarf stellt ein weiteres prägnantes

können nach dem Gesetz nicht das Sorgerecht (wohl aber ein Umgangsrecht) für ihre Kinder ausüben.

562 Diese Einschätzung beruht auf den der Verfasserin bekannten laufenden Verwaltungsverfahren und den persönlichen Erfahrungsberichten der Antragstellerinnen.

Beispiel für die Wechselwirkung des Geschlechts mit einer Behinderung dar. Er fällt mithin sowohl in den Leistungskomplex der Leistungen bei Schwangerschaft und Geburt als auch in den Bereich der medizinischen Rehabilitation. Hilfebedarfe, die mit der Geburt des Kindes entstehen, weisen ebenfalls einen solchen Doppelcharakter auf. Sie dienen dem Ausgleich der Teilhabeeinschränkung der Eltern und gleichzeitig auch dem Wohl des Kindes. Damit stellt sich die Frage, ob der Assistenzbedarf der Eltern in die Zuständigkeit der Rehabilitationsleistungsträger oder in den der Kinder- und Jugendhilfe fällt.

Im SGB IX werden Leistungen für behinderte Eltern ausdrücklich aufgeführt. Gem. § 44 Abs. 1 i.V.m. § 54 SGB IX können behinderten Eltern Zuschüsse für Haushaltshilfen und Kinderbetreuung geleistet werden, allerdings nur als ergänzende Leistungen zur medizinischen Rehabilitation und zur Teilhabe am Arbeitsleben.[563] Die ganz alltäglichen Hilfebedarfe behinderter Eltern, die nicht im Zusammenhang mit ihrer medizinischen Behandlung, Ausbildung oder Erwerbstätigkeit stehen, finden im SGB IX keine Erwähnung. Grundsätzlich sind sie als Bedarf zur Teilhabe am Leben in der Gemeinschaft anzusehen. Gem. § 55 SGB IX umfasst die Förderung der Teilhabe am Leben in der Gemeinschaft Leistungen, die den behinderten Menschen die Teilhabe am Leben in der Gesellschaft ermöglichen, ohne Leistungen der medizinischen oder beruflichen Rehabilitation oder eine diese ergänzende Leistung zu sein. Als förderungswürdiger und -fähiger Bedarf wird hier in den Leistungskatalogen der §§ 55 SGB IX, 54 SGB XII und der Eingliederungshilfe-VO zwar die Teilhabe behinderter Menschen am gesellschaftlichen und kulturellen Leben genannt, nicht aber die Erziehung ihrer Kinder.

Dies bedeutet nicht, dass dieser Bedarf nicht ausgleichsfähig wäre. Die Leistungskataloge der §§ 55 SGB IX, 54 SGB XII und Abschnitt II der Eingliederungshilfe-VO sind nicht abschließend. Kinderbetreuung und Erziehung bilden wohl unstreitig einen wichtigen Bestandteil der Teilhabe von Eltern am Leben in der Gemeinschaft und eine ihrer wichtigsten Aufgaben.[564] Die Kindererziehung steht den in den Leistungskatalogen aufgeführten Leistungen gleich und ist als Bedarf im Sinne des § 55 SGB IX anzuerkennen. Leistungen nach § 55 SGB IX werden freilich nur durch die Träger der gesetzlichen Unfallversicherung, die Versorgungsämter und die Jugend- und Sozialhilfe erbracht. Faktisch erlangen für die Mehrheit behinderter Eltern nur die Leistungen der Jugend- und Sozialhilfeträger Bedeutung.

Gemäß § 10 Abs. 2 S. 1 SGB VIII gehen Leistungen des SGB VIII den Leistungen des SGB XII und SGB II vor. Nach S. 3 gilt dieser Vorrang des SGB VIII nicht in Bezug auf Eingliederungshilfeleistungen des Sozialhilfeträgers, die dieser an junge Menschen mit körperlicher oder geistiger Behinderung erbringt. Die Ausnahmebestimmung des S. 3 dient jedoch ausschließlich der Abgrenzung der Zuständigkeiten der Jugendhilfe und der Sozialhilfe in Bezug auf die Eingliederungshilfe für Mäd-

563 Der gesetzlich vorgesehene Zuschuss von gegenwärtig 130 Euro ist freilich nicht geeignet, die tatsächlichen Mehrkosten für die Kinderbetreuung abzudecken.

564 *Mrozynski*, ZfJ 2003, S. 458 (459).

chen und Jungen und junge Erwachsene. Diese kann sich je nach Art der Behinderung unterscheiden. Im Falle der Elternassistenz interessieren aber nicht Leistungen zur Eingliederung der Kinder und Jugendlichen, sondern Hilfen für deren behinderte Eltern.[565] Es bleibt mithin beim Vorrang der Jugendhilfe nach § 10 Abs. 2 S. 1 SGB VIII.

Die Jugendämter sind damit vorrangig zuständig, sofern es sich beim Assistenzbedarf der Eltern tatsächlich gleichzeitig um einen kinder- und jugendhilferechtlichen Unterstützungsbedarf handelt. Bei seelisch und geistig behinderten Eltern wird oft ein Bedarf an Kompetenzstärkung im selbständigen Umgang mit dem Kind und der Organisation des gemeinsamen Alltags und damit ein Anspruch auf Hilfe zur Erziehung nach §§ 27 ff. SGB VIII zu bejahen sein.[566] Bei Eltern mit der Diagnose einer geistigen Behinderung können jedoch auch sehr praktische Bedarfe im Vordergrund stehen, sei es, weil sie schlicht Hilfe beim Schreiben von Briefen und beim Lesen des Stadtplans benötigen. Eine Körper- und Sinnesbehinderung beeinflusst grundsätzlich nicht die Erziehungskompetenz der Eltern, sondern nur ihre Fähigkeit, alle Handlungen so auszuführen, wie sie dies im Interesse des Kindeswohls für sinnvoll und erforderlich halten. Bildlich gesprochen benötigen sie Menschen, die ihnen ihre Augen, Ohren, Hände oder Füße leihen. Sei es, um für die rollstuhlfahrende Mutter die Glasscherben aufzusammeln, an denen sich ein Kleinkind zu verletzen droht, oder um einem blinden Vater die Beaufsichtigung des Kindes auf dem Spielplatz abzunehmen. Bieritz-Harder hat aufgezeigt, dass sich die Zielsetzungen und die Katalogleistungen des SGB VIII nur sehr begrenzt mit solchen Bedarfen und daher auch nur unzureichend mit den Bedürfnissen körper- und sinnesbehinderter Eltern decken.[567] Das SGB VIII knüpft überwiegend an Erziehungsdefiziten der Eltern an und zielt vor allem auf deren pädagogische Unterstützung. Einen Bedarf an eher „praktischen" Hilfen gesundheitlich beeinträchtigter Menschen deckt lediglich § 20 SGB VIII ab. Die „Hilfe zur Betreuung und Versorgung des Kindes in Notsituationen" soll verhindern, dass bei krankheitsbedingtem Ausfall der Hauptbetreuungsperson die Kinder aus der Familie genommen werden müssen, ohne dass erzieherische Gründe dies erfordern würden. Dies deckt sich mit den Interessenlagen körper- und sinnesbehinderter Eltern. Allerdings hat der Gesetzgeber § 20 SGB VIII sehr eng auf Eltern zugeschnitten, die vorübergehend erkranken und hierdurch vollständig ausfallen. Damit erfüllen behinderte Eltern in der Regel nicht die Anspruchsvoraussetzungen. § 20 SGB VIII verweist die Leistungsberechtigten auch vorrangig auf Angebote der Tageseinrichtung und Tagespflege. Dies erscheint bei einem vollständigen Ausfall der Erziehungsperson auch sinnvoll und angemessen. Für behinderte Mütter und Väter, die ihre Kinder grundsätzlich selbst versorgen können und wollen und lediglich bei einzelnen Verrichtungen Hilfe brauchen, wäre dies aber unangemessen.

565 So auch *OVG Münster,* ZfJ 2003, 116.
566 *Mrozynski,* ZfJ 2003, 458.
567 *Bieritz-Harder*, „Besondere Bedürfnisse", S. 35 ff.

Der Gesetzgeber des SGB VIII hat erkennbar nicht gesehen, dass es nicht nur vorübergehend kranke, sondern auch dauerhaft behinderte Eltern gibt, die sich über einen längeren Zeitraum in Bezug auf einzelne Verrichtungen „in Not“ befinden. Deren Bedarf ist jedoch ebenso ausgleichsbedürftig. Bieritz-Harder hält daher eine analoge Anwendung des § 20 Abs. 1 SGB VIII für körperbehinderte Eltern mit nur eingeschränkten Betreuungsmöglichkeiten für zulässig und geboten.[568]

An einer Regelungslücke fehlt es aber, soweit der Bedarf durch Eingliederungshilfe gedeckt werden kann. Da der Katalog der Eingliederungshilfe nach §§ 54 SGB XII ff. nicht abschließend ist, sind auch Leistungen der Elternassistenz als Eingliederungshilfe zu gewähren. Für die systematische Ansiedlung der Elternassistenz bei den Sozialhilfeträgern spricht, dass diese an die betreffenden Eltern oft weitere Leistungen der Eingliederungshilfe oder Hilfe zur Pflege erbringen wird, die sich mit denen der Elternassistenz überschneiden können (z.B. hauswirtschaftliche Hilfen oder Mobilitätshilfen). Zudem ist zu erwarten, dass die Leistungen des Sozialamts von behinderten Müttern eher in Anspruch genommen werden. Viele behinderte Mütter haben Angst, Leistungen des Jugendamts zu beantragen, weil sie Eingriffe in ihr Sorgerecht fürchten.[569] Eine gesetzliche Aufteilung der Zuständigkeiten der Jugend- und Sozialhilfe für die Elternassistenz je nach Art der Behinderung (Hilfen zur Erziehung für seelisch behinderte Eltern, Eingliederungshilfe für körperbehinderte Eltern) sollte gleichwohl vermieden werden, da es spätestens bei mehrfachbehinderten Eltern zu all jenen Abgrenzungsproblemen kommen würde, die schon heute bei der Eingliederungshilfe für Kinder und Jugendliche erhebliche Schwierigkeiten bereiten. Sachgerecht erscheint es, den Assistenzbedarf der Eltern vorrangig auf ihren behinderungsbedingten Eingliederungshilfebedarf nach § 55 SGB IX zu stützen und dort ausdrücklich zu verankern. Entstehen in den Familien zusätzlich Erziehungsprobleme, so können diese einen weitergehenden Bedarf an Leistungen der Jugendhilfe, insbesondere Hilfe zur Erziehung begründen.

b) Hilfsmittel zur Wahrnehmung der Familienarbeit

Nach § 31 Abs. 1 SGB IX umfassen die medizinischen Hilfsmittel zum Ausgleich einer Behinderung auch Hilfsmittel zur Wahrnehmung von Aufgaben der Familienarbeit. Dies wird in der Gesetzesbegründung ausdrücklich hervorgehoben.[570] Je nach Behinderung können Mütter und Väter auf unterschiedliche Hilfsmittel angewiesen sein. Rollstuhlfahrende Mütter und Väter benötigen meist spezielle Kindermöbel und Hilfsvorrichtungen, z.B. unterfahrbare Wickeltische; absenkbare Kinderbetten, deren Sicherheitsgitter heruntergeklappt und weggeschwenkt werden können; Kindertrageaufsätze für den Rollstuhl; Kinderwagen mit abgesenkten Griffen. Es ist

568 *Ebda.*
569 Siehe oben, § 2 B I.
570 BT-Drs. 14/5074, S. 107; *Bieritz-Harder,* SGb 4/2002, S. 198–201.

kaum leistbar, sich mit Rollstuhl und Kinderwagen fortzubewegen, geschweige denn, öffentliche Verkehrsmittel zu benutzen. Der eigene Pkw ist für viele rollstuhlfahrende Eltern die einzige Möglichkeit, mit dem Kind mobil zu sein. Dies gilt umso mehr, als die nahegelegensten Einkaufsmöglichkeiten, Arztpraxen, Kindergärten und Schulen selten durchgehend rollstuhlzugänglich sind und gerade Rollstuhlfahrerinnen und -fahrer daher oft besonders lange und verzweigte Wege für Einkäufe und Besorgungen zurücklegen müssen. Blinde Eltern benötigen zur Förderung ihrer Kinder Kinder- und Schulbücher in Schwarz- und Brailleschrift, akkustische Signalvorrichtungen, die es ihnen ermöglichen, ihre Kinder jederzeit zu orten. Schwerhörige und gehörlose Eltern benötigen eine Babyrufanlage mit Lichtsignal, um sich außerhalb des Zimmers, in dem das Kleinkind liegt, bewegen zu können; Eltern, deren Bewegungsfähigkeit in den oberen Gliedmaßen eingeschränkt ist, sind u.a. auf bestimmte mechanische Vorkehrungen angewiesen, die ihnen das sichere Hochheben, Halten und Tragen des Kindes ermöglichen.

Ob die Krankenkassen verpflichtet sind, diese Hilfsmittel als Leistungen der medizinischen Rehabilitation zum Ausgleich einer Behinderung erbringen, richtet sich nach den §§ 33 SGB V i.V.m. §§ 26 Abs. 2 Nr. 6, 31 SGB IX.

Der medizinische Ausgleich einer Behinderung soll nach Auffassung des BSG grundsätzlich auf den Ersatz fehlender und eingeschränkter Körperfunktionen gerichtet sein.[571] Medizinische Hilfsmittel sind daher insbesondere Prothesen, Hörgeräte, Rollstühle und andere Hilfsmittel, die unmittelbar bestimmte Körperteile oder deren Funktion ersetzen. Wird ein Hilfsmittel nicht generell, sondern nur für bestimmte Lebensbereiche oder Betätigungen benötigt, so ist es nur dann als medizinisches Hilfsmittel anzuerkennen, wenn es der Befriedigung eines allgemeinen Grundbedürfnis des täglichen Lebens dient. Zu den Grundbedürfnissen zählt das BSG neben den körperlichen Grundfunktionen (Sehen, Hören, Sprechen, Gehen, Sitzen, Liegen, Laufen, Essen, Ausscheiden usw.) auch das selbständige Wohnen, die Kommunikation mit anderen zur Vermeidung von Vereinsamung sowie das Bedürfnis behinderter Mütter und Väter, ihre Kinder selbst zu pflegen und zu erziehen. 1988 qualifizierte das BSG eine optische Babyrufanlage als medizinisches Hilfsmittel für eine gehörlose Mutter, denn „es steht außer Frage, dass das Bedürfnis der Mutter, ihr neugeborenes Kind zu umsorgen, ein Grundbedürfnis ist. (…) Es erstreckt sich darauf, das Kind vor Schaden zu bewahren und seine körperliche, geistige und seelische Entwicklung zu fördern (…).[572] In Fortsetzung dieser Rechtsprechung sprach das BSG 2002 einer Mutter eine computergesteuerte Prothese (C-Leg) zu, die es ihr ermöglichte, ihre Kinder auch in unwägbarerem Gelände zu begleiten und zu beaufsichtigen.[573] Als medizinisches Hilfsmittel werden keine Gebrauchsgegenstände des alltäglichen Lebens anerkannt. Als solche bezeichnet das BSG Produkte, die nicht speziell zum Ausgleich einer Behinderung, sondern für die Allgemeinheit hergestellt

571 *BSG* SozR 3-2500, § 33 Nr. 29.
572 *BSG,* SozR 2200, § 182b Nr. 37.
573 *BSG,* NZS 2003, 477.

und verwendet werden.[574] Behindertengerecht gebaute und konstruierte Kinderwagen, -betten und Wickeltische ersetzen alltägliche Gebrauchsgegenstände, wie sie andere Eltern für die Pflege der Kinder einsetzen.[575] Hier kann im Zweifelsfall nur der Anteil der Kosten von der Krankenkasse übernommen werden, der auf den behinderungsbedingten Mehrbedarf entfällt. Sonderausstattungen für alltägliche Gebrauchsgegenstände sollen behinderten Menschen nach Auffassung des BSG nur erstattet werden, wenn diese mit übermäßigen und unzumutbaren Kosten verbunden sind.[576]

C Fazit

Das SGB IX kennzeichnet den Beginn eines behindertenpolitischen Paradigmenwechsels: Im Mittelpunkt des sozialstaatlichen Handelns soll nicht mehr die Fürsorge und Versorgung behinderter Menschen stehen, sondern die Förderung ihrer gleichberechtigten Teilhabe in allen Bereichen der Gesellschaft.

In Bezug auf behinderte Frauen wird das SGB IX diesem Anspruch nur bedingt gerecht. Den Belangen behinderter Frauen wird vor allem im Bereich der Teilhabe am Arbeitsleben besser als bisher Rechnung getragen. Die Formulierung des § 33 Abs. 2 SGB IX legt den Rehabilitationsträgern aber nahe, vor allem Frauen Angebote zu unterbreiten, die sich mit den Familienpflichten vereinbaren lassen; damit werden Geschlechterrollen festgeschrieben. Dies ist mit Art. 3 Abs. 2 S. 1 und Art. 3 Abs. 3 S. 1 nicht zu vereinbaren. Der Gesetzgeber ist aufgefordert, in Abs. 2 Instrumente der Frauenförderung sprachlich deutlich von denen der Familienförderung zu trennen und beiden Geschlechtern die bessere Vereinbarkeit von Beruf und Familie in gleicher Form zu ermöglichen.

Als zentrale Hemmnisse in der Rehabilitation behinderter Frauen gilt die Bedrohung durch sexuelle Gewalt und die mangelnde Berücksichtigung der Bedürfnisse behinderter Mütter. Es konnte aufgezeigt werden, dass das Rehabilitationsrecht hier den Interessen der Frauen nicht genügend Rechnung trägt. Behinderte Frauen, aber auch Männer und Kinder sind in Rehabilitationseinrichtungen einem erhöhten Risiko von Übergriffen ausgesetzt, gesetzlich aber nur unzureichend vor diesen Übergriffen geschützt. Festgestellt wurde, dass das Strafrecht keine entsprechende Schutzfunktion zu entfalten vermag, sondern vielmehr die Handlungspflichten der beteiligten Institutionen klarer geregelt und ihre Einhaltung überwacht werden muss.

Das SGB IX zielt vor allem auf die Förderung der Erwerbsfähigkeit und Erwerbstätigkeit behinderter Menschen. Behinderte Familienarbeiterinnen werden auf die einkommens- und vermögensabhängigen Leistungen der Sozial- und Jugendhilfe verwiesen. Hier findet der Assistenzbedarf behinderter Eltern jedoch keine Erwäh-

574 *BSG,* SozR 3-2500, § 33 Nr. 31 und 32.
575 *Bieritz-Harder*, „Besondere Bedürfnisse behinderter Frauen“, S. 26 ff.
576 *BSG,* SozR 3-2500, § 33 Nr. 15.

nung, aufgrund des Doppelcharakters der Elternassistenz gelingt es nicht, eine saubere rechtliche Trennung der Zuständigkeiten von Jugend- und Sozialhilfeträgern vorzunehmen. Um zu vermeiden, dass die hieraus resultierenden Kompetenzstreitigkeiten weiterhin auf dem Rücken behinderter Eltern und ihrer Kinder ausgetragen werden, empfiehlt es sich, die Elternassistenz ausdrücklich zu regeln.

§ 5 Zusammenfassung

Behinderte Frauen sind ausweislich der Statistiken und Sozialanalysen in besonderem Maß von sozialen Nachteilen betroffen. Sie erfahren Benachteiligungen wie andere Frauen und behinderte Männer auch, sie erleben aber auch als behinderte Frauen besondere gesellschaftliche und rechtliche Diskriminierung.

Das Geschlecht und die Behinderung konstituieren sich wechselseitig. Sie wirken nicht unabhängig voneinander. Eindimensionale Analysen zur Geschlechterdiskriminierung und Behindertendiskriminierung, die die festgestellten Nachteile stets nur auf das eine Merkmal zurückzuführen versuchen, können die Ursachen und Wirkungsweisen der Benachteiligung nur unzureichend erfassen. Sie blenden all diejenigen Menschen aus, die sich an den Schnittstellen der Kategorien bewegen. Um die Wechselwirkungen sichtbar zu machen, müssen die Analysen der Geschlechter- und der Behindertendiskriminierung um die Perspektive behinderter Frauen erweitert werden.

Die (zumeist unreflektierten) Vorstellungen davon, was typisch weiblich und männlich ist, was normal und was abweichend ist, prägen die Rechtsnormen und -strukturen. Behinderte Frauen werden häufig durch Regelungen benachteiligt, die merkmalsneutral formuliert sind, sich aber einseitig an den Interessenlagen von Männern und am Ideal eines jungen, nichtbehinderten und uneingeschränkt leistungsfähigen Menschen orientieren.

Das Grundgesetz schützt Frauen mit Behinderungen vor Benachteiligungen wegen ihres Geschlechts und wegen ihrer Behinderung. Die besonderen Gleichheitsgarantien des Art. 3 Abs. 2 S. 1 und Art. 3 Abs. 3 S. 1 und 2 GG verleihen ihnen ein subjektives Abwehrrecht gegen unmittelbare und mittelbare Benachteiligungen. Darüber hinaus enthalten Art. 3 Abs. 2 S. 2 und Abs. 3 S. 2 GG ein staatliches Gleichstellungsgebot zugunsten behinderter Frauen.

Die gegenwärtigen Interpretationen der besonderen Gleichheitsgarantien erweisen sich jedoch als unzureichend, um der mehrdimensionalen Diskriminierung behinderter Frauen Rechnung zu tragen. Auch in der Rechtsdiskussion dominieren eindimensionale Konzeptionen, die eine Benachteiligung stets entweder als geschlechtsspezifisch oder als behinderungsspezifisch zu identifizieren versuchen. Geschlecht und Behinderung lassen sich jedoch nicht als persönliche und voneinander unabhängige Merkmale einer Person beschreiben. Auch im Rahmen einer gesellschaftsbezogenen Deutung von Geschlecht und Behinderung lassen sich hierarchisierende und diskriminierende Praktiken nicht immer eindeutig als nur geschlechtsbezogen oder nur behinderungsspezifisch identifizieren. Monokausale Formeln, denen zufolge das (erkannte) Differenzierungsmerkmal den einzigen oder eigentlichen Grund für die Ungleichbehandlung bilden muss, stoßen hier an ihre Grenzen. Um mehrdimensionale Diskriminierungen im Geschlechterverhältnis sichtbar machen und überwinden zu können, müssen andere Differenzen – die Hautfarbe, die Religion, die Behinderung – stets mitgedacht werden. Keines der Merkmale hat einen prioritären Charakter. Das Gleiche gilt für die Diskriminierung wegen einer Behinderung. In der Analyse ist davon auszugehen, dass verschiedene Differenzen stets gleichzeitig wirksam und daher in der Prüfung von Benachteiligungen gleichwertig zu berücksichtigen sind.

Um die Perspektiven der Geschlechter gleichwertig berücksichtigen zu können, bedienen sich die Europäische Gemeinschaft und die Bundesverwaltung des Gender Mainstreaming. Dessen Instrumente gilt es zu erweitern und auf gleichzeitig wirkende Faktoren (Behinderung, sexuelle Identität, Ethnie etc.) zu erstrecken. Das von der Wirtschaft entwickelte Konzept des Managing Diversity lässt sich hierfür fruchtbar machen.

Im SGB IX hat der Gesetzgeber das Gender Mainstreaming als Leitprinzip des Rehabilitationsrechts implementiert. Die Formulierung des § 1 S. 2 SGB IX in Bezug auf die „besonderen" Bedürfnisse behinderter Frauen ist insofern missglückt.

Gem. § 1 S. 2 SGB IX sind die Belange behinderter Frauen, Männer und Kinder stets gesondert zu ermitteln und gleichwertig zu berücksichtigen.

Mit dieser Reform des Rehabilitationsrechts hat erstmals eine breitere Diskussion über mögliche geschlechtsspezifische Unterschiede Eingang in die Rechtsdiskussion gefunden. Die Rehabilitationsleistungsträger sind nun aufgefordert, ihr Leistungsangebot anzupassen und geschlechter- und familiengerecht auszugestalten. Hierzu zählt der Ausbau ambulanter und in Teilzeit nutzbarer Angebote sowie Angebote zur Förderung der Familien behinderter Mütter und Väter.

Das Rehabilitationsrecht bleibt allerdings an den Interessen männlicher Erwerbstätiger orientiert. Traditionell „weibliche" Tätigkeiten der Kindererziehung und Pflege finden im SGB IX keine gleichwertige Berücksichtigung, die behinderungsbedingten Beeinträchtigungen von Frauen und Männern bei der Familienarbeit werden nur unzureichend kompensiert. Es ist dringend zu empfehlen, die Elternassistenz als Rehabilitationsleistung ausdrücklich in §§ 55 SGB IX und 54 SGB XII (oder der Eingliederungshilfe-VO) aufzuführen und deren Verhältnis zu den Leistungen der Jugendhilfe nach §§ 19, 20 und 27 ff. SGB VIII eindeutig zu regeln.

Bei der staatlichen Bekämpfung der sexuellen Gewalt gegen Frauen wurden Frauen mit Behinderungen lange Zeit nicht angemessen berücksichtigt. Staatliche und nichtstaatliche Anlaufstellen für gewaltbetroffene Frauen sind oft barrierebehaftet. In den stationären Einrichtungen der Behindertenhilfe sind behinderte Frauen und Männer zu ihrem rechtlichen Schutz vor Übergriffen auf die Mitwirkung der Einrichtungsleitung angewiesen. Sie befinden sich damit in einer außerordentlich schwachen Rechtsposition. Sexuelle Gewalt und die Angst, Gewalt zu erfahren, beeinträchtigen die Rehabilitationschancen behinderter Frauen. Die Pflicht der Rehabilitationsleistungsträger und -erbringer, die sexuelle Selbstbestimmung behinderter Menschen zu schützen, sollte gesetzlich klargestellt und konkretisiert werden.

Hierzu sollte zunächst die allgemeine Pflicht der Sozialleistungsträger und -erbringer, sexueller Gewalt gegen die Leistungsempfängerinnen und -empfänger vorzubeugen, in § 17 SGB I hervorgehoben werden. Die Träger der Rehabilitation haben dafür Sorge zu tragen, dass die von ihnen mit der Leistungsausführung beauftragten Einrichtungen und Dienste geeignete Maßnahmen zur Prävention sexueller Belästigung und Gewalt ergreifen.

Hierzu zählt insbesondere die Sicherstellung des Rechts behinderter Frauen auf geschlechtsspezifische Pflege und Betreuung. Einrichtungen, die von (drohenden) Übergriffen Kenntnis erhalten und es unterlassen, die erforderlichen und möglichen Maßnahmen zum Schutz der Leistungsempfängerin zu ergreifen, sind gem. § 21 Abs. 3 SGB IX zu kündigen. Um die Wertungswidersprüche der bisherigen Rechtslage zwischen dem Beschäftigungsschutzgesetz und § 137 Abs. 2 i.V.m. § 136 Abs. 2 S. 2 SGB IX zu beseitigen und ein dem Beschäftigungsschutzgesetz entsprechendes Schutzniveau sicherzustellen, sollte der Gesetzgeber im Allgemeinen Gleichbehandlungsgesetz oder im SGB IX eine ausdrückliche Regelung aufnehmen, die sowohl dem besonderen Gefährdungsrisiko der Beschäftigten als auch den Besonderheiten der beruflichen Rehabilitation Rechnung trägt. So sollte in § 137 SGB IX klargestellt werden, dass die Aufnahmepflicht der Werkstatt endet, wenn die Voraussetzungen für eine Kündigung des behinderten Teilnehmers wegen sexueller Belästigung nach Maßgabe des Beschäftigtenschutzgesetzes bzw. zukünftig nach dem AGG vorliegen. In den Wohnheimen muss die Rechtstellung von Heimbewohnerinnen und Heimbewohnern weiter gestärkt werden. Die Wohneinrichtungen sollten ausdrücklich gesetzlich verpflichtet werden, Straftaten gegen die sexuelle Selbstbestimmung der Heimbewohnerinnen und Heimbewohner und entsprechende Verdachtsmomente an die Heimaufsichtsbehörde und die Leistungsträger zu melden, und alle notwendigen Vorkehrungen treffen, um weitere Übergriffe zu verhindern. Die Grundsätze des Gewaltschutzgesetzes (das Opfer bleibt, der Täter geht) müssen dabei Beachtung finden.

Auch im Falle der Umsetzung dieser Vorschläge wird das SGB IX langfristig nur bedingt zur gleichberechtigten Teilhabe behinderter Frauen beitragen können. Das SGB IX ist neben dem SGB III und dem SGB VI ein weiteres Sozialgesetzbuch, das die Chancengleichheit von Frauen mittels Teilregelungen innerhalb eines arbeits-, sozial- und steuerrechtlichen Grundmodells zu verwirklichen versucht, das sich noch immer am Leitbild der Hausfrauen- und Versorgerehe orientiert. Innerhalb dieses Grundmodells sind dem gleichberechtigten Zugang von Frauen mit Behinderung zur Erwerbstätigkeit, zur sozialen Sicherung und anderen gesellschaftlichen Bereichen deutliche Grenzen gesetzt.

Literaturverzeichnis

Aktion Grundgesetz (Hrsg.): Die Gesellschaft der Behinderer, Reinbek bei Hamburg 1997.

Alexander, Adele Logan: „She's No Lady, She's A Nigger": Abuses, Stereotypes, and Realities from the Middle Passage to Capitol (and Anita) Hill, in: Hill, Anita/Jordan, Emma Coleman (Ed.): Race, Gender, and Power in America. Siehe dort, S. 3–25.

Alexy, Robert: Theorie der Grundrechte, Baden–Baden, 1985 (i.d. Lizenzausgabe von 1994).

Appel, Helga/Fisahn, Andreas/Hess-Grundwald, Hubertus/Sommer, Imke/Zwanziger, Bertram: Handbuch zur Gleichstellung der Geschlechter im Arbeitsrecht: Gesetzliche Grundlagen, Praxisbeispiele, Handlungsmöglichkeiten, Stuttgart, München, Hannover, Berlin, Weimar, Dresden 1998 (zit.: Handbuch zur Gleichstellung der Geschlechter).

Arnade, Sigrid: Doppelt benachteiligt und stark im Kommen, in: BMFSFJ (Hrsg.): Einmischen – Mitmischen. Informationsbroschüre für behinderte Mädchen und Frauen, Berlin 2003, S. 14 f.

Baer, Susanne: Gender Mainstreaming als Operationalisierung des Rechts auf Gleichheit, in: Bothfeld, Silke/Gronbach, Sigrid/Riedmüller, Barbara (Hrsg.): Gender Mainstreaming – eine Innovation in der Gleichstellungspolitik, siehe dort, S. 41 ff.

Baer, Susanne: Würde oder Gleichheit? Zur angemessenen grundrechtlichen Konzeption von Recht gegen Diskriminierungen am Beispiel sexueller Belästigung am Arbeitsplatz in der Bundesrepublik Deutschland und den USA, Baden-Baden, 1995 (zit.: Würde oder Gleichheit).

Battis, Ulrich/Gusy, Christoph: Einführung in das Staatsrecht, 4. neubearb. U. erw. Aufl., Heidelberg 1999 (zit.: Staatsrecht).

Beauvoir, Simone de: Das andere Geschlecht. Sitte und Sexus der Frau, Hamburg 1968 (zit.: Das andere Geschlecht).

Becker, Monika: Sexuelle Gewalt gegen Mädchen mit geistiger Behinderung. Daten und Hintergründe, Heidelberg 1995 (zit.: Sexuelle Gewalt gegen Mädchen mit geistiger Behinderung).

Benda, Ernst/Maihofer, Werner/Vogel, Hans-Jochen (Hrsg.): Handbuch des Verfassungsrechts der Bundesrepublik Deutschland, 2. Aufl. 1994 (zit.: HbdVerfR).

Berlit, Uwe: Rechtspolitik zur Gleichstellung behinderter Menschen, in: RdJB 1996, S. 145 ff.

Bieback, Karl-Jürgen: Die mittelbare Diskriminierung wegen des Geschlechts. Ihre Grundlagen im Recht der EU und ihre Auswirkungen auf das Sozialrecht der Mitgliedstaaten, Baden Baden 1997 (zit.: Die mittelbare Diskriminierung wegen des Geschlechts).

Bieritz-Harder, Renate: „Besondere Bedürfnisse" behinderter Frauen im Sinne des § 1 S. 2 SGB IX. Expertise, Bundesministerium für Familie, Senioren, Frauen und Jugend (Hrsg.), Bonn 2003 (zit.: „Besondere Bedürfnisse" behinderter Frauen).

Bieritz-Harder, Renate: Die Schutzpflichten des Rehabilitationsleistungsträgers gegenüber der Rehabilitationsleistungsempfängerin in Bezug auf Prävention sexualisierter Gewalt, in: Zinsmeister, Julia (Hrsg.): Sexuelle Gewalt gegen behinderte Menschen und das Recht, siehe dort, S. 199 ff.

Bieritz-Harder, Renate: Hilfsmittel für Eltern mit Behinderungen zur Versorgung ihrer Kinder in den ersten Lebensjahren, in: SGb 4/2002, S. 198 ff.

Binder-Wehberg, Friedelind: Ungleichbehandlung von Mann und Frau. Eine soziologische und arbeitsrechtliche Untersuchung, Berlin 1970.

Binding, Karl/Hoche, Alfred: Die Freigabe der Vernichtung lebensunwerten *Lebens*, Leipzig 1920.

Bleckmann, Albert: Die Struktur des allgemeinen Gleichheitssatzes, Köln, Berlin, Bonn, München 1995.

Böckenförde, Ernst-Wolfgang: Grundrechtstheorie und Grundrechtsinterpretation, NJW 1974, S. 1529 ff.

Böckenförde, Werner: Der Allgemeine Gleichheitssatz und die Aufgabe des Richters. Ein Beitrag zur Frage der Justitiabilität von Art. 3 Abs. 1 des Bonner Grundgesetzes, Berlin 1957.

Bothfeld, Silke/Gronbach, Sigrid/Riedmüller, Barbara (Hrsg.): Gender Mainstreaming – eine Innovation in der Gleichstellungspolitik, Zwischenberichte aus der politischen Praxis, Frankfurt a.M., New York 2002.

Bourdieu, Pierre: Sozialer Raum und Klassen, Frankfurt 1985.

Brinkmann, Christian: Minderung der Erwerbsfähigkeit (Behinderung) und Berufsverlauf, in: Mitteilungen aus der Arbeitsmarkt- und Berufsforschung 1973, S. 67-90.

Brück, Brigitte/Kahlen, Heike/Krüll, Marianne/Milz, Helga/Osterland, Helga/Wegehaupt-Schneider, Ingeborg: Feministische Soziologie. Eine Einführung, 2. erw. Auflage, Frankfurt a.M. New York 1997.

Buch, Michael: Das Grundrecht der Behinderten (Art. 3 Abs. 3 S. 2 GG), (zugl. Diss. jur. Bonn), Osnabrück 2001 (zit.: Das Grundrecht der Behinderten).

Bundeskriminalamt (Hrsg.): Polizeiliche Kriminalstatistik Bundesrepublik Deutschland, Berichtsjahr 2002, Wiesbaden 2003 (zit.: PKS).

Bundesministerium für Arbeit und Sozialordnung (Hrsg.): Vierter Bericht der Bundesregierung zur Lage der Behinderten und der Entwicklung der Rehabilitation, Bonn 1998 (zit.: BMAS, Vierter Bericht der Bundesregierung zur Lage der Behinderten).

Bundesministerium für Familie, Senioren, Frauen und Jugend (Hrsg.): Frauen in der Bundesrepublik Deutschland, Bonn 1994.

Bundesministerium für Familie, Senioren, Frauen und Jugend (Hrsg.): Forschungsprojekt „Möglichkeiten und Grenzen selbständiger Lebensführung in Einrichtungen". Dokumentation des 1. Symposiums vom 24.3.1995 in Bonn, Bonn 1995.

Bundesministerium für Familie, Senioren, Frauen und Jugend (Hrsg.): Untersuchung zur gesundheitlichen Situation von Frauen in Deutschland. Bonn 1999 (zit.: BMFSFJ, Frauengesundheitsbericht 1999).

Bundesministerium für Gesundheit und soziale Sicherung (Hrsg.): Anhaltspunkte für die ärztliche Gutachtertätigkeit im sozialen Entschädigungsrecht und Schwerbehindertenrecht, Bonn 2004 (zit.: BMGS, AHP 2004).

Bundesministerium für Justiz: Regierungsentwurf eines Gesetzes zur Verhinderung von Diskriminierungen im Zivilrecht, interne Entwurfsfassung v. 19.03.2002 (zit.: BMJ, DE-ZAG).

Bundesregierung (Hrsg.): Bericht der Bundesregierung nach § 160 SGB IX über die Beschäftigungssituation schwerbehinderter Menschen, Berlin 2003 (zit.: Bericht nach § 160 SGB IX).

Cloerkes, Günter: Soziologie der Behinderten. Eine Einführung, 2., neubearb. u. erw. Auflage, Heidelberg, 2001.

Combahee River Collective: A Black Feminist Statement, in: Moraga, Cherrie/Anzaldua, Gloria (Ed.): This Bridge Called My Back: Writings By Radical Women of Color. Watertown Massachusetts 1982, S. 210 ff.

Crenshaw, Kimberle: Demarginalizing the Intersection of Race and Sex: A black feminist Critique of Antidiscrimination Doctrine, Feminist Theory and Antiracist Politics, in: Weisberg, D. Kelly (Ed.): Feminist Legal Theory, siehe dort, S. 282 ff.

Crenshaw, Kimberle: Mapping The Margins. Intersectionality, Identity Politics, and Violence Against Women of Color. In: Maschke, Karen (Ed.): The Legal Response to Women, New York, London 1997, S. 91 ff.

Crossmaker, Maureen: Behind Locked Doors – Institutional Sexual Abuse, in: Sexuality and Disability 1991, Vol. 9 No. 3.

Davis, Angela Y.: Women, Culture & Politics, New York 1989.

Davy, Ulrike: Das Verbot der Diskriminierung wegen der Behinderung im deutschen Verfassungsrecht und im europäischen Gemeinschaftsrecht, in: SDSRV Bd. 49, Wiesbaden 2002, S. 7 ff. (zit.: Das Verbot der Diskriminierung wegen der Behinderung).

Degener, Theresia: Behinderte Frauen in der beruflichen Rehabilitation. Rechtsgutachten zur Frage der Diskriminierung behinderter Frauen im beruflichen Rehabilitationsverhältnis. Schriftenreihe zum selbstbestimmten Leben Behinderter Bd. 3, Kassel 1994.

Degener, Theresia: Das ambulante Pflegeverhältnis als Modell eines Sozialrechtsverhältnisses, (zugl. Diss. jur. Frankfurt a.M.), Frankfurt a.M. 1994 (zit.: Das ambulante Pflegeverhältnis).

Degener, Theresia: Gleichstellung behinderter Opfer bei der strafrechtlichen Verfolgung sexualisierter Gewalttaten, in: STREIT 3/1996, S. 99 ff. (zit.: STREIT).

Degener, Theresia: Verfassungsrechtliche Probleme mit der Behindertendiskriminierung in Deutschland, in: KJ 2000, S. 425 ff.

Deutsche Gesellschaft für Urologie: Leitlinien zur Diagnostik und Behandlung von Störungen der sexuellen Differenzierungen. Leitlinienregister 043/029 der Arbeitsgemeinschaft der wissenschaftlichen Fachgesellschaften, Stand 1/2003.

Deutscher Juristinnenbund e.V. (Hrsg.): Juristinnen in Deutschland. Die Zeit von 1900 bis 1998. 3., neubearb. Aufl., Baden-Baden 1998.

Dolzer, Rudolf/Vogel, Klaus/Graßhof, Karin (Hrsg.): Kommentar zum Bonner Grundgesetz, Bd. I Loseblattsammlung, Heidelberg 2002. (zit.: BK-GG)

Dörner, Hans–Jürgen: Schwerbehindertengesetz, Kommentar, Bd. I, Loseblattsammlung, Stand: 1.8.2000, Starnberg 2000.

Dreier, Horst (Hrsg.): Grundgesetz Kommentar, Band I, Tübingen 2003 (zit.: Bearbeiter, in: Dreier, GG).

Eichenhofer, Eberhard: Sozialrecht, Tübingen 1995.

Eiermann, Nicole/Häußler, Monika/Helfferich, Cornelia: LIVE. Leben und Interessen vertreten – Frauen mit Behinderung. Lebenssituation, Bedarfslagen und Interessenvertretung von Frauen mit Körper- und Sinnesbehinderungen. Schriftenreihe des BMFSFJ, Bd. 183, Stuttgart, Berlin, Köln 2000 (zit.: LIVE).

Esping-Andersen, Gósta: Three Worlds Of Welfare Capitalism, Cambridge, Oxford 1990.

Ewinkel, Carola/Hermes, Gisela/Boll, Silke/Degener, Theresia/Kroll, Bärbel/Lübbers, Sigrid/ Schnartendorf, Susanne (Hrsg.): Geschlecht: Behindert. besonderes Merkmal: Frau, München 1985.

Fausto-Sterling, Anne: Gefangene des Geschlechts. Was biologische Theorien über Mann und Frau aussagen, München 1985.

Fegert, Jörg M./Wolff, Mechthild (Hrsg.): Sexueller Missbrauch durch Professionelle in Institutionen, Prävention und Intervention, Weinheim 2002.

Fegert, Jörg M.: Nachwort, in: Senn, Charlene Y.: Gegen jedes Recht, siehe dort, S. 146 ff.

Fichte, Johann G.: Grundlage des Naturrechts nach den Prinzipien der Wissenschaftslehre (1769), Hamburg 1960.

Forum behinderter Juristinnen und Juristen: Eckpunkte und erste Ausarbeitung für ein Antidiskriminierungsgesetz, Kassel 1995.

Forum behinderter Juristinnen und Juristen: Entwurf eines Antidiskriminierungsgesetzes für behinderte Menschen, Kassel 2000.

Foucault, Michel: Sexualität und Wahrheit, Bd. 1: Der Wille zum Wissen, 3. Aufl. Frankfurt a.M. 1989.

Francke, Robert/Sokol, Bettina/Gurlit, Elke: Frauenquoten in der öffentlichen Ausbildung. Zur Verfassungsmäßigkeit von geschlechterbezogenen Quotenregelungen in öffentlichen Berufsausbildungen, Baden-Baden 1991 (zit.: Frauenquoten in der öffentlichen Ausbildung).

Frauen-Union der CDU/Netzwerk Behinderte Frauen (Hrsg.): „Behinderte Frauen – doppelt diskriminiert!" Dokumentation der Fachtagung vom 7.10.1997 in Bonn, o.O., o.J.

Frehe, Horst: Das Modell selbstbestimmter Assistenz für Menschen mit Behinderungen, in: Igl, Gerhard/Welti, Felix (Hrsg.) Die Verantwortung des sozialen Rechtsstaats für Personen mit Behinderung und für die Rehabilitation, siehe dort, S. 163 ff.

Fries, Michaela: Die Bedeutung von Artikel 5 (f) der Rassendiskriminierungskonvention im deutschen Recht. Diskriminierung durch Private beim Zugang zu Gaststätten (zugl. Diss. jur. Heidelberg), Berlin, Heidelberg, New York 2003.

Fuchsloch, Christine: Das Verbot der mittelbaren Geschlechtsdiskriminierung. Ableitung, Analyse und exemplarische Anwendung auf staatliche Berufsförderung (zugl. Diss. jur. Hamburg) Baden-Baden 1995 (zit.: Das Verbot der mittelbaren Geschlechtsdiskriminierung).

Geiss, Immanuel: Geschichte des Rassismus, Frankfurt a.M. 1988.

Gerhard, Ute (Hrsg.): Frauen in der Geschichte des Rechts. Von der Frühen Neuzeit bis zur Gegenwart. München 1997.

Gerhard, Ute/Jansen, Mechtild/Maihofer, Andrea/Schmid, Pia/Schulz, Irmgard (Hrsg.): Differenz und Gleichheit. Menschenrechte haben (k)ein Geschlecht, Frankfurt a.M. 1990.

Gerhard, Ute/Schwarzer, Alice/Slupik, Vera (Hrsg.): Auf Kosten der Frauen. Frauenrechte im Sozialstaat, Weinheim, Basel 1988.

Gerhard, Ute: Die Rechte der Frau auf dem Weg in die politische Öffentlichkeit, in: dies. (Hrsg.):Frauen in der Geschichte des Rechts, siehe dort, S. 526 ff.

Gerhard, Ute: Einleitung, in: dies.(Hrsg.): Frauen in der Geschichte des Rechts, siehe dort, S. 14 f.

Gerhard, Ute: Gleichheit ohne Angleichung. Frauen im Recht, München 1990.

Gottschall, Karin: Soziale Ungleichheit und Geschlecht. Kontinuitäten und Brüche, Sackgassen und Erkenntnispotentiale im deutschen soziologischen Diskurs, Opladen 2002.

Granato, Mona: Junge Frauen zwischen Schule und Ausbildung. Chancen junger Frauen aus Migrantenfamilien, in: Bundesinstitut für Berufsbildung (Hrsg.): Jugendliche in Ausbildung und Beruf. Ergebnisse, Bonn 2000.

Granato, Mona: Junge späteingereiste Frauen: Chancen und Möglichkeiten für eine berufliche Qualifizierung, in: Bundesministerium für Familie, Frauen, Senioren, Jugend/Stiftung SPI (Hrsg.): Mädchen in sozialen Brennpunkten, Berlin, Bonn 2000.

Gusy, Christoph: Asylrecht und Asylverfahrensrecht in der Bundesrepublik Deutschland, Königstein 1980.

Harris, Angela P.: Race and Essentialism in Feminist Legal Theory, in: Weisberg, D. Kelly (Ed.): Feminist Legal Theory, siehe dort, S. 348 ff.

Hausen, Karin: Die Polarisierung der »Geschlechtscharaktere« - Eine Spiegelung der Dissoziation von Erwerbs- und Familienleben, in: Conze, Werner (Hrsg.): Sozialgeschichte der Familie in der Neuzeit Europas, Stuttgart 1978, S. 363 ff.

Häußler, Monika/Wacker, Elisabeth/Wetzler, Rainer: Lebenssituation von Menschen mit Behinderung in privaten Haushalten. Bericht zu einer bundesweiten Untersuchung „Möglichkeiten und Grenzen selbständiger Lebensführung“, Baden-Baden 1996.

Heckel, Martin: Art.3 III GG. Aspekte des besonderen Gleichheitssatzes, in: Maurer, Hartmut (Hrsg.): Das akzeptierte Grundgesetz, Festschrift für Gunter Dürig, München 1990, S. 241 ff. (zit.: FS Heckel).

Heiden, Hans-Günter (Hrsg.): „Niemand darf wegen seiner Behinderung benachteiligt werden.“, Reinbek bei Hamburg 1996.

Herdegen, Matthias: Der Diskriminierungsschutz für Behinderte im Grundgesetz, in: Der Beauftragte der Bundesregierung für die Belange der Behinderten (Hrsg.), 2. Aufl., Bonn 1998.

Hermes, Gisela/Bundesorganisationsstelle behinderte Frauen: Umfrage zur geschlechtsspezifischen Pflege/Assistenz bei behinderten Frauen, Kassel 2001 (Onlineveröffentlichung unter www.bmfsfj.de - Internetrecherche Stand 30.7.2004).

Hermes, Gisela: Krücken, Babys und Barrieren. Behinderte Eltern in der Bundesrepublik, Kassel 1998.

Hermes, Gisela: Zur Situation behinderter Mütter, in: Informationsblatt der Bundesorganisationstelle behinderte Frauen Nr. 8, Kassel 2001.

Hesse, Konrad: Der Gleichheitsgrundsatz im Staatsrecht, AöR 77 (1951/52), S. 167 ff.

Hill, Anita Faye/Jordan, Emma Coleman (Ed.): Race, Gender, and Power in America. The Legacy of the Hill-Thomas Hearings, New York, Oxford 1995.

Hoffmann, Birgit: Sterilisation geistig behinderter Erwachsener. Betreuungsrechtliche Behandlung und strafrechtliche Sanktionierung, (zugl. Diss. jur. Freiburg), Baden-Baden 1996.

Holzleithner, Elisabeth: Recht Macht Geschlecht. Legal Gender Studies, Eine Einführung, Wien 2002.

Honegger, Claudia: Die Ordnung der Geschlechter: Die Wissenschaften vom Menschen und das Weib, 1750–1850, Frankfurt a.M. 1991.

Hooks, Bell: Schwesterlichkeit: Politische Solidarität unter Frauen, in: Beiträge zur feministischen Theorie und Praxis, 13. Jahrgang 1990, Heft 27, S. 77 ff.

Hradil, Stefan: Soziale Ungleichheit in Deutschland, 8. überarb. Aufl., Opladen 2001 (zit.: Soziale Ungleichheit).

Huster, Stefan: Rechte und Ziele: zur Dogmatik des allgemeinen Gleichheitssatzes (zugl. Diss. jur. Heidelberg), Berlin 1993 (zit.: Rechte und Ziele).

Hyde, Janet: Meta-Analysis and the Psychology of Gender Differences, in: SIGNS Vol. 16 (1), Chicago 1990, S. 55 ff. (zit.: SIGNS).

Igl, Gerhard/Welti, Felix (Hrsg.): Die Verantwortung des sozialen Rechtsstaates für Personen mit Behinderung und für die Rehabilitation, Wiesbaden 2001.

Igl, Gerhard: Pflegebedürftigkeit und Behinderung im Recht der sozialen Sicherheit – Eine rechtsvergleichende Untersuchung für die Bundesrepublik Deutschland und Frankreich, Baden–Baden 1987.

Institut Frau und Gesellschaft Hannover und Arbeitsgruppe Rehabilitation Berlin (West): Frauen in der beruflichen Rehabilitation. Eine empirische Untersuchung zur Partizipation von Frauen an beruflichen Rehabilitationsmaßnahmen, Forschungsbericht 177 (Sozialforschung) des BMAS, Bonn 1988.

Iseensee, Josef/Kirchhof, Paul: Handbuch des Staatsrechts, Bd. V: Allgemeine Grundrechtslehren, 2. Aufl., Heidelberg 2000 (zit.: HbdStR).

Jansen, Birgit/Klie, Thomas: Häuslichkeit. Berichte und Fragen an Soziale Gerontologie und Pflegewissenschaft, in: Jansen, Birgit/Karl, Fred/Radebold, Hartmut/Schmitz-Scherzer, Reinhard (Hrsg.): Soziale Gerontologie. Ein Handbuch für Lehre und Praxis, Weinheim, Basel 2000, S. 251 ff.

Jantzen, Wolfgang: Allgemeine Behindertenpädagogik, Bd. I. Sozialwissenschaftliche und psychologische Grundlagen, Weinheim/Basel 1987.

Jarass, Hans/Pieroth, Bodo: Grundgesetz, Kommentar, 7. Aufl., München 2004 (zit.: Jarass/Pieroth, GG).

Jellinek, Georg: System der subjektiven öffentlichen Rechte, 2. Aufl., Tübingen 1919 (Neudruck Aalen 1964).

Jürgens, Andreas: Der Diskriminierungsschutz im Grundgesetz, in: DVBL 1997, S. 410 ff.

Jürgens, Andreas: Mein Recht bei Pflegebedürftigkeit. Praxisleitfaden zur Pflegeversicherung, 2. Aufl., München 2000.

Jürgens, Gunther: Die verfassungsrechtliche Stellung Behinderter nach Änderung des Grundgesetzes, in: ZfSH/SGB 1995, 353 ff.

Jürgens, Gunther: Gleichstellung nicht erst in Zukunft, sondern jetzt, in: Heiden, Hans-Günter (Hrsg.): Niemand darf wegen seiner Behinderung benachteiligt werden, Reinbek bei Hamburg 1996, S. 181 ff.

Kalisch, Ines: Die Entwicklung des Verbots der mittelbaren Diskriminierung wegen des Geschlechts im Sozialrecht: Grundlagen, Analyse und exemplarische Anwendung auf Gesetze im Rentenrecht (zugl. Diss. jur., Frankfurt a.M.), Berlin, Bern 1999 (zit.: Die Entwicklung des Verbots der mittelbaren Diskriminierung).

Kant, Immanuel: Beobachtungen über das Gefühl des Schönen und Erhabenen (1764), A 52, 53. Werke in zwölf Bänden, hrsg. von Weischedel, Wilhelm, Bd. II, Frankfurt a.M. 1960.

Kaufmann, Franz-Xaver: Varianten des Wohlfahrtsstaats. Der deutsche Wohlfahrtsstaat im internationalen Vergleich, Frankfurt a.M. 2003.

Kingreen, Thorsten: Das Sozialstaatsprinzip im europäischen Verfassungsverbund. Gemeinschaftsrechtliche Einflüsse auf das deutsche Recht der gesetzlichen Krankenversicherung (zugl. Habil. Münster), Tübingen 2003.

Klammer, Ute/Klenner, Christina/Ochs, Christiane/Radke, Petra/Ziegler, Astrid: WSI-FrauenDaten Report. Forschung aus der Hans-Böckler-Stiftung, Bd. 26, Berlin 2000.

Klee, Ernst: „Euthanasie" im NS-Staat – Die „Vernichtung lebensunwerten Lebens", Frankfurt a.M. 1985.

Klein, Susanne/Wawrok, Silke: Abschlußbericht des Forschungsprojekts: Sexuelle Gewalt in der Lebenswirklichkeit von Mädchen und Frauen mit geistiger Behinderung – die Sicht der Betroffenen, Analyse bestehender institutioneller Hilfsmöglichkeiten und eine bedarfsorientierte Versorgungsplanung, Berlin 1998 (zit.: Sexuelle Gewalt in der Lebenswirklichkeit).

Kline, Marlee: Race, Racism, and Feminist Legal Theory, in: Weisberg, D. Kelly (Ed.): Feminist Legal Theory. Foundations, siehe dort, S. 371 ff.

Knapp, Gudrun-Axeli/Wetterer, Angelika (Hrsg.): Soziale Verortung der Geschlechter. Gesellschaftstheorie und feministische Kritik, Münster 2001.

Knapp, Gudrun-Axeli: Dezentriert und viel riskiert: Anmerkungen zur These vom Bedeutungsverlust der Kategorie Geschlecht, in: dies./Wetterer, Angelika (Hrsg.): Soziale Verortung der Geschlechter, siehe dort, S. 15 ff. (zit. Dezentriert und viel riskiert).

Kocze, Angela: Double Discrimination Faced by Romani Women in Europe. Bericht vor dem European Committee on Women's rights and Equal Opportunities vom 26.11.2003. www.eurparl.eu.int/comparl/femm/news_docs/Kocze_en.pdf (Recherche v. 2.4.2004).

Kommentar zum Grundgesetz für die Bundesrepublik Deutschland, Reihe Alternativkommentare, Band I, Neuwied 2000 (zit.: Bearbeiter, AK-GG).

Kommission der Europäischen Gemeinschaften: Leitfaden zur Anwendung des Grundsatzes gleichen Entgelts für Männer und Frauen bei gleichwertiger Arbeit, KOM (96) 226 endg., Mitteilung der Kommission vom 17.7.1996.

Kraut, Wilhelm Theodor: Die Vormundschaft nach den Grundsätzen des deutschen Rechts, Bd. I und II, Werk in drei Bänden, Göttingen 1835–1859.

Krell, Gertraude: Managing Diversity: Chancengleichheit als Wettbewerbsfaktor, in dies. (Hrsg.), Chancengleichheit durch Personalpolitik, 4., vollst. überarb. Aufl., Wiesbaden 2004.

Lachwitz, Klaus/Schellhorn, Walter/Welti, Felix (Hrsg.): Handkommentar zum Sozialgesetzbuch IX Rehabilitation und Teilhabe behinderter Menschen, Neuwied, Kriftel 2002 (zit. HK-SGB IX).

Larenz, Karl: Methodenlehre der Rechtswissenschaft, 6. neubearb. Aufl., Berlin, Heidelberg 1991.

Lazarus, Horst: Zum Wohle des Kindes? Psychisch erkrankte Eltern und die Sorgerechtsfrage, in: Soziale Psychiatrie 3/2003, S. 22 ff.

Levin, Tobe: U.S. Feminismus: Schwarz auf Weiß, in: Beiträge zur feministischen Theorie und Praxis, Bd. 27, S. 59 ff.

Limbach, Jutta/Eckertz-Höfer, Marion (Hrsg.): Frauenrechte im Grundgesetz des geeinten Deutschlands. Diskussionen in der Gemeinsamen Verfassungskommission von Bundestag und Bundesrat und der Bundesratskommission Verfassungsreform. Dokumentation, Baden-Baden 1993 (zit.: Frauenrechte).

Lux, Ulrike/Bildungs- und Forschungsinstitut zum Selbstbestimmten Leben Behinderter e.V.: Behinderte Eltern. (Fast) unsichtbar und doch überall. Expertise zur Lebenssituation von Eltern mit Körper- und Sinnesbehinderungen in der Bundesrepublik Deutschland, Materialien zur Familienpolitik Nr.7, Bundesministerium für Familie, Senioren, Frauen und Jugend (Hrsg.), Kassel 2000.

Lux, Ulrike: Frauen-Körper-Politik. Die Würde der Frau ist (un)antastbar - Politik für Frauen mit Behinderung, in: Barwig, Gerlinde/Busch, Christiane: „Unbeschreiblich weiblich!?“ Frauen unterwegs zu einem selbstbewußten Leben mit Behinderung, München 1993, S. 9 ff.

Maier, Friederike: Gibt es eine frauenpolitische Wende durch die Europäische Beschäftigungsstrategie? in: Bothfeld, Silke/Gronbach, Sigrid/Riedmüller, Barbara (Hrsg.) Gender Mainstreaming, siehe dort, S. 159 ff.

Maihofer, Andrea: Geschlecht als Existenzweise. Macht, Moral, Recht und Geschlechterdifferenz, Frankfurt a.M. 1995.

Maihofer, Andrea: Gleichheit nur für Gleiche? In: Gerhard, Ute/Jansen, Mechthild/Maihofer, Andrea et al., vgl. dort, S. 351 ff.

Mangoldt, Hermann v./Klein, Friedrich/Starck, Christian: Das Bonner Grundgesetz, Kommentar Bd. I, München 1999 (zit.: v.M/K/S).

Mattner, Dieter: Behinderte Menschen in der Gesellschaft – Zwischen Ausgrenzung und Integration, Stuttgart. Berlin, Köln 2000.

Maunz, Theodor/Dürig, Günter (Hrsg.): Grundgesetz, Loseblatt-Kommentar, Bd. 1, Stand 2/2004, München 2004 (zit.: M/D).

Meillassoux, Claude: »Die wilden Früchte der Frau«. Über häusliche Produktion und kapitalistische Wirtschaft, Frankfurt a.M. 1983.

Mildenberger, Elke: Schutzlos – Hilflos – Widerstandsunfähig. Eine Anmerkung zur Tatbestandserweiterung des § 177 StGB n.F., Münster 1998.

Miles-Paul, Ottmar: Selbstbestimmt Leben – Eine Herausforderung für uns und die Gesellschaft, in: Wießner, Peter: Leben mit Behinderung, Leben mit HIV und AIDS, vgl. dort, S. 169 ff.

Minow, Martha: Making All the Difference: Inclusion, Exclusion, and American Law, Ithaka, New York 1990.

Mrozynski, Peter: Rehabilitationsleistungen – Integrierte Versorgung im gegliederten System, in: SGb 2001, S. 277 ff.

Mrozynski, Peter: SGB IX Teil 1 Regelungen für behinderte und von Behinderung bedrohte Menschen. Kommentar, München 2002.

Münch, Ingo v./Kunig, Philip (Hrsg.): Grundgesetz-Kommentar, Bd. I, 5.Aufl., München 2000 (zit.: vM/K).

Nave-Herz, Rosemarie: Die Geschichte der Frauenbewegung in Deutschland, 5. überarb. und erg. Aufl., Bundeszentrale für politische Bildung, Bonn 1997.

Neumann, Volker (Hrsg.): Der verfassungsrechtliche Begriff der Behinderung. In: NVwZ 2003, 897 ff.

Neumann, Volker (Hrsg.): Rehabilitation und Teilhabe behinderter Menschen. Handbuch SGB IX, Baden-Baden 2004 (zit.: Handbuch SGB IX)

Niehaus, Mathilde: Aus Statistiken lernen: Ausgewählte Analysen der Schwerbehindertenstatistik, des Mikrozensus und der Statistiken der Bundesanstalt für Arbeit, in: Fleßner, Heike (Hrsg.): Aufbrüche – Anstöße. Frauenforschung in der Erziehungswissenschaft, Oldenburg 1995, S. 157 ff. (zit.: Aus Statistiken lernen).

Niehaus, Mathilde: Behinderte Frauen als Zielgruppe der Schwerbehindertenpolitik, in: Sadowksy, Dieter/Rendenbach, Ingo (Hrsg.) Neue Zielgruppen in der Schwerbehindertenpolitik, Frankfurt 1989, S. 123 ff. (zit.: Behinderte Frauen als Zielgruppe).

Niehaus, Mathilde: Behinderung und sozialer Rückhalt. Zur sozialen Unterstützung behinderter Frauen, Frankfurt a.M., New York 1993.

Noack, Cornelia/Schmid, Hanna J.: Sexuelle Gewalt gegen Menschen mit geistiger Behinderung. Eine verleugnete Realität, Esslingen 1994 (zit.: Sexuelle Gewalt gegen Menschen mit geistiger Behinderung).

Oberlies, Dagmar: Selbstbestimmung und Behinderung – Wertungswidersprüche im Sexualstrafrecht?, in: Zinsmeister, Julia (Hrsg.): Sexuelle Gewalt gegen behinderte Menschen und das Recht, siehe dort, S. 157 ff.

Pfaff, Heiko: Lebenslagen der Behinderten – Ergebnisse des Mikrozensus 1999, in: Wirtschaft und Statistik (WiSta) 10/2002, S. 869 ff.

Pfarr, Heide M.: Quoten und Grundgesetz, Notwendigkeit und Verfassungsmäßigkeit von Frauenförderung, Baden-Baden 1988.

Pfau-Effinger, Birgit: Wohlfahrtsstaatliche Politik und Frauenerwerbstätigkeit im europäischen Vergleich – Plädoyer für eine Kontextualisierung des theoretischen Erklärungsrahmens, in: Lenz, Ilse/Nickel, Maria/Riegraf, Birgit (Hrsg.): Geschlecht – Arbeit – Zukunft, Münster 2000, S. 75 ff. (zit.: Wohlfahrtsstaatliche Politik).

Pieroth, Bodo/Schlink; Bernhard: Grundrechte Staatsrecht II, 19., neubearb. Aufl., Heidelberg 2003 (zit.: Grundrechte).

Pixa-Kettner, Ursula/Bargfrede, Stefanie/Blanken, Ingrid: „Dann waren sie sauer auf mich, daß ich ein Kind haben wollte ...", Eine Untersuchung zur Lebenssituation geistig behinderter Menschen mit Kindern in der BRD, Baden-Baden 1996.

Pixa-Kettner, Ursula: „Eine ganz normale Familie?“ Menschen mit geistiger Behinderung als Eltern, in: Pro Familia Nürnberg e.V./Bildungszentrum Nürnberg (Hrsg.): Wie andere auch! Kinderwunsch und Elternschaft von Frauen und Männern mit geistiger Behinderung, Tagungsdokumentation, Eigenverlag o.O. 2003.

Podlech, Adalbert: Gehalt und Funktionen des allgemeinen verfassungsrechtlichen Gleichheitssatzes, Berlin 1971 (zit.: Gehalt und Funktionen).

Raasch, Sibylle: Frauenquoten und Männerrechte, (zugl. Diss. jur. Hamburg) Baden-Baden 1991.

Rauch, Angela/Brehm, Hannelore: Licht am Ende des Tunnels? Eine aktuelle Analyse der Situation schwerbehinderter Menschen am Arbeitsmarkt, in: IAB Werkstattbericht. Diskussionsbeiträge des Instituts für Arbeitsmarkt und Berufsforschung der Bundesanstalt für Arbeit, Nr. 7 v. 17.4.2003, S. 7.

Reichenbach, Peter: Art. 3 Abs. 3 S. 2 GG als Recht auf selbstbestimmte Lebensführung. Über den verfassungsrechtlichen Behinderungsbegriff, in: SGb 2000, S. 660 ff.

Reichenbach, Peter: Der Anspruch behinderter Schülerinnen und Schüler auf Unterricht in der Regelschule. Zugleich ein Beitrag zur Interpretation des Art. 3 Abs. 3 S. 2 GG (zugl. Diss. jur. Bielefeld) Berlin 2001 (zit.: Der Anspruch behinderter Schülerinnen und Schüler).

Reich–Hilweg, Ines: Männer und Frauen sind gleichberechtigt. Art. 3 Abs. 2 GG: Der Gleichberechtigungsgrundsatz in der parlamentarischen Auseinandersetzung 1948–1957 und in der Rechtsprechung des Bundesverfassungsgerichts 1955–1975, Frankfurt 1979 (zugl. Diss. jur. Giessen), 1978.

Rieß, Walter: Zur Situation schwerbehinderter Frauen auf dem Arbeitsmarkt, in: br 1993, S. 32 ff.

Röder, Brigitte: Wie Blinde den Verlust eines Sinnessystems kompensieren, www.dfg.de/wissenschaftliche_karriere/focus/2003/enjt2/download/vortrag_roeder.pdf (Recherche v. 17.7.2004)

Rommelspacher, Birgit: Dominanzkultur: Texte zur Fremdheit und Macht, Berlin 1995.

Sachs, Michael (Hrsg.): Grundgesetz. Kommentar 2. Aufl., München 1999 (zit.: Sachs-GG).

Sachs, Michael: Das Grundrecht der Behinderten aus Art. 3 Abs. 3 S. 2 GG, in: RdJB 1996, S. 154 ff.

Sachs, Michael: Grenzen des Diskriminierungsverbots, München 1987 (zit.: Grenzen).

Sachs, Michael: Verfassungsrecht, Band II: Grundrechte, Berlin, Heidelberg, New York 2000 (zit.: Sachs, Verfassungsrecht II).

Sacksofsky, Ute: Das Grundrecht auf Gleichberechtigung. Eine rechtsdogmatische Untersuchung zu Art. 3 Abs. 2 des Grundgesetzes, 2. erw. Aufl., Baden-Baden 1996 (zit.: Gleichberechtigung).

Sacksofsky, Ute: Grundrechtsdogmatik ade – Zum neuen Doppelnamen-Urteil des Bundesverfassungsgerichts, in: FPR 2002, S. 121 ff.

Sacksofsky, Ute: Steuerung der Familie durch Steuern, in: NJW 2000, S. 1896 ff.

Sacksofsky, Ute: Was ist feministische Rechtswissenschaft? in: ZRP 2001, S. 412 ff.

Sannwald, Rüdiger: Die Reform des Grundgesetzes, in: NJW 1994, S. 3313 ff.

Sasse, Ada: Vorwort, in: Eberwein, Hans/Sasse, Ada (Hrsg.): Behindert sein oder behindert werden? Interdisziplinäre Analysen zum Behinderungsbegriff, Neuwied 1997.

Schein, Gerlinde/Strasser, Sabine (Hrsg.): Intersexions. Feministische Anthropologie zu Geschlecht, Kultur und Sexualität, Wien 1997 (zit.: Intersexions).

Schiek, Dagmar: Diskriminierender Diskriminierungsschutz im Zivilrecht – der richtige Weg? In: DJB: Aktuelle Informationen 3/2004, S. 8–11.

Schildmann, Ulrike: 100 Jahre allgemeine Behindertenstatistik. Darstellung und Diskussion unter besonderer Berücksichtigung der Geschlechterdimension, in: Zeitschrift für Heilpädagogik, 9/2000, S. 254 ff.

Schildmann, Ulrike: Geschlecht und Behinderung, in: Aus Politik und Zeitgeschichte B 8/2003, S. 29 ff.

Schildmann, Ulrike: Lebensbedingungen behinderter Frauen, Giessen 1983.

Schildmann, Ulrike: Wissenschaftliche Arbeiten zur Lebenssituation behinderter Frauen, in: Barwig, Gerlinde/Busch, Christiane: „Unbeschreiblich weiblich!?“ Frauen unterwegs zu einem selbstbewußten Leben mit Behinderung. München 1993, S. 47 ff.

Schlink, Bernhard: Zwischen Identifikation und Distanz. Zur Stellung des Beamten im Staat und zur Gestaltung des Beamtenrechts durch das Staatsrecht, in: Der Staat 15 (1976), S. 335 ff.

Schmidt-Bleibtreu, Bruno/Klein, Franz: Kommentar zum Grundgesetz für die Bundesrepublik Deutschland, 9. Aufl., Neuwied 1999.

Schmidt-Jortzig, Edzard: Stellungnahme zum Themenbereich „Art.3 GG“ (Gleichstellung und Gleichberechtigung von Frauen und Männern), in: Limbach, Jutta/Eckertz-Höfer, Marion: Frauenrechte, siehe dort.

Schön, Elke: Frauen mit Behinderungen auf dem Arbeitsmarkt, in: Barwig, Gerlinde/Busch, Christiane: „Unbeschreiblich weiblich!?“ Frauen unterwegs zu einem selbstbewußten Leben mit Behinderung, München 1993, S. 41 ff.

Schopmans, Birgit/Hessisches Koordinationsbüro für behinderte Frauen: Situation von Frauen mit Behinderungen in hessischen Wohneinrichtungen der Behindertenhilfe. Untersuchung im Auftrag des Hessischen Sozialministeriums, Wiesbaden 2001.

Schröter, Susanne: FeMale. Über Grenzverläufe zwischen den Geschlechtern, Frankfurt a.M. 2002.

Schubert, Britta von: Behinderung und selbstbestimmtes Leben. Das Helios-Programm der Europäischen Gemeinschaft. Neue Aufgaben diakonisch-sozialer Arbeit in Europa, Heidelberg 1995.

Schulin, Bertram/Igl, Gerhard: Sozialrecht. Ein Studienbuch, 6., neubearb. Aufl., Düsseldorf 1999

Schultz, Dagmar: Unterschiede zwischen Frauen – ein kritischer Blick auf den Umgang mit „den Anderen“ in der feministischen Forschung weißer Frauen, in: Beiträge zur feministischen Theorie und Praxis, 13. Jg. 1990, Heft 27, S. 45.

Schweikert, Birgit: Alles Gender – oder? in: Bothfeld, Silke/Gronbach, Sigrid/Riedmüller, Barbara (Hrsg.): Gender Mainstreaming – eine Innovation in der Gleichstellungspolitik, siehe dort, S. 83 ff.

Schweikert, Birgit: Gewalt ist kein Schicksal. Ausgangsbedingungen, Praxis und Möglichkeiten einer rechtlichen Intervention bei häuslicher Gewalt gegen Frauen unter besonderer Berücksichtigung von polizei- und zivilrechtlichen Befugnissen (zugl. Diss. jur. Münster), Baden-Baden 2000.

Senn, Charlene Y./ The G. Allan Roeher Institute: Gegen jedes Recht. Sexueller Mißbrauch und geistige Behinderung, Berlin 1993.

Singer, Wolf: Ein neues Menschenbild? Gespräche über Hirnforschung, Frankfurt a.M. 2003.

Slupik, Vera: Die Entscheidung des Grundgesetzes für Parität im Geschlechterverhältnis. Zur Bedeutung von Art. 3 Abs. 2 und 3 GG in Recht und Wirklichkeit (zugl. Diss. jur. Frankfurt a.M.) Berlin 1988 (zit.:Parität).

Spranger, Tade Matthias: Umfassender Schutz aller Behinderten über Art. 3 Abs. 3 S. 2 GG, in: br 1998, S. 92.

Spranger, Tade Matthias: Wen schützt Art.3 III 2 GG? in: DVBl. 1998, S. 1058 ff.

Stadt Düsseldorf - Amt für Verkehrsmanagement: Mobilitätsbedingungen und Mobilitätsanforderungen von Frauen in der Landeshauptstadt Düsseldorf, Düsseldorf 2003.

Stähler, Thomas P./Wimmer, Dirk: Die Neuordnung des Rehabilitations- und Schwerbehindertenrechts, in: NZS 2002, S. 570 ff.

Stiegler, Barbara: Wie Gender in den Mainstream kommt, in: Bothfeld, Silke/Gronbach, Sigrid/Riedmüller, Barbara (Hrsg.): Gender Mainstreaming – eine Innovation in der Gleichstellungspolitik, siehe dort, S. 19 ff.

Stolleis, Michael: Geschichte des Sozialrechts in Deutschland. Ein Grundriß, Stuttgart 2003.

Stötzer, Bettina: InDifferenzen. Feministische Theorie in der antirassistischen Kritik, Hamburg 2004.

Straßmair, Stefan M.: Der besondere Gleichheitssatz aus Art. 3 Abs. 3 S. 2 GG: Eine Untersuchung zu Gehalt und Struktur des Diskriminierungsverbotes sowie seiner Bedeutung für die verfassungsrechtliche Stellung und soziale Gleichstellung von Menschen mit Behinderungen (zugl. Diss. jur. München), Berlin 2002 (zit.: Der besondere Gleichheitssatz).

Sybel, Heinrich von: Über die Emancipation der Frauen, Bonn 1870.

Theben, Bettina: Die Diskussion um ein Gleichstellungsgesetz – Zur Interdependenz von Rechtssetzung und Rechtswirklichkeit, in: Igl, Gerhard/Welti, Felix (Hrsg.): Die Verantwortung des sozialen Rechtsstaates für Personen mit Behinderungen und für die Rehabilitation, siehe dort, S. 33 ff.

Theunissen, Georg: Wege aus der Hospitalisierung, Bonn 1991.

Thomas, Helgard/Wawrok, Silke/Klein, Susanne/Jeschke, Karin/Martinsohn-Schnittkowski, Wiebke/Sühlfleisch, Ulrike/Wölkerling, Udo/Ziegenhain, Ute/Völger, Margot/Fegert, Jörg M./ Lehmkuhl, Ulrike: Umgang mit sexueller Selbstbestimmung und sexueller Gewalt in Wohneinrichtungen für junge Menschen mit geistiger Behinderung, in: Praxis der Kinderpsychologie und Kinderpsychiatrie 8/2002, S. 636–652.

Umbach, Dieter C./Clement, Thomas: Grundgesetz. Mitarbeiterkommentar Band I, Heidelberg 2002 (zit.: Bearbeiterin, U/C, GG).

United Nations: Geschlechtsspezifische Diskriminierung und Rassendiskriminierung. Pressemappe zur Weltkonferenz gegen Rassismus, Rassendiskriminierung, Fremdenfeindlichkeit und damit zusammenhängende Intoleranz, Informationszentrum der Vereinten Nationen (UNIC), Bonn 2001.

Vernon, Ayesha: Disabled Women in the Labour Market, in: Disabled People International/Interessenvertretung Selbstbestimmtes Leben Deutschland e.V.: Selfdetermined Living for Disabled Women in Europe, European Conference 1996, 2. Aufl. Kassel 1998, S. 63 ff.

Vetter, Franz: Die Förderung von Frauen und Schwerbehinderten als normativer Zielkonflikt, VBlBW 2000, S. 213 ff.

Wachholz, Kirsten: Geschlechtsbezogene Störungen im Schwerbehindertenrecht, in: br 1993, S. 25 ff.

Waddington, Lisa: Disability, Employment and the European Community, Uitgevers Antwerpen-Apeldoorn 1995.

Walter, Joachim: Am vollen Leben Anteil haben – zur Sexualität geistig behinderter Menschen, in: Hoyler-Herrmann, Annerose/Walter, Joachim (Hrsg.) Sexualpädagogische Arbeitshilfe für geistig behinderte Erwachsene und ihre Bezugspersonen, 3., erg. Aufl., Heidelberg 1994.

Weingart, Peter/Kroll, Jürgen/Bayertz, Kurt: Rasse, Blut und Gene. Geschichte der Rassenhygiene und Eugenik in Deutschland, Frankfurt a.M. 1988.

Weisberg, D. Kelly (Ed.): Feminist Legal Theory. Foundations, Philadelphia 1993.

Welti, Felix: Chance und Verpflichtung. Das neue Recht der Teilhabe und Rehabilitation (SGB IX), in: Soziale Sicherheit 2001, S. 146 ff.

Welti, Felix: Das neue SGB IX, in: NJW 2001, S. 2210 ff.

Wertenbruch, Wilhelm: Eingliederung Behinderter, in: FS zum 25jährigen Bestehen des Bundessozialgerichts, Bd. 1, Köln 1979, S. 325 ff. (zit.: FS-BSG).

Wiesner, Reinhard/Mörsberger, Thomas/Oberloskamp, Helga/Struck, Jutta: SGB VIII - Kinder- und Jugendhilfe, Kommentar, 2., überarb. Aufl., München 2000.

Wießner, Peter (Hrsg.): Leben mit Behinderung – Leben mit HIV und AIDS. Eine Annäherung. AIDS-Forum DAH Band XXXV, Berlin 1999.

Winkler, Gunnar/Sozialwissenschaftliches Forschungszentrum Berlin-Brandenburg e.V.: Menschen mit Behinderungen – Report 2003. Daten und Fakten zur sozialen Lage von Menschen mit Behinderungen in Deutschland, Berlin 2003 (zit.: Menschen mit Behinderungen – Report 2003).

Wriggins, Jennifer: Rape, Racism, and the Law, in: Harvard Women's Law Journal Vol. 6, 1983, S. 103 ff.

Wunn, Christa: Frauen in der beruflichen Rehabilitation – Teilnahmeprobleme bei beruflichen Wiedereingliederungsmaßnahmen, in: BAR (Hrsg.): Frauen in der beruflichen Rehabilitation. Arbeitstagung der BAR am 29. und 30. November 1990 in Nürnberg, Tagungsbericht o.O., o.J.

Young, Iris Marion: Justice and the Politics of Difference, Princeton, New Jersey 1990.

Zacher, Hans F.: Der soziale Rechtsstaat in der Verantwortung für Menschen mit Behinderungen, in: Igl, Gerhard/Welti, Felix (Hrsg.): Die Verantwortung des sozialen Rechtsstaats für Personen mit Behinderung und für die Rehabilitation. vgl. dort, S. 1 ff. (zit.: Der soziale Rechtsstaat).

Zemp, Aiha/Pircher, Monika: „Weil das alles weh tut mit Gewalt" - Sexuelle Ausbeutung von Mädchen und Frauen mit Behinderung. Bundesministerium für Frauenangelegenheiten, Schriftenreihe der Frauenministerin, Wien 1996 (zit.: Sexuelle Ausbeutung).

Zemp, Aiha: Sexualisierte Gewalt gegen Menschen mit Behinderungen in Institutionen, in: Praxis der Kinderpsychologie und Kinderpsychiatrie 8/2002, S. 610 ff.

Zinsmeister, Julia (Hrsg.): Sexuelle Gewalt gegen behinderte Menschen und das Recht. Gewaltprävention und Opferschutz zwischen Behindertenhilfe und Strafjustiz, Opladen 2003.

Zinsmeister, Julia: Abschlusspodium: Weitere Schritte zur Umsetzung des SGB IX, in: dies./Bundesorganisationsstelle behinderte Frauen - Rechtsprojekt: Frauen mit Behinderungen in der Rehabilitation. Neue Chancen der Gleichstellung durch das SGB IX, Tagungsdokumentation, Kassel 2002.

Zinsmeister, Julia: ExpertInnendiskussion Teil II, Teil III in: dies. (Hrsg.): Sexuelle Gewalt gegen behinderte Menschen und das Recht, siehe dort, S. 67 ff.

FSC
www.fsc.org
MIX
Papier | Fördert
gute Waldnutzung
FSC® C083411

Kolibri 360 GmbH
Ferdinand-Jühlke-Straße 7
99095 Erfurt, Deutschland
produktsicherheit@kolibri360.de